Allgemeine Beratungspsychologie

Allgemeine Beratungspsychologie

Eine Einführung in die psychologische
Theorie und Praxis der Beratung

von

Georg Dietrich

2. Auflage

Hogrefe
Verlag für Psychologie
Göttingen · Toronto · Zürich

Georg Dietrich, Studium der Psychologie, Pädagogik, Philosophie und Geschichte. 1956 Psychologie-Diplom, 1960 Promotion zum Dr. phil., 1967 Habilitation. Seit 1969 o. Prof. der Universität München. Arbeitsschwerpunkte: Pädagogische Psychologie und Beratungspsychologie. Veröffentlichungen in Buchform und in Zeitschriftenaufsätzen zur Pädagogischen Psychologie und zur Beratungspsychologie.

© by Verlag für Psychologie · Dr. C. J. Hogrefe, Göttingen 1983 und 1991

Das Werk einschließlich aller seiner Teile ist urheberrechtlich geschützt. Jede Verwertung außerhalb der engen Grenzen des Urheberrechtsgesetzes ist ohne Zustimmung des Verlages unzulässig und strafbar. Das gilt insbesondere für Vervielfältigungen, Übersetzungen, Mikroverfilmungen und die Einspeicherung und Verarbeitung in elektronischen Systemen.

Druck- und Bindearbeit: Dieterichsche Universitätsbuchdruckerei
W. Fr. Kaestner GmbH & Co. KG, D-3400 Göttingen-Rosdorf
Printed in Germany
Auf säurefreiem Papier gedruckt
ISBN 3-8017-0376-2

VORWORT

Die vorliegende "Allgemeine Beratungspsychologie" unterscheidet sich von anderen Beratungspsychologien in mehreren Punkten.

Erstens versucht sie, jenseits aller speziellen Besonderungen, wie sie z.B. der Erziehungsberatung, der Schulberatung oder der Familienberatung eigen sind, die generellen Aspekte und Aufgaben jeglicher Beratungstätigkeit zu thematisieren. Denn so verschieden die einzelnen Beratungsbereiche inhaltlich auch strukturiert sein mögen, so sehr gibt es auf der formalen Ebene ausgeprägte Gemeinsamkeiten, welche z.B. das grundlegende Verständnis von Beratung, die Basis-Tätigkeiten des Beraters und die Hauptbedingungen des Beratungserfolges betreffen. Diese allgemein wichtigen und das spezielle Beratungsgeschehen fundierenden Grundlagen sollen in dieser Veröffentlichung angesprochen werden.

Der zweite Unterschied betrifft die theoretische Erklärung des Beratungsgeschehens und des Beratungserfolges. Viele Beratungskonzeptionen sind auf tiefenpsychologischer, in Sonderheit auf psychoanalytischer Grundlage errichtet. Sie betonen die Unbewußtheit und Irrationalität menschlichen Verhaltens und sehen die Chance der Veränderung des Klienten in einem Prozeß emotionalen Lernens. Dieser Sichtweise gegenüber, die bis zu einem gewissen Grad auch diejenige des Verfassers ist, wird hier in stärkerem Maße auf die Aktivierbarkeit der rationalen Erkenntnistätigkeit der Person abgehoben. Ihr wird keineswegs unbegrenzte Funktionstüchtigkeit unterstellt. Wohl aber wird angenommen, daß sie in viel intensiverer Weise in den Dienst der Beratung gestellt werden kann und muß, als dies landläufig zu geschehen pflegt. Die kognitiv orientierte Verhaltenstheorie verweist in diese Richtung. Neuerdings wird dem "epistemologischen Subjektmodell" (Groeben u. Scheele 1977; Scheele 1981) auch für den Bereich mitmenschlicher Hilfe eine hohe Bedeutung zugesprochen. Auf der Grundlage einer damit verwandten Sichtweise hat der Verfasser unter Rückgriff auf die Philosophie Nicolai Hartmann's versucht, mit dem Konstrukt des "reflexiven Modalbewußtseins" jenen psychischen Funktionsbereich zu identifizieren, in dem und durch den sich die entscheidenden Veränderungen in der Beratung abspielen.

Viele andere Beratungskonzeptionen sind auf verhaltens- und lerntheoretischer Grundlage aufgebaut. Sie setzen auf die

Außensteuerung menschlichen Verhaltens und glauben, die entscheidenden Modifikationen auf dem Wege über die Veränderung der auslösenden und/oder nachfolgenden Reize herbeiführen zu können. Auch hier liegt es dem Verfasser fern, die grundsätzliche Bedeutung der Umwelt für den Aufbau und den Umbau menschlichen Verhaltens in Abrede zu stellen. Er ist allerdings der Auffassung, daß die Wirksamkeit äußerer Einflüsse gewöhnlich durch die inneren Systembedingungen der psychischen Verfassung der Person gebrochen wird (Rubinstein 1968) und daß für die menschliche Entwicklung und Neuorientierung nicht nur Sozialisations- und Enkulturationsprozesse, sondern auch solche der Personalisation (Scharmann 1966; Wurzbacher 1963) von Bedeutung sind. Er kann sich daher nicht dazu bereitfinden, zugunsten einer Sichtweise, welche die Person zur abhängigen Variablen ihrer Umweltverhältnisse auch im therapeutisch- beraterischen Bereich macht, die Erfahrung der Selbststeuerung und die Aufgabe der Selbstkontrolle zu negieren. Weil diese Erfahrung und diese Aufgabe von keiner wie auch immer gearteten Psychologie aus der Welt geschafft werden können, sah sich die klassische Verhaltenstheorie in letzter Zeit gezwungen, an ihrem theoretischen Gebäude erhebliche Korrekturen und Ergänzungen anzubringen, die ihr gewaltige "Passungs-Probleme" bereiten. Dieser problematischen Position gegenüber wird hier von vorneherein die entwickelbare Fähigkeit des Menschen zur Selbststeuerung und Selbstregulation unterstellt, die vor allem auch durch die Beratung in Anspruch genommen und (re)aktiviert werden kann und muß. Mit dieser Auffassung steht der Verfasser der Adler'schen Positionspsychologie, jenen Persönlichkeitstheorien, die der Person Prozesse der Selbststeuerung und der Selbstkontrolle zuschreiben, und jenen theoretischen "Meta-Konzeptionen" der Motivations- und Kognitionsforschung nahe, die davon ausgehen, daß der menschliche Daseinsvollzug nicht nur eine selbstläufige Gegebenheit darstellt, die von Trieben und Reizen reguliert wird, sondern an vielen Punkten eines menschlichen Lebenslaufes auch Aufgaben beinhaltet, deren Bewältigung für die Person weder selbstverständlich noch gleichgültig ist und daher von der Person Stellungnahme und Auseinandersetzung verlangen. Die Person benötigt innere Führungsinstanzen, welche die Organisation und Koordination des Handelns in der Auseinandersetzung mit sich selbst und mit den verschiedenen subjektiv bedeutsamen Weltbereichen zu leisten vermögen. Die Beratung hat zur (Re)Konstituierung solcher Führungsinstanzen einen wesentlichen Beitrag zu leisten. Darüber braucht die persönlichkeits- und problemadäquate Implementation von Außensteuerung in der Beratung durchaus nicht vernachlässigt zu werden.

Der dritte Unterschied betrifft das Verständnis der Anlässe und Gründe der Beratung. Viele Beratungspsychologien stehen auf dem Standpunkt, es seien ausschließlich oder vorwiegend psycho-soziale Störungen, die in den Zuständigkeitsbereich der Beratung fielen. Die Berechtigung dieses Standpunktes hängt davon ab, was man unter Störung versteht und ob man zwischen der "Normalität" und der "Störung" der seelischen Verfassung der Person und ihrer lebensweltlichen Bezugssysteme Übergangsstufen abnehmender Normalität bzw. zunehmender Gestörtheit lokalisiert sieht. Jedenfalls wird hier die Auffassung vertreten, daß zwischen dem Auftreten eines Konfliktes, einer inadäquaten Belastungs- oder Entlastungslage, einer Krise oder einer Desorientierung - die ja als solche noch keine Störungen darstellen -, und deren Fehlverarbeitung zu einer Störung eine ganze Reihe von Problemabstufungen ohne eindeutigen Störungscharakter gelegen sind, an denen beraterische Hilfe vorzugsweise angreifen kann - im interventiven und präventiven Sinn der Hilfe für die Verbesserung der Selbsthilfebereitschaft, der Selbststeuerungsfähigkeit und der Handlungskompetenz des Klienten.

Der Verfasser bedankt sich: bei seinen Mitarbeitern, insbesondere aber bei Dr. E. Elbing, für die kritischen Stellungnahmen zum ersten Entwurf; bei Frau U. Moeller für Engagement und Geduld beim Schreiben des Textes; beim Verlag Hogrefe für die Bereitschaft, diese "personalistische" Konzeption von Beratungspsychologie in das Verlagsprogramm aufzunehmen.

Prof. Dr. G. Dietrich

INHALTSVERZEICHNIS

VORWORT V

1. BERATUNG UND BERATUNGSPSYCHOLOGIE 1
1.1 Definition der Beratung 2
1.2 Die Abgrenzung der Beratung gegen Therapie und
    Erziehung... 10
   1.2.1 Beratung und Psychotherapie 10
   1.2.2 Beratung und Erziehung 12
   1.2.3 Typische Unterschiede zwischen Beratung, The-
         rapie und Erziehung............................. 13
   1.2.4 Die Mitte-Position der Beratung................. 15
1.3 Beratungspsychologie 16
   1.3.1 Die Aufgaben der Beratungspsychologie 16
   1.3.2 Die Fundierung der Beratungspsychologie........ 23
   1.3.3 Methodische Probleme der Beratungsforschung.... 25

2. GRÜNDE UND ANLÄSSE DER BERATUNG..................... 29
2.1 Beschreibung zentraler Beratungsgründe 30
   2.1.1 Desorientierung................................. 30
   2.1.2 Inadäquate Belastung und Entlastung............ 34
   2.1.3 Konflikte 36
   2.1.4 Akute Schwierigkeiten und Krisen................ 39
2.2 Systematik zentraler Anlässe und Gründe für Beratung 40
   2.2.1 Das Kriterium der Bewältigungskompetenz........ 41
   2.2.2 Das Kriterium der Modifizierbarkeit............. 48
   2.2.3 Kombination der beiden Hauptkriterien........... 52

3. PSYCHOLOGISCHE THEORIE DER BERATUNG.................. 55
3.1 Das Problem und der Rahmen der Problemlösung 56
   3.1.1 Das Problem..................................... 56
   3.1.2 Der Rahmen der Problemlösung 59
3.2 Der theoretische Rahmen............................... 70
   3.2.1 Zusammenfassung der theoretisch wesentlichen
         Aspekte 70
   3.2.2 Zentrale theoretische Prinzipien des Beratungs-
         erfolges 72

4. PROZESSE IM KLIENTEN 72

4.1 Die aktiven Grundprozesse............................ 73

    4.1.1 Steigerung der Modifizierbarkeit durch Widerstandsauflösung 73
    4.1.2 Prozesse der Auseinandersetzung und der Positionsbeziehung.. 74
    4.1.3 Verbesserung der Handlungskompetenz............ 76

4.2 Das reflexive Modalbewußtsein des Klienten............ 77

    4.2.1 Die Grundformen des Modalbewußtseins........... 78
    4.2.2 Zur Frage der Realität des Modalbewußtseins.... 85

4.3 Die zentralen Lernvorgänge........................... 87

    4.3.1 Prozesse des rational-kognitiven Lernens 87
    4.3.2 Prozesse des emotionalen Lernens 90
    4.3.3 Prozesse des aktionalen Lernens 92

5. HILFEN DES BERATERS 93

5.1 Die allgemeine Struktur der Beratungshandlung........ 94

    5.1.1 Die Informations- und Intentionskomponente der Beratungshandlung................................... 94
    5.1.2 Die Interventionskomponente der Beratungshandlung.. 99
    5.1.3 Die Kontrollkomponente der Beratungshandlung 103

5.2 Konkrete Lernhilfen des Beraters für den Klienten..... 104

    5.2.1 Hilfen zur Widerstandsauflösung 105
    5.2.2 Hilfen zur Auseinandersetzung und zur Positionsbeziehung 108
    5.2.3 Hilfen zur Verbesserung der Handlungskompetenz 117

5.3 Der Beitrag der Beratung zur Veränderung der Umwelt 119

6. FALLANALYSE 120

6.1 Der Fall Herbert Bryan............................... 121

    6.1.1 Analyse der Veränderungen im reflexiven Modalbewußtsein des Klienten Herbert Bryan: qualitativer Ansatz 123
    6.1.2 Analyse der Veränderungen im reflexiven Modalbewußtsein des Klienten Herbert Bryan: quantitativer Ansatz 133
    6.1.3 Die Tätigkeit des Beraters 135

6.2 Weitere Belege für die Bedeutung des reflexiven Modalbewußtseins 141

7. RESÜMEE 142

1. BERATUNG UND BERATUNGSPSYCHOLOGIE

In der Alltagssituation des Lebens sind Rat und Beratung jedermann betreffende und allgegenwärtige Phänomene. Wohl jeder fungiert im Laufe seines Lebens sowohl als Ratsuchender wie auch als Ratgeber. Wir kennen auch aus eigener Erfahrung die Lebenskonstellationen und die Gründe, die uns dazu veranlassen können, diese Positionen und Rollen einzunehmen. Raten und Beraten treten in der Alltagssituation in recht unterschiedlichen Formen auf. Wenn man dazu bedenkt, daß eine Person durchaus nicht nur von einem anderen Rat empfangen oder sich mit ihm beraten kann, sondern auch mit sich selbst zu Rate zu gehen vermag, wird offensichtlich, daß es sich beim Raten und Beraten um eine differenzierte Tätigkeitsstruktur handelt. Zugleich zeigt die Analyse der Alltagsverhältnisse, daß das Raten und Beraten keine Erfolgsgarantie besitzt. Es kann - aus wessen Verschulden auch immer - mißlingen. So ist es kein Wunder, daß das Raten und Beraten schon im Alltagsverständnis eine sehr ambivalente Wert- und Bedeutungseinschätzung erfährt. Die Spruchweisheit des Volkes und die Reflexion der Dichter und Denker legen hierfür ein beredtes Zeugnis ab.

Diese ambivalente Einschätzung des Wertes und der Bedeutung von Rat und Beratung im Alltagsverständnis ist offensichtlich seitens der Wissenschaft und seitens der Institutionen, die das Beraten zu ihrer Haupttätigkeit gemacht haben, nicht besonders ernst genommen worden. Seit geraumer Zeit fungiert das Raten und Beraten als Profession, gibt es wissenschaftlich ausgebildete Rater und Berater in einer Vielzahl von Lebensbereichen. Rat und Beratung sind nicht nur ein ubiquitäres Alltagsphänomen, sondern haben auch auf dem Felde einer gesellschaftlich intendierten und wissenschaftlich fundierten Institutionalisierung Selbstverständlichkeitscharakter gewonnen.

Vermag diese professionelle Beratung die Schwierigkeiten, die aus der Alltagserfahrung heraus dem Raten und Beraten attribuiert werden, zu vermeiden oder wenigstens zu mildern? Sicher gibt es gute Gründe, die Erfolg professioneller Beratung nicht geringzuschätzen, ganz abgesehen davon, daß die weitere qualitative Verbesserung der professionellen Beratung als ein Postulat und Desiderat von sehr hohem Stellenwert anzusehen ist. Ein stichhaltiger und unumstößlicher Beweis für die Effizienz der professionellen Beratung läßt sich jedoch nur schwer führen. Jedenfalls wird man realistischerweise damit rechnen müssen, daß das Mißlingen bzw. der bescheidene Teilerfolg auch im Bereiche der professionellen Beratung keineswegs die seltene Ausnahme darstellt.

Trotz erkennbarer Fortschritte gerade in den letzten beiden Jahrzehnten beinhaltet die junge Beratungswissenschaft mehr Probleme und offene Fragen als gesicherte Erkenntnisse. Sie hat es noch nicht einmal zu einer einigermaßen verbindlichen Definition von Beratung gebracht (Dietrich 1982). Sie hat auch das Problem der Abgrenzung der Beratung gegenüber der Therapie auf der einen und gegenüber der Erziehung auf der anderen Seite bisher nur sehr unzulänglich zu lösen vermocht. Des weiteren bestehen bezüglich der Aufgaben und der wissenschaftlichen Fundierung der Beratungspsychologie erhebliche Diskrepanzen zwischen jenen Disziplinen und Richtungen, die an der Entwicklung dieser psychologischen Disziplin interessiert und beteiligt sind.

1.1 Definition der Beratung

Es gibt eine Vielzahl von Definitionen und definitorischen Umschreibungen der Beratung. Die meisten von ihnen sind deswegen unbefriedigend, weil sie die Begriffsbestimmung auf der Grundlage eines zu geringen Umfanges der wesentlichen Merkmale vornehmen. Unter Bemühung um Vermeidung dieses Mangels wird hier folgende Definition vorgeschlagen:

Beratung ist in ihrem Kern (12) jene Form einer interventiven und präventiven (11) helfenden Beziehung (4), in der ein Berater (5) mittels sprachlicher Kommunikation (7) und auf der Grundlage anregender und stützender Methoden (8) innerhalb eines vergleichsweise kurzen Zeitraumes (9) versucht, bei einem desorientierten, inadäquat belasteten oder entlasteten (1) Klienten (6) einen auf kognitiv-emotionale Einsicht fundierten aktiven Lernprozeß (10) in Gang zu bringen, in dessen Verlauf seine Selbsthilfebereitschaft, seine Selbststeuerungsfähigkeit und seine Handlungskompetenz (2) verbessert (3) werden können.

Im Interesse eines tiefergehenden Verständnisses sei diese Definition nach ihren wesentlichen Merkmalen erläutert:

(1) Die Menschen, die in die Beratung kommen, sind zumeist in irgendeiner Weise desorientiert. Für sie sind die Ziele, die sie verfolgen können, und die Wege, die zu diesen Zielen hinführen, unklar, unbekannt, problematisch, mit negativen Va-

lenzen versehen. Zugleich sind diese Personen in einer inadäquaten Weise belastet oder entlastet - inadäquat in Relation zu ihren Kompetenzen und Bereitschaften. Inadäquat belastet sind jene Personen, die unter Konflikt- oder Frustrationsdruck vergeblich nach Einheitlichkeit, Harmonie und Stabilität ringen. Im Gegensatz hierzu werden jene Personen, die infolge völliger oder weitgehender Befreiung von Belastungen enthemmt und entbunden "ins Kraut schießen" und infolgedessen in eine gewisse Maß- und Schrankenlosigkeit verfallen, als inadäquat entlastet bezeichnet. Häufig werden diese beiden Situationen der inadäquaten Belastung bzw. Entlastung mit Fehl- und Ersatzlösungen verarbeitet, die wiederum zu Konsequenzen führen, welche die ursprünglichen Probleme und Konflikte noch verschärfen. Wenn daraufhin weitere Fehl- und Ersatzlösungen zur Bewältigung dieser verschärften Situation eingesetzt werden, wenn also die "Teufelskreis-Situation" eintritt, dann ist die Grenze zur Störung erreicht bzw. schon überschritten.

(2) Die Ist-Lage der Desorientierung, der inadäquaten Belastung bzw. Entlastung und der Störung soll in der Beratung beseitigt und durch die Soll-Lage einer Neuorientierung ersetzt werden. Worin man den Prozeß der Neuorientierung auch immer zentriert sehen mag - angezielt wird in der Beratung auf jeden Fall und in der Hauptsache ein Zuwachs bzw. eine Verbesserung der Selbsthilfebereitschaft, der Selbststeuerungs-, Selbstregulations- und Problemlösungsfähigkeit und der Handlungskompetenz des Klienten. Er soll in der Beratung nicht nur an der Bewältigung seiner aktuellen Konfliktlage mitarbeiten, sondern aus der Beratung auch einen auf die künftige Bewältigung von Problem- und Belastungssituationen transferierbaren Bestand von Bereitschaften und Kompetenzen erwerben.

(3) Beratung dient der Änderung des Klienten - im Ändern liegt die "eigentliche, alles andere beherrschende Aufgabe" des Beraters (Kaminski 1970, S. 69). Allerdings nicht in dem - freilich häufig von Klienten durchaus so verstandenen - Sinne, daß dieses Ändern die alleinige Angelegenheit des Beraters sei, der es am passiv bleibenden Klienten zu vollziehen und gegen jeden noch so großen Widerstand durchzusetzen habe. Änderung des Klienten ist vielmehr so zu verstehen, daß der Berater dem Klienten Hilfe leistet, sich und bestimmte Aspekte seiner Lebenswelt zu ändern, also aktive Prozesse der Auseinandersetzung mit sich selbst zum Zwecke der Verbesserung der eigenen Person und der eigenen Lebenslage durchzuführen. Es kommt somit in einer ganz entscheidenden Weise darauf an, in welchem Ausmaße und mit welchem Tiefgang die Bereitschaft und die Kompetenz des Klienten, sich zu ändern,

geweckt, wiederhergestellt oder differenziert werden kann. Durch die Beratung kann hier nichts garantiert, weil nichts erzwungen werden. Beratung ist der Versuch, Prozesse des Sich-Änderns beim Klienten in Gang zu bringen - zwar ohne Erfolgsgarantie, wie bei jedem Versuch, den Menschen machen, sehr wohl aber auf der Grundlage einer Kompetenz, die Erfolg mit einer gewissen Wahrscheinlichkeit herbeizuführen in der Lage ist.

(4) Die Beratung ist eine helfende Beziehung, in der es dem Berater darum geht, den Klienten zur Selbsthilfe anzuregen und zu befähigen. Das Wohlwollen und die prosoziale Einstellung des Beraters gegenüber dem Klienten bedeuten nicht, daß der Berater Entscheidungen für den Klienten trifft, über die Lebensgestaltung des Klienten verfügt, ihm jegliche Verantwortung abnimmt und darüber hinaus noch sämtliche Schwierigkeiten aus dem Wege räumt. Im wesentlichen geht es in der helfenden Beziehung vielmehr darum, ein Klima und ein Verhältnis zum Klienten herzustellen, welche es diesem ermöglichen, sich mit sich und seiner Problematik auseinanderzusetzen, sich zu lösen und Lösungen für die Bewältigung seiner Probleme zu finden und bei alldem die Eigeninitiative und die Eigenverantwortlichkeit zu aktivieren. Wenn solche Aktivierbarkeit des Klienten nicht unterstellt werden kann, sollte man von Beratung Abstand nehmen und andere Formen der Hilfe bzw. der Betreuung Platz greifen lassen.

(5) Wer kann Berater sein? Zur professionellen Beratung ist die Erfüllung von zwei Voraussetzungen erforderlich. Erstens muß der Berater das grundlegende Handlungsmuster der Beratungstätigkeit mit den Grundkomponenten der Diagnostik, der Intervention und der Evaluation beherrschen. Dies setzt voraus, daß der Berater die anthropologischen Grundüberzeugungen, die Störungslehren, die Zielvorstellungen und die Techniken einer oder mehrerer Beratungstheorien gründlich studiert und zugleich theorieorientierte Praxiserfahrungen in zureichendem Maße erworben hat. Zweitens muß er über die persönlichen und fachlichen Qualifikationen der Sensibilität für die emotionale Situation des Klienten, der objektiven Einstellung, der Achtung vor dem Individuum, des Verstehens der eigenen seelischen Struktur mit ihren Grenzen und Unzulänglichkeiten sowie über ein differenziertes psychologisches Wissen verfügen (Rogers 1972, S. 221). Darüber hinaus erfahren die aufgeführten Basis-Qualifikationen eine je individuelle Regulation durch die Persönlichkeit des Beraters, d.h. durch seine Eigenschaften, durch sein Rollenverständnis, durch seine Motivation und durch seine kognitive und emotionale Befähi-

gung. Beratung ist auf Grund des persönlichen Kapitales und des "spezifischen Gewichtes", das jeder Berater in die Situation der Beratung einbringt, ein stark individuell bestimmter Prozeß.

(6) Kann jede Person Klient sein? Sicher nicht. Es gibt einige Kriterien, die erfüllt sein müssen, damit eine Person Klient einer Beratung sein kann.

- Eine Person konstituiert sich erstens dann als Klient, wenn sie auf Grund von Problemdruck und mit dem Bedürfnis nach Änderung einen Berater aufsucht. Sie muß also eine bestimmte Erkenntnisaktivität und eine bestimmte "lokomotorische" Aktivität aufbringen. Im Falle des Fehlens oder des Unzureichendseins einer oder beider Aktivitätsformen kann sie sich nicht als Klient konstituieren. Das ist z.B. bei Kindern oder bei sehr stark gehemmten Menschen der Fall. Für sie muß zunächst eine andere Person stellvertretend die Initiative ergreifen und sich im Hinblick auf diese "mittelbaren" Klienten beraten lassen. Angemerkt sei, daß im Zusammenhang neuerer (z.B. gemeindepsychologischer) Bestrebungen die "Komm-Struktur" der Beratung reduziert wird; die Berater sind dann gehalten, von sich aus stärker auf gefährdete Personen(gruppen) zuzugehen und beraterische Hilfe an diese heranzutragen.
- Zweitens ist für die Konstituierung einer Person als Klient erforderlich, daß sie über bestimmte reflexive und sprachliche Voraussetzungen verfügt, in einer zureichenden Weise bezüglich sich selbst und der Lebenswelt, in der sie existiert, orientiert ist und differenzierteren Anforderungen an ihr Kontakt- und Kommunikationsverhalten zu entsprechen vermag. Personen, die in diesen Bereichen schwerwiegende Mängel aufweisen, können nicht Klienten sein. Ein gewisses Maß an Einsicht, Beobachtungsfähigkeit, Selbst- und Fremdkritik sowie an sprachlicher Ausdrucks- und Verstehensfähigkeit ist unabdingbare Voraussetzung für Beratung. Der Klient muß "beratbar" sein, zumindest aber in seiner Beratbarkeit im Verlaufe des Beratungsprozesses gefördert werden können.
- Zum dritten ist dafür, daß eine Person Klient sein kann, erforderlich, daß sie sich selbst und die Welt, in der sie lebt, nicht für total determiniert hält. Wer der Meinung ist und diese Meinung in der Beratung beibehält, daß er völlig prädestiniert sei und auch seine Lebenswelt keine Alternativen enthalte, für sein zukünftiges Existieren also nicht einmal minimale Freiheitsgrade vorhanden seien, die ihm ein Abweichen von seiner fixierten Daseinsrichtung er-

möglichen könnten, kann deswegen kein Klient sein, weil für ihn Beratung als Anregung und Unterstützung von Selbsthilfebereitschaft, Selbststeuerungsfähigkeit und Handlungskompetenz eine totale Sinnlosigkeit darstellt (Hornstein 1975, S. 52).

- Endlich hat es die Person, die sich auf Grund eines Leidens- oder Problemdruckes als Klient konstituiert, nötig, ein Minimum an vorhandener oder entwickelbarer Fähigkeit und Willigkeit zur Eigeninitiative in die Beratung einzubringen. Wer der Meinung ist, für ihn hätten nur noch andere zu sorgen bzw. seine Probleme zu bewältigen und allein seine Familie oder die Gesellschaft sei für seine fernere Lebensführung und Lebensqualität verantwortlich, kann nur insoweit Klient sein, als er in dieser seiner Einstellung korrigierbar ist. Beratung ist keine Institution, in deren Macht es vernünftigerweise stehen kann und soll, die Aktivität und Verantwortung des Individuums zu suspendieren. Sie ist freilich auch keine Institution, die ohne Beachtung der Individuallage des Klienten und seiner jeweiligen Lebensumstände die konkreten Bezugspersonen des Klienten und die konkreten gesellschaftlichen Institutionen von jeglicher Aktivität und Verantwortung für das hilfsbedürftige Individuum lossprechen könnte. Zunächst aber gilt: Klient kann sein, wer das beraterische Angebot zur Förderung seiner Selbststeuerungs- und Selbsthilfekompetenz aufgreift und bis an die Grenze seiner Möglichkeiten auszuschöpfen versucht. Vorausgesetzt ist also: "Das Individuum verfügt über einige Kapazität, sich dem Leben zu stellen. Es besitzt in angemessenem Umfang die Fähigkeit und Stabilität, eine gewisse Kontrolle über die Elemente seiner Situation auszuüben. Die Umstände, denen es sich gegenübersieht, sind nicht so ungünstig oder so unveränderbar, daß es ihm unmöglich ist, sie zu kontrollieren oder zu verändern" (Rogers 1972, S. 76). Freilich ist damit gar nichts garantiert. Ob die Bereitschaft des Klienten zur Selbsthilfe und Selbststeuerung sich für ihn letztlich in einer förderlichen Weise auszuwirken vermag, das ist gewöhnlich nicht nur von seiner Willigkeit und Fähigkeit abhängig.

Aus den bisherigen Feststellungen ergibt sich, daß nur solche Personen Klienten der Beratung sein können, die über die vorhandene oder in der Beratung entwickelbare Fähigkeit verfügen, ihre Lebenswirklichkeit hinsichtlich ihres Problem- oder Störungscharakters in einer zureichenden Weise begreifen und sich antizipierend eine davon abweichende neue Lebenswirklichkeit als Ziel setzen zu können. Weiterhin ist es erforderlich, daß Personen, die als Klienten fungieren, in der Lage sind bzw. in die Lage gebracht werden können, die Aufgabe der Ersetzung bzw. der Ergänzung der alten durch die neue Wirklichkeit unter den Aspekten der Notwenigkeit und der Möglichkeit reflektierend, präferierend und emotional akzeptierend aufzunehmen und auf dieser Grundlage handelnd zu realisieren. Das gilt in einer grundsätzlichen Weise, die einen beträchtlichen Spielraum solcher Befähigung zuläßt. Jedoch schließen die aufgeführten Kriterien im allgemeinen aus, daß Kinder im ersten Lebensjahrzehnt, daß Personen mit erheblich reduzierter intellektueller Befähigung und daß Personen, die es ablehnen, die für sie erforderliche und mögliche Eigenverantwortung zu übernehmen, Klienten der Beratung sein können.

(7) Die helfende Beziehung konkretisiert sich in der sprachlichen Kommunikation zwischen Klient und Berater. Beratung ist "eine Form des Dialogs zwischen einem Berater ... und einem oder mehreren Ratsuchenden ... Gegenstand des Dialogs ist ein Problem oder eine Fragestellung, die einer Entscheidung zugeführt werden sollen" (Lüttge 1981, S. 17). Keine der Formen der helfenden Beziehung ist so stark auf das verbale Moment der Kommunikation und des geistigen Austausches angewiesen wie die Beratung. Mit Sprechakten stimuliert der Berater die Auseinandersetzung des Klienten mit den relevanten Problemen und Konflikten; mit Sprechakten meldet der Klient den Stand der Entwicklung seiner Neuorientierung an den Berater zurück. Durch die beiderseitigen Sprechakte werden Bedeutungs- und Sinngehalte wechselseitig vermittelt, die beim Berater und beim Ratsuchenden differenzierte Prozesse des Sichverständlichmachens, des Selbstverstehens und des Fremdverstehens erfordern. Die verbale Kommunikation ist dabei immer im Zusammenhang mit den Manifestationsformen der nonverbalen Kommunikation zu sehen.

(8) Von ihren Grundmethoden her betrachtet ist Beratung Anregung und Stützung des Klienten. Beratung bedient sich der Anregung, um den Klienten zur Auseinandersetzung mit sich selbst, um ihn zu einem Mit-sich-selbst-zu-Rate-Gehen zu veranlassen. Nicht um das nachdrückliche Anempfehlen eines bestimmten Verhaltens kann es in der wissenschaftlich fundierten, professionellen Beratung gehen, sondern nur um die Stimulation prüfenden und erwägenden Überlegens angesichts von Alternativen und um das behutsame Ingangbringen von Entscheidungen. Der Klient soll im Prozeß des Mit-sich-selbst-zu-Rate-Gehens seine Individuallage in ihrer Problemhaftigkeit reflektierend und fühlend erfahren, sich antizipierend an neuen Zielen orientieren und sich mit der Frage der Notwendig-

keit und der Möglichkeit seiner Veränderung in Richtung der neuen Ziele auseinandersetzen. Er soll dazu angeregt werden, neue Positionen auszumachen und zu beziehen. Ist solche Positionsbeziehung erfolgt, hat die Beratung die weitere Funktion, den Klienten beim Aufbau von Verhaltensmustern zu unterstützen, mit deren Hilfe die bezogene Position ausgebaut werden kann. Neben der Anregung bedient sich die Beratung also vielfältiger (unter)stützender Methoden, "die stabilisieren, fundieren, aufbauen, motivieren oder leiten" (Clinebell 1979, S. 133). Man kann die Methoden des Befriedigens von Anlehnungsbedürfnissen, der emotionalen Katharsis, der objektiven Erörterung der Streß-Situation, des Eingehens auf Abwehrmechanismen des Ich, des Änderns der Lebenssituation, der Aktionstherapie und des Gebrauches religiöser Hilfen als Methoden der Stützung verstehen (Alexander 1954).

(9) Die Beratung versucht, die Veränderung beim Klienten innerhalb eines vergleichsweise kurzen Zeitraumes herbeizuführen. "Vergleichsweise kurz" bedeutet dabei: in Relation zu einer langedauernden Therapie oder gar im Verhältnis zu der kontinuierlichen, sich über viele Jahre hin erstreckenden Beziehung, welche die Erziehung charakterisiert. Beratung ist vom zeitlichen Aufwand her begrenzt. Darauf haben sich Berater und Klient von vorneherein einzustellen. Beratungen, die über ein halbes Jahr hinausgehen und die mehr als einen Kontakt pro Woche umfassen, sind die Ausnahme. Die meisten Beratungen sind bei einem Kontakt pro Woche wesentlich kürzer.

(10) Jemand in einer Beratung auf dem Wege über verbale Kommunikation und unter Benützung anregender und stützender Verfahren helfen heißt, bei ihm einen Lernprozeß in Gang setzen. Konkret bedeutet das, die Einflußnahme auf den Klienten so zu handhaben, daß er alte Erfahrungen durch neue zu ersetzen bzw. zu ergänzen vermag. Er soll sich mit sich selbst und seiner Problematik auf einem neuen, subjektiv akzeptierbaren Niveau auseinandersetzen, neue Perspektiven und Kompetenzen gewinnen, sich auf einem höheren Niveau neu einstellen. Vorausgesetzt ist seine Lernbereitschaft, seine Beratungswilligkeit und seine Beratbarkeit. Der Klient muß in Kooperation mit dem Berater in der Lage sein, sich auf der Basis kognitiv-reflexiver Tätigkeiten neue Erkenntnisse und Einsichten zu verschaffen. Die psychologische Beratung will Veränderungen über Verstehens- und Erkenntnisprozesse erreichen. Mit Sicherheit kann jedoch der Lernprozeß des Klienten nicht allein auf die rational-reflexive Komponente beschränkt werden, weil Einsicht und Reflexion nicht ausreichen, verbessertes Selbstgefühl, verbesserte Selbststeuerungsfähigkeit

und verbesserte Handlungskompetenz herbeizuführen. Dazu sind tiefgreifende emotionale und aktionale Erfahrungen erforderlich, die nicht allein über den Kopf des Klienten, sondern über vielfältige Wege des "submentalen" Lernens, z.B. in der sozialen Beziehung in der Beratung, entstehen. Beide Lernarten haben ihren Platz und ihre Berechtigung in der Beratung; beide Arten von Lernprozessen müssen daher in der Beratung angeregt werden. Aus beiden Arten von Erfahrungen rekrutiert sich die Neuorientierung des Klienten.

(11) Die helfende Beziehung, als die Beratung charakterisiert werden kann, bedient sich interventiver und präventiver Verfahren. Unter Intervention sollen dabei alle Maßnahmen verstanden werden, die zur Beseitigung oder Reduzierung von vorhandenen Problem- und Konfliktbelastungen, von Desorientierungen, Fehlentwicklungen, Störungen usw. Verwendung finden. Prävention bezeichnet demgegenüber Maßnahmen mit dem Zweck, die Entstehung von derartigen als negativ einzuschätzenden Persönlichkeitszuständen zu verhindern.

(12) Endlich ist darauf aufmerksam zu machen, daß die vorliegende Definition der Beratung das Beratungsgeschehen nur in seinem Kern - sozusagen seinem Schwerpunkt oder Brennpunkt nach - charakterisiert. Es sind Beratungsprozesse denkbar und real existent, die in einzelnen oder mehreren Punkten von dem hier aufgewiesenen Verständnis von Beratung abweichen. Beratung ist ein vielschichtiges und facettenreiches Phänomen. So kann man - je nach theoretischer Fundierung und praktischer Aufgabenstellung - verschiedene Modelle der Beratung unterscheiden, z.B. Beratung als Vermittlung von Informationen, Beratung als direkte Anweisung, Beratung als Hilfe zur Verhaltensänderung, Beratung als Hilfe zur Problemlösung, Beratung als nicht-direktive Intervention, Beratung als Prozeß der Deutung und der Aufdeckung verdrängter Bedürfnisse (Aurin u. Olbrich 1978). Dieser Vielgestaltigkeit gegenüber versucht die vorliegende Definition den Fokus des Phänomens Beratung zu erfassen. Die Randbezirke des Phänomens werden durch die Definition nur unzureichend repräsentiert. Diese Eigenart teilen Begriff und Definition der Beratung mit vielen anderen Begriffen und Definitionen im Bereiche der Wissenschaften vom Menschen.

1.2 Die Abgrenzung der Beratung gegen Therapie und Erziehung

Die bisherigen Überlegungen lassen die Frage auftauchen, ob überhaupt und wie Beratung gegen andere Formen der mitmenschlichen Hilfe, insbesondere aber gegen Therapie und Erziehung, abgegrenzt werden kann. Sollte eine Abgrenzung nicht möglich sein, dann steht die Beratung in der Gefahr, ihr eigenes Gesicht zu verlieren und entweder in Therapie oder in Erziehung aufzugehen. Beratung, Psychotherapie und Erziehung sind Formen der Lebens- und Entwicklungshilfe, die darauf abzielen, psychische Dispositionen und Handlungsmuster der Person zu verändern und zwar auf dem Wege über die Herbeiführung von Lernprozessen bei Klienten, Patienten und Educanden. Stehen diesen Gemeinsamkeiten auch Unterschiede gegenüber, die es gestatten, diese drei Formen dem Akzent nach zu unterscheiden?

Es sind grundsätzlich drei Beziehungsverhältnisse zwischen Beratung und Therapie bzw. Beratung und Erziehung denkbar: die völlige oder sehr weitgehende Übereinstimmung zwischen beiden; die völlige oder sehr weitgehende Verschiedenheit zwischen beiden; die teilweise Deckung (Überschneidung) bzw. der fließende Übergang zwischen beiden.

1.2.1 Beratung und Psychotherapie

Zunächst soll die Beziehung zwischen Beratung und Psychotherapie angesprochen werden. Es gibt gewichtige Stimmen, v.a. die von Rogers (1972) und von Patterson (1974), die Beratung und Therapie weitgehend gleichsetzen. Beratung, Behandlung, Psychotherapie - "im vorliegenden Buch werden alle diese Bezeichnungen mehr oder weniger austauschbar verwandt werden, und zwar, weil sie sich alle auf die gleiche grundlegende Methode beziehen - auf eine Reihe direkter Kontakte mit dem Individuum, die darauf abzielen, ihm bei der Änderung seiner Einstellungen und seines Verhaltens zu helfen" (Rogers 1972, S. 17).

Auf der anderen Seite wird immer wieder der Versuch gemacht, Beratung und Psychotherapie möglichst trennscharf gegeneinander abzugrenzen. Man bedient sich dabei verschiedener Abgrenzungskriterien. Ein erstes Abgrenzungskriterium wird in der Art der Probleme gesehen, mit denen es Beratung und Therapie zu tun haben. "Die vor allem auf Gegenwart und Zukunft bezogene Anleitung zu teils kognitiver, teils emotionaler

Auseinandersetzung des Klienten mit sich und seiner Umgebung sehen manche Autoren als wesentliche Möglichkeit, 'mental health' eines Individuums im Sinne einer Prävention möglicher Störungen und Probleme zu bewahren und zu entwickeln. Therapie wird demgegenüber eher mit Persönlichkeitsschwierigkeiten gravierender Art assoziiert, deren Beseitigung bzw. Heilung oft nur durch zentrale Veränderung der im Laufe der individuellen Entwicklung geformten Grundstruktur möglich ist" (Scheller u. Heil 1977, S. 75). Zum zweiten werden die Verfahrensweisen und Techniken der Einflußnahme auf den Klienten/Patienten als Abgrenzungskriterium herangezogen. Beratung soll mehr durch unterstützende Methoden, Psychotherapie mehr durch deutende und aufdeckende Verfahrensweisen gekennzeichnet sein (Clinebell 1979; Loch 1971). Ein drittes Abgrenzungskriterium wird in der Intensität der Beeinflussung gesehen. Die zeitliche Dichte der Interaktionen und die Gesamtdauer der Behandlung, die Zentrierung der Interaktion auf das individuelle Erleben und Verhalten der Person, die Einbeziehung der "wirklichen" Probleme und Gründe über die bloßen Anlässe hinaus, die Thematisierung der Beziehung zwischen dem Behandelnden und dem Patienten – all das soll in der Therapie größer, stärker oder besser ausgeprägt sein als in der Beratung (Breuer 1979, S. 104). Zum vierten macht man den Unterschied an den Zielen fest (Blocher 1966; Hahn u. Mc Lean 1955; Toman 1978). Danach hätte es die Beratung mit Zielsetzungen zu tun, die um Entwicklung, Erziehung, Prävention und seelische Gesundheit zentriert sind, während die therapeutischen Zielsetzungen vorwiegend Heilung, tiefgehende Persönlichkeitsumgestaltung und völlige Neueinstellung der Person betonen. Endlich werden ganze Kriterien-Cluster für den Zweck der Abgrenzung zwischen Beratung und Therapie bemüht (Gustad 1953; Rahm 1979), ohne daß es jedoch möglich gewesen wäre, eine wirklich trennscharfe Abgrenzung zwischen Beratung und Therapie herbeizuführen.

Die diversen Bemühungen um eine Abgrenzung von Therapie und Beratung machen deutlich, daß eine trennscharfe Sonderung nicht möglich ist, "sondern daß zwischen beiden ein fließender Übergang besteht. Ob es sich im Einzelfall mehr um Beratung oder Therapie handelt, kann – allerdings nur tendenzweise – durch eine Gesamtschau der obigen Kriterien auf dem Hintergrund der therapeutischen Schulrichtung entschieden werden" (Rahm 1979, S. 76). Viele Autoren sehen das Verhältnis zwischen Beratung und Psychotherapie als ein solches der teilweisen Deckung, der Überlappung oder des fließenden Überganges. "Von daher empfiehlt es sich, auf – wohl unmögliche – systematische Abgrenzungsversuche zu verzichten und Beratung und Therapie als ein Kontinuum zu verstehen. Auf der einen Seite geht es eher um Behandlung, Besserung und Heilung, also um eine nachgehend kurative Hilfe, während auf der anderen Seite eher alltägliche und aktuelle auftretende Schwierigkeiten und Konflikte im Vordergrund stehen, die auch über den psychischen und sozialen Bereich hinaus Hilfe bei Orientierungs- und Entscheidungsproblemen erfordern können" (Benz 1978, S. 14). Im Sinne einer solchen akzentuierenden Trennung, die innerhalb des übergeordneten Bezugssystems einer "Therapeutischen Psychologie" vorgenommen werden kann, wird der Schwerpunkt der Beratung mit Merkmalen wie erzieherisch, unterstützend, situationsorientiert, problemlösend, bewußtseinsbezogen, Normalität und Gegenwärtigkeit betonend, kurzzeitig, derjenige der Therapie mit Merkmalen wie unterstützend in ausgesprochenen Krisensituationen, rekonstruierend, innerlichkeitsorientiert, analytisch, Abnormität und Vergangenheit betonend, langzeitig umschrieben (Brammer u. Shostrom 1977, S. 6).

1.2.2 Beratung und Erziehung

Ähnliche Abgrenzungsprobleme ergeben sich zwischen Beratung und Erziehung. Auf der einen Seite wird auf den engen Zusammenhang zwischen Beratung und Erziehung hingewiesen. Aus dieser Perspektive wird Beratung als "eine wesentliche Funktion jedes sozialpädagogischen Erziehungsvorganges" angesehen (Mollenhauer 1964, S. 110), als ein "fruchtbarer Moment" im Erziehungsprozeß. "Das Verhältnis des Erziehers zu dem Heranwachsenden kann sich in solcher Situation von Grund auf verändern, es kann sich hier allererst als persönliches Vertrauensverhältnis konstituieren, es kann die Erziehungsrichtung intensivieren oder überhaupt erst ein bestimmtes Erziehungsproblem stellen, einen Erziehungsvorgang überhaupt erst einleiten oder auch ihn abschließen" (Mollenhauer 1964, S. 115). Erziehung impliziert die Tätigkeit des Beratens; je älter der Educand wird, desto mehr gewinnt das Erziehen den Charakter des Beratens. Auf der anderen Seite ist Erziehen nicht mit Beraten identisch. "Erziehung bezieht sich auf die Zukunft des Zöglings, während sich Beratung auf seine Gegenwart bezieht. Erziehung vollzieht sich immer noch im 'pädagogischen Bezug', als Einwirkung reifer, mündiger Lehrender auf unreife, unmündige Lernende, während Beratung als gemeinsame Problemlösung, Situationsgestaltung im Sinne von Gegenwartsbewältigung geschieht" (Rückriem 1978, S. 45). Aber nicht nur, daß Erziehen nicht im Beraten aufgeht. Man kann darüber hinaus die kritische Frage stellen, "ob Erziehungsverhältnisse überhaupt für Beratungsprozesse geeignet sind, oder ob in ihnen die für die Beratung notwendige Gleichrangigkeit der Partner im Beratungsprozeß nicht von voneherein ausgeschlossen ist" (Hornstein 1977, S. 41).

Auch zwischen Beratung und Erziehung kann nicht in einer eindeutigen Weise unterschieden werden. Beide sind relativ eigenständige Formen der Einflußnahme auf den Menschen, die sich allerdings hinsichtlich ihrer Merkmale in einem weiten Bereiche überschneiden. Man bezeichnet Beratung mit einer gewissen Berechtigung als eine "vielschichtige pädagogische Handlungsform", als "eine Form der Erziehung ..., die über das bloße Anwenden von naiv praktizierten Prinzipien hinausgeht ..." (Haucke 1977, S. 64). Mit dem gleichen Recht kann man stärker den Aspekt der Unterschiedlichkeit zwischen beiden betonen und die Beratung mehr in einer Richtung akzentuiert sehen, in der der Aspekt der Wiederherstellung einer problem- und konfliktbelasteten seelischen Verfassung den der grundständigen pädagogischen Förderung und Entwicklungshilfe für die "normale" seelische Verfassung überwiegt.

1.2.3 Typische Unterschiede zwischen Beratung, Therapie und Erziehung

Wenn auch zwischen Beratung, Erziehung und Therapie nur dem Akzent nach unterschieden werden kann, weil es zwischen diesen Formen mitmenschlicher Hilfe weitreichende Überschneidungen gibt, so soll hier doch der Versuch gemacht werden, einige typische Unterschiede herauszuarbeiten. Dies soll im Hinblick auf sechs Unterscheidungskriterien geschehen: Anlaß bzw. Grund, Personen, Ziel, Zeit, Mittel, Rolle.

(1) Anlaß und Grund der Erziehung ist die in welchem Ausmaße auch immer zu einem bestimmten Zeitpunkt im Entwicklungsverlauf vorliegende Unfertigkeit des jungen Menschen und die Notwendigkeit, die Diskrepanz zwischen der Ist-Lage solcher Unfertigkeit und der Soll-Lage eines differenzierteren Entwicklungsstandes dadurch zu reduzieren, daß der junge Mensch zum Begehen von Wegen angehalten wird, die er in einer grundsätzlichen Weise für sich neu lernen muß. Beratung setzt angesichts akuter Schwierigkeiten und Probleme ein, die subjektiv als belastend und als schwer lösbar empfunden werden: wenn Menschen eine falsche Richtung eingeschlagen haben oder vor Barrieren stehen, die sie nicht zu meistern in der Lage sind, wenn Menschen sich in Sackgassen verrannt haben oder vor Kreuzwegen entscheidungsunfähig stehenblei-

ben, wenn Menschen Steigungen nicht bewältigen oder auf Gefällestrecken nicht bremsen können, wenn Menschen Spielräume so ausnützen, daß daraus belastende Konflikte entstehen. Therapie wird erforderlich, wenn derartige Schwierigkeiten und Probleme chronisch geworden sind und die damit verbundenen Konflikte und Belastungen in Fehl- und Ersatzlösungen verarbeitet wurden, so daß sich der Problemdruck zum Leidensdruck steigert und die Schwerlösbarkeit subjektiv den Charakter der Unlösbarkeit annimmt.

(2) Erziehung ist im wesentlichen eine Angelegenheit der ersten beiden Lebensjahrzehnte; Beratung und Therapie können über die gesamte Lebensspanne hin durchgeführt werden, sind aber in der Kindheit nur in Grenzen praktizierbar. Während sich die Erziehung - wenn man einmal von dem Bereich der Sondererziehung absieht - auf Kinder und Jugendliche von "normaler" Entwicklungsfähigkeit und Erziehbarkeit bezieht, leiden die Patienten, die eine Therapie aufsuchen, an einer mehr oder weniger schwer ausgeprägten Störung. Die Beratung hat es mit Personen zu tun, die sich in einer sehr unterschiedlichen Weise beeinträchtigt und daher beratungsbedürftig fühlen, angefangen von Entscheidungsschwierigkeiten auf Grund von Informationsdefiziten bis hin zu Formen abweichenden Verhaltens, die bereits Störungscharakter aufweisen.

(3) Ziel der Erziehung ist der kontinuierliche Aufbau und Ausbau der Gesamtheit der wesentlichen körperlichen , seelischen und geistigen Kräfte und Funktionen des jungen Menschen unter der Richtschnur der individuellen Optimierung und der Eigenständigkeit. In der Beratung geht es in sehr viel stärkerem Maße um die (Wieder)Herstellung eines begrenzteren Bereiches personaler Kompetenz und Bereitschaft, nämlich um die Förderung der Selbsthilfeintention, der Selbststeuerungsfähigkeit und der Handlungskompetenz des Klienten. Das therapeutische Ziel ist schwerpunktmäßig der Neuaufbau der Person aus einer Situation der massiven Störung heraus. "Das Hauptunterscheidungskriterium ... wird wohl insbesondere darin gesehen, daß Erziehung Änderungen des Verhaltens und Erlebens intendiert mit dem charakteristischen Merkmal, den zu Erziehenden in seiner Selbstentfaltung zu unterstützen. Psychotherapie ist dagegen primär daran orientiert, Störungen im Erleben und Verhalten zu beheben bzw. nicht geförderte Möglichkeiten zu beleben" (Lüttge 1981, S. 76).

(4) Erziehung erfolgt relativ kontinuierlich über den langen Zeitraum der ersten beiden Lebensjahrzehnte hinweg. Beratung ist demgegenüber ein diskontinuierliches Geschehen und im

Hinblick auf die gesamte Beratungseinheit relativ kurzzeitig. Auch die Therapie ist - verglichen mit der Kontinuität der Erziehung - diskontinuierlich; allerdings ist die Therapiedauer im Vergleich zur Dauer der Beratung im allgemeinen länger.

(5) Die Mittel, derer sich die Erziehung bedient, können ihrem Schwerpunkt nach als Aufbau- und Ausbauhilfen für die Persönlichkeitsentwicklung des jungen Menschen bezeichnet werden. Demgegenüber arbeitet die Beratung mehr mit anregenden und stützenden Umbauhilfen, während in der Therapie sehr häufig zunächst einmal Abbauhilfen getätigt werden müssen, ehe andere Formen der Hilfe Platz greifen können. In der Erziehung werden zudem sehr konkrete Hilfen gegeben; Beratung und Therapie enthalten sich im allgemeinen solcher konkreter Hilfen. "Der Psychotherapeut hilft nicht konkret oder durch Geschenke. Er interveniert nicht aktiv in der Alltagswirklichkeit seines Patienten oder Klienten. Er hält mit seinen eigenen Meinungen zurück, erzählt nicht über sich selbst, belehrt nicht, fordert nichts und zeigt nichts vor. Er verhält sich 'abstinent'. Er hilft vielmehr dem Klienten, sich selbst zu helfen" (Toman 1978, S. 1823).

(6) Ein letztes Unterscheidungskriterium betrifft die Rollenbeziehung zwischen dem Beeinflussenden und dem Beeinflußten, des näheren die Freiräume, über die der Beeinflußte (Educand, Klient, Patient) gegenüber dem Beeinflussenden (Erzieher, Berater, Therapeut) verfügt. Vieles deutet darauf hin, daß dieser Freiraum in der Beratung relativ am größten ist. "Die vielleicht wesentlichste Verschiedenheit der Verfahrenstypen dürfte darin bestehen, daß sie unterschiedliche Rollenbeziehungen implizieren. Was man als 'Beratung' bezeichnet, dürfte - im großen und ganzen gesehen - dadurch charakterisiert sein, daß der Klient dabei in relativ hohem Maße gleichsam 'für sich' bleibt. Er kann in diesem mehr partnerschaftlichen Rollenverhältnis freier, unbeobachteter als in anderen Verfahren darüber entscheiden, wie er sich zum Psychologen und zu allem von ihm Gesagten einstellt" (Kaminski 1970, S. 587).

1.2.4 Die Mitte-Position der Beratung

Der Ort der Beratung im Gesamtkontext helfender Bemühungen kann mit einer gewissen Berechtigung "zwischen" Erziehung und Therapie gesehen werden. Beratung kann sich von dieser Mitte-Lage aus in Zielsetzung und Druchführung einmal mehr der Erziehung und einmal mehr der Therapie annähern. Insofern könnte man innerhalb der Beratung zwischen einer mehr "edukativen" und einer mehr "therapeutischen" Version unterscheiden. Die therapeutische Version von Beratung ist wissenschaftlich und institutionell gut begründet und eingeführt. Anders steht es mit der edukativen Richtung der Beratung, die seitens der Erziehungswissenschaft lange und gründlich vernachlässigt wurde (Aurin 1981; Martin 1981) und die - als notwendiges Gegengewicht zur therapeutischen Version - sich erst langsam zu formieren beginnt. Dieser Sachverhalt hängt wohl auch damit zusammen, daß man Ratlosigkeit und Ratbedürftigkeit viel zu einseitig nur im Bereich des gestörten seelischen Lebens lokalisiert sieht und darüber übersieht, daß und in welchem Ausmaße das Bedürfnis nach Rat und Beratung auch diesseits der Störung in den alltäglichen Lebens- und Aufgabenbereichen mit ihren Konflikt- und Belastungskonstellationen vorhanden ist. "Die klinische Belastung des Beratungsbegriffes ergibt sich aus einem verkürzten Verständnis von Beratung als Interaktion in Krisensituationen und bei besonders problematischen Einzelfällen ... Aus diesem Blickwinkel richtet sich das Interesse auf 'Krankheiten', 'Störungen' oder abweichendes Verhalten, die im Unterricht zu Spannungen und Konflikten führen ... Beratung darf sich aber nicht nur auf Krisenfälle und ernsthafte Probleme beschränken. In der Schule - wie generell in allen Lebensverhältnissen - tritt eine Fülle von alltäglichen Problemen kognitiver, psychischer und sozialer Art auf, die die Beteiligten nicht sofort in gravierende Notlagen bringen, bei denen sie aber doch auf eine Hilfe angewiesen sind" (Benz 1978, S. 13).

1.3 Beratungspsychologie

Auf der Grundlage der in den bisherigen Abschnitten diskutierten Probleme und Sachverhalte kann nunmehr dazu übergegangen werden, die Beratungspsychologie (counseling psychology) nach ihren Aufgaben, ihren wissenschaftlichen Bezügen und nach ihren Forschungsproblemen knapp zu umreißen. Sie kann folgendermaßen definiert werden: **Beratungspsychologie** ist jene Teildisziplin der wissenschaftlichen Psychologie, welche die psychischen Vorgänge, die im Zusammenhang mit Beratung stehen, und die psychischen Veränderungen, die sich auf Grund von Beratung beim Klienten ergeben, beschreibt und erklärt.

1.3.1 Die Aufgaben der Beratungspsychologie

(1) Die Beschreibung dessen, was sich in der Beratung er-

eignet, hat sich zunächst einmal der Komponenten und Prozesse zu versichern, die am Beratungsgeschehen beteiligt sind. Sie ist unter strukturellen und dynamischen Gesichtspunkten durchzuführen.

Das Beratungsfeld wird - unter strukturellen Gesichtspunkten gesehen - durch folgende Komponenten konstituiert (Breuer 1979; Strupp 1973):

- die Person des Ratsuchenden mit ihrer spezifischen psychischen Struktur, mit ihrer besonderen Problematik und mit ihrer aktivierbaren Beratbarkeit;
- die Person des Beraters mit ihrer spezifischen psychischen Struktur und mit ihrer besonderen Beratungskompetenz;
- die interaktionale und kommunikative helfende Beziehung zwischen dem Berater und dem Klienten;
- den institutionellen und organisatorischen Rahmen, innerhalb dessen das Beratungsgeschehen abläuft.

Diese Komponenten stehen in einem Systemzusammenhang. Jede Komponente befindet sich mit jeder anderen im Verhältnis der Wechselwirkung. Die Veränderung einer Komponente des Gesamtsystems hat Auswirkungen auf die Position und Funktion aller anderen Komponenten.

Die dynamisch orientierte Beschreibung bezieht sich - dem doppelten Bedeutungsgehalt des Konzeptes Dynamik entsprechend - sowohl auf die Kräfte, die im Beratungsgeschehen wirken, als auch auf die Veränderungen, die insbesondere auf der Seite des Klienten eintreten.

Die auf die Kräfte und Funktionen der am Beratungsgeschehen beteiligten Personen bezogene Beschreibung hat in erster Linie die persönlichen Probleme, Bereitschaften und Kompetenzen des Klienten zu berücksichtigen. Eine Bestandsaufnahme der persönlichen Problematik, die den Klienten zur Aufnahme einer Beratung veranlaßt, ergibt regelmäßig ihre Zentrierung um eine Desorientierung, eine Krise, eine Hemmung, einen Konflikt, einen Steuerungsmangel, um Unentschiedenheit, Handlungsunvermögen oder eine quälende Sinnfrage. Der Ratsuchende bringt in die Beratungssituation jedoch nicht nur seine Problematik ein. Er verfügt gewöhnlich auch über Bereitschaften und Kompetenzen, die es ermöglichen, Beratbarkeit zu entwickeln und zu fördern. Zu diesen Kompetenzen und Bereitschaften gehören seine aus dem quälenden Problemdruck erwachsende Intention, subjektiv belastende und gespannte Verhältnisse aufzulösen und mehrdeutige Lebenslagen zu vereindeutigen; seine Fähigkeit, sich lernend um- und neu einzustellen sowie eine Neubewertung der eigenen Lebenslage durchzuführen; seine Reflexion der eigenen Lebenslage und dessen, was für die Bereinigung dieser Lebenslage erforderlich ist; seine Bereitschaft, die möglichen Freiheitsgrade eigenständiger Lebensführung ausschöpfen zu wollen und Abhängigkeiten so weit wie möglich zu reduzieren; seine emotionale Ansprechbarkeit und Entwicklungsfähigkeit.

Der Berater bringt sein persönliches Kapital an Kompetenz in den Beratungsprozeß ein: seine Persönlichkeitseigenschaften und sein spezifisches Rollenverständnis, das sein Beratungshandeln reguliert; seine Vorstellungen davon, wie die "bessere" Soll-Struktur der Persönlichkeit des Klienten auszusehen hat; seine Motivationen, Einstellungen und Erwartungen bezüglich des Klienten, der Beratungsbeziehung und des Beratungsverlaufes; seine Fähigkeiten und Kompetenzen des Verstehens und seine Sensibilität für die je besondere Problematik und für die Persönlichkeit des Ratsuchenden; sein Repertoire an Techniken und Mitteln der beratenden Einflußnahme. Allerdings bringt der Berater in den Beratungsprozeß auch ein oder entwickelt in diesem seine Ängste und Antipathien, seine individuell begrenzten Möglichkeiten des Verstehens und des Akzeptierenkönnens, seine seelische und körperliche Belastbarkeit und seine Regenerierbarkeit nach erfolgter Belastung. Die Reduktion oder Behebung von Störungen oder Behinderungen der Beratungsfähigkeit des Beraters ist keine selbstverständliche und automatische Gegebenheit, sondern eine Aufgabe, der sich Berater tagtäglich neu zu entledigen haben.

Zu den Kräften und Funktionen, die eine dynamisch orientierte Beschreibung des psychologisch relevanten Beratungsgeschehens zu berücksichtigen hat, gehört auch der interaktive und kommunikative Bezug zwischen dem Ratsuchenden und dem Berater. Beratungsrelevante Kräfte und Funktionen auf der interaktiven und kommunikativen Ebene zeigen sich in den - teils gemeinsamen, teils nur mit Mühe aufeinander beziehbaren - Handlungen beider Personen, die durch das Betroffensein von der Problematik, die Bemühung um ihre präzise Erfassung, die Suche nach Lösungen, das Hinarbeiten auf möglichst eindeutige Problemlösungen unter Respektierung und Inanspruchnahme der Selbständigkeit und Eigenverantwortung des Ratsuchenden, das prospektive und retrospektive Bewerten dieser Lösungen charakterisiert sind.

Nicht zuletzt gehören zu den psychologisch relevanten Kräften und Funktionen auch die institutionellen Rahmenbedingungen der Beratung. Hier ist der weite Bereich von organisatorischen, institutionellen und ausbildungsmäßigen Grundlagen und Angeboten der Beratung angesprochen, der wiederum Bezüge zu politischen, gesellschaftlichen, kulturellen und ökonomischen Bedingungen beinhaltet. Dieser gesamte Bereich entscheidet nicht nur über die generelle Möglichkeit der Beratung mit, sondern auch über deren Qualität und deren Selbstverständlichkeit als Grundelement der Lebens- und Entwicklungshilfe für Menschen. Die unterschiedlichen "settings", in denen sich Beratung vollzieht, mit ihren spezifischen Besonderheiten, angefangen von der räumlichen Lage und der Ausstattung einer Beratungsstelle bis hin zur weltanschaulichen Ausrichtung, zur wissenschaftlichen Grundorientierung und zum Klima einer Beratungsinstitution, sollen als Beispiele für psychologisch relevante Kräfte auf der institutionellen Ebene dienen.

Legt die dynamische Beschreibung das Schwergewicht auf die Veränderungen, die im zeitlichen Längsschnitt eines Beratungsverlaufes eintreten, so hat sie grundsätzlich dieselben Faktoren zu berücksichtigen, die bisher schon angesprochen wurden. Dabei ist die beim Klienten sich einstellende Veränderung im Verlaufe eines Beratungsvorganges das zentrale und entscheidende Phänomen der Beratungspsychologie. Ausmaß und Qualität der Veränderung der psychischen Verfassung des Klienten von der Ausgangslage eines problematischen Ist-Zustandes hin zur Endlage des vom Berater und vom Klienten intendierten "besseren" Soll-Zustandes bedürfen sorgfältiger Verlaufs- und Zustandsmessungen. An der Qualität und am Ausmaß der Veränderung der psychischen Verfassung des Klienten in Richtung des "besseren Niveaus" bemißt sich die Qualität der Beratung. Unter wissenschaftlichen Gesichtspunkten ist es von besonderem Interesse, die Bedingungen zu eruieren, die gegeben sein müssen, um derartige Veränderungen beim Klienten herbeiführen zu können. Damit geht die Aufgabe der Beschreibung in die Aufgabe der Erklärung über.

(2) Mit der Aufgabe der Erklärung betritt man den Boden der beratungspsychologischen Theorie. Gegeben ist die mehr oder weniger ausgeprägte Veränderung des Klienten von einer problematischen Ausgangslage hin zu einer besseren Endlage (bzw. die Nichtveränderung oder Teilveränderung des Klienten); dieser Sachverhalt ist das Explanandum der beratungspsychologischen Theorie. Gesucht werden die Prinzipien, mit deren Hilfe die durch die Beratung zustandekommenden Veränderungen des Klienten erklärt werden können. Auf der Suche nach derartigen Explanantes stößt man auf ein Gefüge von Bedingungen, die ihre Wirksamkeit im Systemkontext entfalten.

Von einer Theorie der Beratung ist zu verlangen, "daß sie auf die wesentlichen Fragen der Beratungspraxis hinreichend allgemeingültige und problemlösende Antworten zu geben vermag, die in einer umfassenden, möglichst widerspruchsfreien, wohlstrukturierten Basis gründen" (Martin 1975, S. 422). Die Fragen, welche die Beratungspraxis stellt, sind zahlreich und vielschichtig. Sie reichen von der Problematik der Verursachung und Genese von Belastungen und Störungen über diejenige der Bedingungen und der Herstellbarkeit eines förderlichen Beratungsverhältnisses bis hin zu den Fragen nach den Voraussetzungen, die vom Klienten selbst im Hinblick auf seine Veränderung erbracht werden müssen, und nach dem Ursprung und Sinn der menschlichen Ratbedürftigkeit. Die Antworten, welche auf diese Fragen der Beratungspraxis seitens der Beratungspsychologie gegeben werden, sind gleichfalls zahlreich und vielschichtig. Angesichts der Komplexität des Gegenstandes ist die Chance, diese Vielschichtigkeit reduzieren und von einfacheren Strukturen der Grundannahmen und der Grundbausteine ausgehen zu können, relativ gering. Das ist wohl der wichtigste Grund dafür, daß wir bis auf den heutigen Tag keine einheitliche Beratungstheorie besitzen und daß sich die Beratungswissenschaft in der paradoxen Situation einer "Theorien-Inflation" bei gleichzeitigem "Theorie-Defizit" befindet.

Damit aber noch nicht genug der Probleme. Man moniert auch das Fehlen einer im engeren Sinne pädagogisch-psychologischen Beratungstheorie und bedauert den fast ausschließlichen Rückgriff auf therapeutische Konzeptionen, die man in mannigfacher Hinsicht als nicht den Erfordernissen einer umfassenden Beratungstheorie entsprechend ansieht. Man moniert weiterhin den ungenügenden Tiefgang der theoretischen Fragestellung v.a. in anthropologischer Hinsicht. Beratung beziehe sich nicht auf Organismen, sondern auf Personen; demgemäß müsse die Grundfrage der Beratungstheorie lauten: "Wie ist Beratung theoretisch zu begründen, die sich als Akt menschlicher Hilfe für ein Selbst versteht, das auf Freiheit angelegt ist ?" (Martin 1975, S. 413). Nicht alles, was sich als Beratungstheorie bezeichnet, geht von dieser Fragestellung aus. Endlich ist darauf aufmerksam zu machen, daß auch die Bezugs- und Nachbarwissenschaften der Beratungswissenschaft gravierende Theorieprobleme haben, so daß sich die Beratungswissenschaft nicht darauf verlassen kann, von dorther theoretische Hilfe zu erhalten.

Die Aufgabe der Erklärung der Veränderung des Klienten in der Beratung und durch die Beratung aus möglichst wenigen

Prinzipien ist schwierig zu erfüllen. 42 Theorien von beratungspsychologischer Relevanz hat man nebeneinandergestellt und damit im Grunde 42 Prinzipien mindestens, die den Anspruch erheben, die Effektivität der Beratung zu erklären (Cunningham u. Peters 1973). Wenn man die Spreu vom Weizen sondert, bleibt immerhin mindestens noch ein Dutzend Theorien übrig, die sich als besonders wichtig erwiesen haben.

Beratungspsychologische Theorien entstammen aus vielen Einzelquellen. Man kann grob vier Quellgebiete unterscheiden (Burks u. Stefflre 1979; Cunningham u. Peters 1973; Junker 1977; Milner 1974; Patterson 1973):

- Theorien aus dem Bereiche der Psychotherapie, die wiederum wie folgt unterteilt werden können (George u. Christiani 1981):

  - Theorien, die das Schwergewicht auf die Emotionalität legen: Psychoanalyse, Individualpsychologie, Klientenzentrierte bzw. Erlebnistherapie, Gestalttherapie, Existenztherapie. Ihnen gemeinsam ist die Grundüberzeugung, daß die Veränderung des Klienten über die Veränderung seiner Emotionen und hier speziell wiederum vor allem über die Veränderung seines Selbstgefühles erfolgen müsse.

  - Theorien, die das Schwergewicht auf die Kognition legen: Rational-emotive Theorie, Transaktionsanalyse. Vertreter eines solchen Ansatzes versuchen, das Denken des Klienten zu beeinflussen. "Berater mit einer kognitiven Sichtweise versuchen, den Klienten bei einer Veränderung der Art und Weise, wie sie über ihre Erfahrungen denken, zu helfen" (George u. Christiani 1981, S. 105).

  - Theorien, die das Schwergewicht auf das Verhalten legen: Behavioristisch orientierte Beratungstheorien, Realitätstherapie. Hier wird die Veränderung des Klienten auf dem Wege über die Veränderung des Verhaltens angezielt. "Im Unterschied zum emotionalen Ansatz, welcher die Bedeutung der psychotherapeutischen Beziehung betont, ist der Verhaltensansatz der Beratung typischerweise auf das spezifische Verhalten zentriert und verwendet zur Herbeiführung einer Veränderung des Verhaltens präzise Techniken und Verfahrensweisen" (George u. Christiani 1981, S. 108).

- Psychologische Theorien der Beratung sind weit seltener. Es gibt die eigenschafts- oder faktorenzentrierte Theorie der Beratung (Williamson 1939), verschiedene Ansätze, die sich auf entwicklungspsychologische oder geschlechtsspezifische Befunde stützen sowie testtheoretisch begründete

Ansätze. Jeder dieser Versuche ist unbefriedigend geblieben. Dabei hätte die Psychologie - insbesondere unter Berücksichtigung des Tatbestandes, daß es zahlreiche Beratungsnotwendigkeiten und Beratungsbedürfnisse gibt, die den "Normalbereich" des seelischen Lebens betreffen - durchaus Veranlassung, sich auf ihre Möglichkeiten der Kreierung einer Beratungstheorie zu besinnen. Ansätze dazu scheinen möglich insbesondere von seiten der Persönlichkeitstheorie, v.a. dann, wenn sie auf lern- und interaktionstheoretischen Fundamenten errichtet wird (Bandura 1976, 1979), von seiten der Humanistischen Psychologie (Bühler u. Allen 1974; Maslow 1977) und von seiten der Dynamischen Psychologie, soweit sie um motivations-, konflikt- und entscheidungstheoretische Fragestellungen zentriert ist (Allport 1970; Thomae 1960, 1974).

- Die Pädagogik hat einige Beiträge von beachtlicher Bedeutung zur Entwicklung einer Beratungswissenschaft beigesteuert. Hier sei v.a. an das Guidance-Reformprogramm erinnert, das in seinen außerordentlich engen Verflechtungen mit der Beratung gesehen werden muß (Beck 1963; Jones 1945; Miller 1961). "Guidance ist ein reformerisches Prinzip der pädagogischen Hilfe, das das pädagogische Denken und die innere und äußere Organisation der amerikanischen Schule auf allen Altersstufen durchdringt. Sie ist zugleich eine Organisationsform der Menschenführung, die sich in einem breiten Fächer von Einrichtungen (Guidance Services) der pädagogischen, psychologischen, kinderärztlichen, jugendpsychiatrischen und fürsorgerischen Hilfe und Beratung institutionalisiert hat" (Engelmayer 1968, S. 299). Im deutschen Forschungsbereich liegen z.T. sehr weit fortgeschrittene Ansätze zu einer erziehungswissenschaftlichen Theorie der Beratung vor (Fink 1970; Heller u. Rosemann 1975-1976; Hornstein u.a. 1977; Martin 1974, 1977, 1981; Mollenhauer 1964; Mollenhauer u. Müller 1965; Sprey 1968).
- Endlich sei auf jene Beiträge zu einer Theorie der Beratung hingewiesen, die aus der Seelsorge stammen (Besier 1980; Clinebell 1979; Oates 1962; Stollberg 1969). In der Pastoralpsychologie und in der praktischen Seelsorge ist ein differenzierter Erfahrungs- und Erkenntnisschatz aufgehoben, der sehr viel stärker zur Begründung einer tragfähigen Beratungstheorie herangezogen werden könnte und müßte, als das bislang geschah.

Diese Vielfalt von theoretischen Begründungen der Beratung wirkt verwirrend. Benötigt der Berater diese Vielfalt? Ist sie ein Zeichen für die gesunde Entwicklung einer relativ jungen

Wissenschaft, die ihre "Sturm- und Drang-Periode" noch nicht überwunden hat, sich aber Hoffnungen machen darf, einen Zustand größerer theoretischer Einheitlichkeit zu erreichen? Oder ist sie ein Anlaß zur Resignation, weil es unmöglich scheint, diese Fülle unter den Aspekten der Erklärungskraft der einzelnen Erklärungsprinzipien einerseits und ihrer Bedeutsamkeit und Effektivität für die mit der Beratung verbundene praktische Lebens- und Entwicklungshilfe andererseits zu ordnen? Eine präzise und verbindliche Antwort auf diese Frage scheint beim gegenwärtigen Stand der Beratungswissenschaft nicht möglich zu sein. Man kann nur darauf hinweisen, daß die Fülle der Theorien offensichtlich auch in einem Zusammenhang mit der Fülle menschlicher Probleme und mit der Fülle erfolgreich praktizierbarer Hilfemöglichkeiten steht. Da jede Theorie besondere Aspekte menschlicher Hilfebedürftigkeit und beraterischen Helfenkönnens thematisiert, wird der professionelle Berater nicht umhin können, sich mit dieser Theorien-Fülle zu befassen. Das schließt nicht aus, daß der Berater sich einer Theorie besonders intensiv zuwendet und von dieser Grundlage aus eine Erweiterung und Vertiefung in andere Theorien hinein vornimmt.

1.3.2 Die Fundierung der Beratungspsychologie

Die Beratungspsychologie baut auf den Erkenntnissen der Wissenschaft Psychologie auf; umgekehrt trägt sie zur Erweiterung und Vertiefung des Erkenntnisstandes der Wissenschaft Psychologie bei. Auf die Fundierungsfunktion der Grundlagendisziplinen der Psychologie kann hier nicht weiter eingegangen werden. Wohl aber ist es notwendig, die eminente Bedeutung der beiden Anwendungsbereiche Pädagogische Psychologie und Klinische Psychologie für die Konstituierung der Beratungspsychologie herauszustellen. Es wurde ja schon in früherem Zusammenhang darauf hingewiesen, daß der Beratung eine Mitte-Position zwischen Erziehung und Therapie zugesprochen werden kann. Diese Ortsbestimmung der Beratung wird durch den Sachverhalt gestützt, daß die Beratungspsychologie mit den beiden Anwendungsbereichen Pädagogische Psychologie und Klinische Psychologie verwachsen ist und von beiden getragen wird. Daß es darüber hinaus erforderlich wäre, auch die Relevanz der Philosophie und der Soziologie für die Beratungspsychologie anzusprechen, kann in diesem Zusammenhang nur vermerkt werden.

(1) Die von der Pädagogischen Psychologie als dem "Insgesamt an erfahrungswissenschaftlich fundierten Theorien und Befun-

den zur psychologischen Beschreibung und Erklärung der unter Erziehungseinflüssen stehenden Menschen" (Weinert 1974, S. 50) ermittelten Erkenntnisse können in einer vielfachen Hinsicht für die Beratungspsychologie nutzbar gemacht werden. Einerseits hat die Pädagogische Psychologie (Ausubel 1974; Brandtstädter, Reinert u. Schneewind 1979; Cronbach 1971; Gage u. Berliner 1977; Heller u. Nickel 1976-1978; Lukesch, Perrez u. Schneewind 1980; Nickel u. Langhorst 1973; Schiefele u. Krapp 1981; Schneewind u. Herrmann 1980; Spiel 1980; Tausch u. Tausch 1977; Weinert, Graumann, Heckhausen, Hofer u.a. 1974) ein System von beraterisch relevanten Befunden zur Frage der durch Erziehungs- und Sozialisationsbedingungen verursachten Desorientierungen, Probleme und Konflikte anzubieten. Zum anderen vermag sie der Beratungspsychologie theoretisch begründete und praktisch erprobte Modelle der erzieherischen Einflußnahme und Führung zur Verfügung zu stellen. Die Definition der Erziehung als des Versuches, vermittels sozialer Handlungen die Persönlichkeit (das Gefüge der psychischen Dispositionen) in irgendeiner Hinsicht zu fördern und zu verbessern (Brezinka 1974, S. 95) gilt in ihren Grundmerkmalen auch für die Tätigkeit des Beratens. Die Beratungspsychologie kann einen Teil ihrer Aufgaben unter Inanspruchnahme pädagogischer bzw. pädagogisch-psychologischer Zielsetzungen und Beeinflussungsmöglichkeiten und in Orientierung an pädagogischen bzw. pädagogisch-psychologischen Problemstellungen und Problemlösungen zu bewältigen versuchen.

(2) Klinische Psychologie kann verstanden werden als das Insgesamt an erfahrungswissenschaftlich fundierten Theorien und Befunden zur psychologischen Beschreibung und Erklärung der unter therapeutischen Einflüssen stehenden Menschen. Sie ist "jener Zweig der Psychologie, der die sozialbedingten und sozialrelevanten Störungen des psychischen Lebens und deren Modifikation ... zum Gegenstand hat. Ihre praktischen Aufgaben sind Diagnostik, Therapie und Prophylaxe" (Pongratz 1973, S. 46). Auch die Klinische Psychologie (Bastine, Fiedler, Grawe, Schmidtchen u. Sommer 1982; Baumann, Berbalk u. Seidenstücker 1978-1980; Bergold 1973; Davison u. Neale 1979; Eicke 1976, 1977; Fiedler 1981; Hahn 1979; Hauss 1981; Linster u. Wetzel 1980; Peters 1980; Pongratz 1973, 1978; Pongratz u. Wewetzer 1977; Schmidt 1978; Schraml u. Baumann 1974-1975; Strotzka 1975; Wittling 1980) enthält eine beratungsrelevante Störungslehre und eine Lehre der Beeinflussung des gestörten Menschen, die aus vielfachen psychotherapeutischen und psychohygienischen Richtungen gespeist wird. Versteht man unter Psychotherapie die Behandlung von v.a. psychogenen und/oder soziogenen Störungen durch psychologische Einflußnahme, so

ist wiederum die Relevanz für die Beratung unverkennbar. Die Beratungspsychologie kann einen Teil ihrer Aufgaben unter Inanspruchnahme klinisch-psychologischer Zielsetzungen und Beeinflussungsmöglichkeiten und in Orientierung an klinisch-psychologischen Problemstellungen und Problemlösungen zu bewältigen versuchen.

Ob es über die Benützung pädagogisch-psychologischer und klinisch-psychologischer Paradigmen hinaus erforderlich sein wird, eine spezifisch beratungspsychologisch relevante Störungs- und Interventionslehre zu entwickeln, ist ein Problem, das in den nächsten Abschnitten immer wieder aufzugreifen sein wird.

1.3.3 Methodische Probleme der Beratungsforschung

Ob Beratung überhaupt in der Lage ist, intendierte Veränderungen beim Klienten herbeiführen zu helfen, in welchem Ausmaße ihr das gelingen kann und welcher Methoden sie sich dabei am besten zu bedienen vermag, das sind Fragen, die nicht durch bloßes Dafürhalten oder durch Plausibilitätsannahmen beantwortet werden können, wenn die Beratungspsychologie den Status einer Wissenschaft beanspruchen will. Wie jede andere Erfahrungswissenschaft muß auch die Beratungswissenschaft darauf abzielen, das praktische Tun auf gesichertes Wissen zu fundieren, indem sie die allgemeinen Prinzipien und Strategien des Beratens und deren spezielle Konkretisierungen einem Prozeß kontrollierter empirischer Überprüfung unterzieht. Das Ziel der Therapieforschung, "Therapieformen herauszufinden, die wirksamer und/oder ökonomischer sind als bereits existierende Behandlungsformen und/oder Nicht-Behandlung" (Kirchner, Kissel, Petermann u. Böttger 1977 a, S. 65) ist auch dasjenige der Beratungsforschung. Desgleichen geben die methodischen Verfahrensweisen der Therapieforschung (Beckmann, Scheer u. Zenz 1978; Garfield u. Bergin 1978; Hartig 1975; Innerhofer u. Gottwald 1977; Meltzoff u. Kornreich 1970; Minsel u. Scheller 1981; Petermann 1977 a u. b) - v.a. klinische Vergleichsstudien, Parameteruntersuchungen und kontrollierte Einzelfallanalyse - die notwendigen Grundlagen auch für die Beratungsforschung ab. Im folgenden sei wenigstens auf einige methodische Probleme hingewiesen, mit denen sich die Beratungsforschung konfrontiert sieht und deren unzureichende Bewältigung bisher mit verhindert hat, daß die Beratungswissenschaft über jene fundamentalen Gewißheiten verfügt, die idealerweise den Status einer fortgeschrittenen Wissenschaft kennzeichnen. Über dieser Feststellung braucht man die zweifellos vorhandenen Fortschritte nicht zu übersehen, die v. a. im Laufe der letzten drei Jahrzehnte zu verzeichnen waren.

(1) Das Beratungsfeld ist von einer außerordnetlich komplexen Struktur. Damit stellt sich das Problem der Erfassung der für den Beratungsprozeß und -erfolg konstitutiven Bedingsungsfaktoren und Bedingungsprozesse, der zwischen ihnen bestehenden Beziehungen und Abhängigkeiten sowie der Störvariablen, die im Kontext der zentralen Bedingungsfaktoren zu berücksichtigen sind. Den bestehenden Theorien wird zum Vorwurf gemacht, sie hätten weder den Bereich der bedeutsamen Variablen, die in der therapeutischen bzw. beraterischen Interaktion wirksam sind und daher notwendigerweise berücksichtigt werden müssen, erfaßt, noch hätten sie die unabhängigen und abhängigen Variablen genau zu bestimmen vermocht (Kiesler 1977, S. 27 u. 28). Es sei daher kein Wunder, daß in der Psychotherapie- und Beratungsforschung falsche, einseitige und schiefe Fragen gestellt werden. Unabhängige, abhängige und konfundierende Variablen - alle miteinander mehrdimensional - müssen in ihrer für den Beratungsvorgang und -erfolg charakteristischen Vollständigkeit berücksichtigt und als einzelne präzise definiert werden. Dies sind die "minimalen Kriterien ..., die jedes Paradigma erfüllen sollte, bevor seine Brauchbarkeit überhaupt diskussionswürdig ist" (Kiesler 1977, S. 40). Das Problem, das sich der Beratungsforschung unter dem Aspekt der differentiellen Indikation stellt, lautet: welche Methoden bewirken, durch wen angewandt und unter welchen Bedingungen, bei welchen Klienten welche Effekte? Die Beratungsforschung ist weit davon entfernt, auf diese Frage eine zureichende Antwort geben zu können.

(2) Auch bezüglich der methodischen Strategien, mit deren Hilfe die Zusammenhänge zwischen den beratungsrelevanten Variablen untersucht werden können, bestehen Probleme. Klinische und experimentell-statistische Methoden werden einander gegenübergestellt (Pongratz 1973). Man ist wohl zu der Behauptung berechtigt, daß beide Methodengruppen für die Beratungswissenschaft unverzichtbar sind, weil beide Vorteile aufweisen, mit deren Hilfe die beiderseitigen Nachteile kompensiert werden können und müssen. Ferner darf nicht unerwähnt bleiben, daß die frühere "clinical case study" zur exakter kontrollierten Einzelfallstudie (Huber 1978; Petermann u. Hehl 1979) weiterentwickelt wurde und daß das Experiment in der Therapieforschung nicht nur unter Labor- und Simulationsbedingungen, sondern auch in natürlichen Situationen durchzuführen versucht wird (Beckmann, Scheer u. Zenz 1978; Butollo 1978). Die folgende Feststellung ist jedoch weithin auch auf

die Situation der Beratungsforschung übertragbar: "Die besondere Problematik der klinischen Psychotherapieforschung ist darin begründet, daß sie ganz überwiegend in Institutionen durchgeführt wird, die nicht primär forschungsorientiert sind, sondern im wesentlichen in das System der Gesundheitsversorgung der Bevölkerung eingespannt sind. Das macht sorgfältig geplante Untersuchungen, in denen alle möglichen determinierenden Faktoren und Störvariablen kontrolliert werden können, meist unmöglich. Nur unter ganz besonderen Voraussetzungen können experimentähnliche Untersuchungen durchgeführt werden" (Beckmann, Scheer u. Zenz 1978, S. 1087).

(3) Ein weiteres Problem betrifft die komplexe Struktur des Therapie- bzw. Beratungserfolges. Damit stellen sich die komplizierten Aufgaben der Kriteriumsmessung, die in Form von Fragen angesprochen werden sollen: An welchen qualitativen Kriterien ist der Erfolg zu messen? An wievielen Kriterien? In welchem Ausmaß müssen diese Kriterien erfüllt sein? Gibt es bedeutsame Kriterien, die meßtechnisch schwer operationalisierbar und handhabbar sind, so daß die Gefahr besteht, daß nur leicht operationalisierbare und handhabbare Kriterien in den Beachtungshorizont der Forschung rücken? In welchem Ausmaße sind beratungssituationsinterne vs. beratungssituationsexterne Erfolgskriterien zu berücksichtigen? Sind Mittelwerte oder Streuungsmaße für die Erfolgsschätzung bedeutsamer? Hat die beratungswissenschaftliche Forschung Spontanlösungen (Spontanremissionen) und Verschlechterungseffekte zu berücksichtigen? Zu welchen Zeitpunkten im Beratungsprozeß sind Veränderungs- bzw. Erfolgsmessungen durchzuführen? Welche Anforderungen sind an die Nachhaltigkeit von Beratungserfolgen zu stellen? Welche meßbedingten Artefakte sind zu berücksichtigen? Soviele Fragen, soviele häufig bisher nur unzulänglich gelöste Probleme.

(4) Kann man sich dessen sicher sein, daß es die Beratung als solche ist, die eine festgestellte Veränderung beim Klienten bewirkt hat? Und ist es berechtigt, die Ergebnisse einer Untersuchung, bezüglich derer die vorhergehende Frage positiv beantwortet werden konnte, auf andere Personen und Situationen zu generalisieren? Mit diesen Fragen ist die zentrale Problematik der internen und externen Validität als der allgemeinsten Kriterien für die Brauchbarkeit von wissenschaftlichen Untersuchungen angesprochen. Die Grundfrage nach der internen Validität in der Therapieforschung lautet: "Läßt sich die beobachtete Veränderung im Patientenverhalten durch andere Einflüsse als den der durchgeführten Therapie erklären?"; die Frage für die externe Validität lautet: "Inwieweit läßt

sich das vorgefundene Behandlungsergebnis auf andere Patienten, andere Therapeuten und andere Behandlungsbedingungen übertragen?" (Kirchner, Kissel, Petermann u. Böttger 1977 a, S. 61 und 69). Von den soeben aufgeführten Autoren wurde eine Konkretisierung dieser Grundfragen durchgeführt, die auch beratungswissenschaftlich von höchster Relevanz ist. Sie stellen fünf Hauptquellen möglicher Beeinträchtigungen der internen und externen Validität von psychotherapeutischen Untersuchungen heraus: externe Einflüsse auf den Patienten, Patientenmerkmale, Therapeutenmerkmale, Variablen der therapeutischen Technik, Kriteriumsmessung. Diese Störquellen werden auf unterschiedliche Untersuchungsanordnungen - auf solche ohne Kontrollgruppe und mit Kontrollgruppe(n) - bezogen. Innerhalb dieses differenzierten Kontextes werden sodann die Probleme der internen und externen Validität zu lösen versucht.

(5) Die kritische Psychotherapie- und Beratungsforschung weist auf grundsätzliche Schwierigkeiten der wissenschaftlichen Fundierung der Therapie- und Beratungspraxis hin. Diese Schwierigkeiten, die den vielbeklagten Zustand der Theorien-Inflation bei gleichzeitigem Theorie-Defizit herbeigeführt haben und aufrechterhalten, sind um folgende Kernpunkte zentriert:

- Das Verständnis von "Wissenschaft" ist in den einzelnen Therapie- und Beratungsrichtungen außerordentlich verschieden. So reicht der Bedeutungsgehalt von Wissenschaft von positivistischen über essentialistische bis hin zu existentialistischen Positionen.
Der Prozeß der wissenschaftlichen Begründung, Überprüfung und Kontrolle wird innerhalb der einzelnen theoretischen und praktischen Grundpositionen in einer sehr unterschiedlichen Weise durchgeführt. Die Spannweite reicht von strengen experimentellen Prozeduren bis hin zu den phänomenologischen Verfahrensweisen der Existenzanalyse.
- Man sollte eine sehr enge Beziehung zwischen Theorie und Praxis vermuten. "In Wirklichkeit stehen die heutigen Psychotherapiemethoden nur in einem losen Zusammenhang mit der angeblich zugrundeliegenden Theorie" (Grawe 1982, S. 324). Wenn das praktische Handeln nur bedingt durch die theoretischen Konstrukte gesteuert wird, stellt sich die Frage, durch welche Faktoren es eigentlich determiniert wird.
- Als besonders problematisch scheinen sich die Einseitigkeiten und "blinden Flecke" der einzelnen theoretischen Positionen im zugrundeliegenden Menschenbild herauszustellen. Die ausschließliche oder einseitige Zentrierung um die Per-

son oder die Umwelt, den Trieb oder den Geist, die Verhaltensmechanik oder die Willensfreiheit, das "Medizinische Modell" oder das "Sozialwissenschaftliche Modell" ist offensichtlich falsch und führt in praktische Sackgassen. Therapie und Beratung gehen fehl, wenn sie der Vieldimensionalität der Person und ihrer Umweltbezüge sowie der Komplexität der Interaktionen zwischen Person und Umwelt nicht gerecht werden.

2. GRÜNDE UND ANLÄSSE DER BERATUNG

Von welchen Problemen werden Menschen, die in der Beratung Hilfe suchen, bewegt? Was veranlaßt sie, Beratung in Anspruch zu nehmen? Aus welchen über den konkreten Anlaß hinausreichenden Gründen verlangen sie und suchen sie nach Hilfe bei einer Person oder einer Institution, von der sie annehmen, daß sie den Problemen nicht ebenso hilflos gegenübersteht?

Es gibt eine Vielfalt von Anlässen und Gründen für die Inanspruchnahme von Beratung. Störungen und Probleme des einzelnen, Orientierungsmängel in komplexen sozialen Situationen, alltägliche Erziehungsfragen (Hornstein 1977, S. 32), Behinderungen, Störungen, Konflikte, Entscheidungen (Martin 1981, S. 13), Blockierungen und Schwierigkeiten in der Entfaltung und Verwirklichung des personalen Potentiales (Brammer u. Shostrom 1977, S. 80) werden genannt. Das Gemeinsame dieser Anlässe und Gründe ist darin zu sehen, daß Menschen "sich nicht mehr zurechtfinden, gewissermaßen den Weg verloren haben, in der Aporie, in der Weglosigkeit sich befinden" (Fink 1970, S. 183). Sowohl die faktische Frequentierung von Beratungsstellen als auch die Folgerungen, die aus zahlreichen wissenschaftlichen Erhebungen und Untersuchungen aus den Bereichen der Epidemiologie, der Psychohygiene, der Konfliktforschung und der Streßforschung gezogen werden können, zeigen sehr deutlich den Anteil von Menschen, die mit den diversen Erscheinungsformen der Weglosigkeit konfrontiert sind. Die Bedingungen solcher Weglosigkeit können dabei in den Personen, in den Umweltverhältnissen oder – wohl bei weitem überwiegend – in komplexen Person-Umwelt-Konstellationen gelegen sein.

Hier stellt sich nun mit großer Dringlichkeit die Frage nach der Zuständigkeit der Beratung für die außerordentlich vielfältigen Probleme und Schwierigkeiten, die im menschlichen Bereich auftreten können. Beratung ist offensichtlich nur für einen Ausschnitt dieser Probleme und Schwierigkeiten zuständig.

Sie ist nicht omnipotent, sondern nur für einen spezifischen Bereich kompetent. Darauf war - explizit und implizit - schon im Zusammenhang mit der Definition der Beratung, der akzentuierenden Abgrenzung der Beratung gegen Therapie und Erziehung sowie bei der Darstellung der Aufgaben der Beratungspsychologie hinzuweisen.

2.1 Beschreibung zentraler Beratungsgründe

In der Beratungsliteratur werden schwerpunktmäßig folgende Anlässe bzw. Gründe genannt, die Menschen in die Beratung führen und für die Beratung indiziert ist: Desorientierung, inadäquate Belastungen bzw. Entlastungen, Konflikte, aktuelle Schwierigkeiten und Krisen. Die psychische und soziale Problematik, die mit diesen Anlässen bzw. Gründen verbunden ist, soll zunächst einmal beschrieben werden.

2.1.1 Desorientierung

Der psychische Grundprozeß der Orientierung wird durch die Merkmale bestimmt, Glied einer Suchbewegung zu sein, Deutungen (und nicht Abbildungen) der Wirklichkeit zu liefern und die Tendenz zu einer versachlichten Reaktion auf eine Situation des Mangels, der Störung oder der Veränderung zu beinhalten (Thomae 1955, S. 194). Desorientierung - eines der zentralen Merkmale der Beratungsbedürftigkeit - wäre demzufolge durch das Unterlassen bzw. den Mangel an Suchen, Fragen und Sichzurechtfinden, durch unzureichende Interpretationen der Wirklichkeit sowie durch blinde, impulsive, kurzschlüssige Reaktionen in Aufgaben- und Problemsituationen gekennzeichnet. Sie führt notwendigerweise zu irgendeiner Form der Realitätsverzerrung.

(1) Klienten kommen zum Berater, weil sie bezüglich der Wege zu einem Ziel oder hinsichtlich des Zieles selbst Informationsmängel haben, weil sie nicht wissen, was in ihrer speziellen Situation geht und wie es gehen könnte, weil es ihnen an zureichenden Kenntnissen bezüglich ihrer Lebenslage mangelt. Die Unwissenheit und der Mangel an Fähigkeit, Willigkeit und Gelegenheit, sich dementsprechendes Wissen zu verschaffen, sind ein häufiger, primärer oder sekundärer Beratungsgrund. Es stimmt nicht, daß Informationsdefizite außerhalb des Aufgaben- und Zuständigkeitsbereiches der Beratung stünden. Ein nicht unbeträchtlicher Teil der Beratungsarbeit kann mit Hoffnung auf Erfolg nur unter der Voraussetzung geleistet werden,

daß beim Klienten ein adäquater Informationsstand hergestellt wird. Richtig ist allerdings, daß es in den meisten Fällen nicht bei der Behebung von Informationsdefiziten bleiben kann.

Es sind nicht nur Informations- und Wissensdefizite, die den Klienten in die Beratung führen. Viele Probleme und Aufgaben, die sich dem Klienten stellen, verlangen nach einer intelligenten Lösung. Die Kapazitäten zur intelligenten und geistigen Realitätsbewältigung sind jedoch sehr unterschiedlich ausgeprägt; dazu kommt der Druck, der von der je besonderen Problematik und von der Situation ausgeht, in der diese Problematik zu lösen ist. So ist es verständlich, daß auch intelligente Menschen Schwierigkeiten haben oder gar versagen, wenn es um die Bewältigung ihrer Lebensprobleme geht, und die Hilfe von Beratung in Anspruch nehmen müssen, um überhaupt erst einmal eine vernünftige und realistische Problemsicht und darüber hinaus dann geeignete Problemlösungen bzw. Problemlösungsverfahren zu gewinnen. Ohne solche Hilfe scheitern sie am Nichtdurchschauenkönnen von schwierigeren Zusammenhängen und Beziehungen, am Nichtverstehenkönnen der Gründe und Ursachen von Tatbeständen, an ihren Denksperren und Lernhemmungen. Beratung muß häufig erst einmal in einer ganz elementaren Weise sehend machen, den subjektiven Star stechen, schwierige Sachverhalte vereinfachen und das persönliche und zwischenmenschliche Chaos ordnen helfen. Zahlreiche Beratungen enthalten implizit eine Schulung in Problemlösungsfähigkeit und eine Anleitung zur Bemühung um größere Ordnung im Denken.

(2) Klienten kommen in die Beratung mit Überzeugungen und Gewißheiten, die sich bei näherem Zusehen als inadäquate und fixe Ideen erweisen. Sie können deswegen, weil sie mit dem Anspruch der Unbezweifelbarkeit auftreten und daher einer kritischen Kontrolle wenig zugänglich sind, das Leben ihres Trägers erheblich beeinträchtigen. Da sie zudem auch noch einen wesentlichen Bestandteil der Interessenlage, des Abwehrsystems und der Sicherheits- und Entwicklungsphilosophie des Klienten darstellen, sind sie häufig nur schwer veränderbar. Mit solchen Überzeugungen, Gewißheiten und irrationalen Lebensphilosophien hat sich v.a. die kognitiv orientierte Verhaltenstherapie befaßt (Ellis 1978; Mahoney 1977; Meichenbaum 1979). Sie geht davon aus, daß Menschen nicht durch Sachverhalte, sondern durch ihre Betrachtungsweise dieser Sachverhalte gestört werden. Fehlangepaßte Gefühle und Einstellungen stammen aus fehlangepaßten Gedanken, Bewertungen, Deutungen. Die Anzahl solcher irrationaler Ideen, die emotionale Störungen verursachen und aufrechterhalten, ist beträchtlich. Es scheint,

als sei die menschliche Natur in der Produktion solcher Ideen sehr erfinderisch und unerschöpflich. Wichtig ist die Auffassung dieser Beratungsrichtung, daß der Klient sich solche irrationalen Ideen auf dem Wege einer Selbst-Etikettierung andressiert und anfixiert, indem er sich diese Überzeugung zwecks Aufrechterhaltung eines erträglichen Daseinsgefühles immer wieder vorsagt und vorhersagt.

Unter mehr formalen Aspekten wurden Verzerrungen des Denkens herausgestellt: willkürliches Kausaldenken, Übergeneralisierung, Übertreibung der Bedeutung eines Ereignisses (Magnifizieren, Katastrophieren), Vernachlässigung wichtiger Aspekte von Lebenssituationen (Beck 1970); dichotomisierendes Denken und die Unfähigkeit, die Willkürlichkeit vieler kultureller Sitten und Gebräuche zu erkennen und in Frage zu stellen (Lazarus 1971). Es gibt also nicht nur kognitive Inhalte, sondern auch kognitive Strategien, denen eine störungsgenerative Bedeutung zukommt.

(3) Desorientierungen von Klienten stehen auch in Zusammenhang mit ihrem Gefühl, sie gingen in ihrem Leben in eine falsche Richtung, sie setzten auf die falschen Ziele, sie lebten an ihrem Leben vorbei. Solche Klienten fühlen sich in wesentlichen Bedürfnissen unbefriedigt und damit verarmt und unzufrieden. Die Beratungspsychologie kennt sehr gut die motivationalen Hintergründe, aus denen derartige Gefühle erwachsen, und die Sicherungsmechanismen, mit deren Hilfe Veränderungen abgewehrt werden. Grundsätzlich jeder menschliche Beweggrund und Antrieb steht in der Gefahr, aus dem psychischen Leben der Person ausgeschlossen, unterdrückt oder verdrängt, abgewertet und tabuisiert zu werden. Aus den mannigfachsten Gründen leben Menschen auch ein sehr einseitiges Leben, das einzelne Bedürfnisse geradezu exzessiv befriedigt, während andere dabei verkümmern. Derartige Konstellationen führen im Haushalt des seelischen Lebens zu jenen "Lücken", die als ungelebtes Leben und als Leben in der falschen Richtung empfunden werden. Klienten mit solchen Lücken müssen in der Beratung lernen, die niedergehaltenen und vernachlässigten Antriebe, Bedürfnisse und Motive wieder zuzulassen bzw. neu zu gewichten, die gegen sie gerichteten Abwehrhaltungen zu revidieren und auf dieser Basis eine Neuorientierung ihrer Zielrichtungen vorzunehmen, bis sich bei ihnen das Empfinden einstellt, sie klammerten keines der subjektiv bedeutsamen Ziele ohne Not und ohne Grund aus ihrem Leben aus.

Auf Grund der bisherigen Argumentation könnte es den Anschein haben, als sei das von Klienten erlebte Gefühl der Unstimmigkeit lediglich auf Prozesse der innerseelischen Regulation zurückzuführen. Es braucht aber nur an die Deprivationsforschung erinnert zu werden, um zu erkennen, in welchem Ausmaße diverse Umwelteinflüsse zum Entstehen von Lücken und zur seelischen Verkümmerung beitragen. Das zentrale Thema dieser Forschungsrichtung ist die Nichtbefriedigung von wichtigen Antrieben und Bedürfnissen infolge von unangemessenen oder schädigenden Umweltverhältnissen einschließlich der Folgen, die sich aus solchen Konstellationen ergeben. Die Hospitalismus-Problematik ist nur eine Variante des Deprivationsproblemes, das in seiner grundsätzlichen Bedeutung für den gesamten menschlichen Lebenslauf und für mannigfaltige Sozialverhältnisse – also weit über die frühe Kindheit und über die belastenden Verhältnisse in Familie und Heim hinaus – gesehen werden muß.

(4) Als eine weitere Form der Desorientierung sei auf das "Sackgassengefühl" bzw. "Tunnelgefühl" von Klienten hingewiesen. Klienten geben als Beratungsanlaß bzw. Beratungsgrund an, sie hätten den subjektiven Eindruck, in einem Tunnel zu stecken: alles um sie herum sei schwarz, bedrückend und bedrohlich und sie hätten den Eindruck, es gäbe aus dieser Situation keinen Ausgang – welche Anstrengung sie auch unternähmen.

Jede therapeutische und beraterische Richtung befaßt sich mit den emotionalen Zuständen der Angst, der Depression, der Minderwertigkeit, der Hoffnungslosigkeit. Unter beratungspsychologischen Aspekten kommt den unterschiedlichen Formen und Arten der Angst sowie den Strategien der Angstbewältigung ein besonderes Gewicht zu. Menschen fühlen sich durch sehr unterschiedliche innere und äußere Konstellationen bedroht. Unterschiedlich ist auch der Grad der Intensität und der Voluminosität der Angst. Die Auseinandersetzung mit der Angst und der Versuch ihrer Bewältigung erfolgt nicht nur über die Abwehrmechanismen, mit deren Hilfe Angst verdrängt oder auf andere Weise dem Bewußtsein entzogen wird. Es gibt Formen der Auseinandersetzung mit der Angst, in denen sich der Mensch seiner Angst stellt und sie im Bezugssystem eines übergeordneten Sinnzusammenhanges aufzuheben versucht, in diesem seinem Bemühen aber scheitert und so seine Angst nicht (vollkommen) in den Griff zu bekommen vermag. Alle diese Unterschiede verweisen die psychologische Beratung darauf, die Angst vorwiegend unter differentiellen Gesichtspunkten zu sehen, die Angst in ihrer verdeckten und in ihrer offenen Form zu berücksichtigen und sich in der Auseinandersetzung mit den Ängsten der Klienten verschiedenartiger Verfahrensweisen zu bedienen.

Zusammenfassend ist anzumerken: Wenn es eine Aufgabe der Beratung ist, die Desorientierung des Klienten zu mildern oder zu beheben, dann bedeutet dies, daß durch Beratung ein realistischerer Lebensbezug herbeigeführt werden muß. Neuorientierung in diesem Sinne betrifft dabei nicht nur die rationale Seite des Klienten; in die Neuorientierung müssen auch seine emotionalen und volitiven Persönlichkeitskomponenten einbezogen werden. Um Rogers (1974, S. 162) sinngemäß abzuwandeln: der Klient in der Beratung darf nicht nur mit dem Kopf, sondern er hat auch - und in gewisser Weise vor allem - mit dem Herzen und mit dem Bauch zu lernen. Nur mit der rationalen Arbeit ihres Kopfes allein kommen Klienten aus den Problemlagen, aus den irrationalen Lebensphilosophien, aus den psychischen Verarmungssituationen und aus den Sackgassen, in denen sie stecken, nicht heraus. Die Aktivierung des emotionalen und des volitiven Bereiches und der aktionalen Kompetenzen ist - neben der rational-intellektuellen Bemühung - für die Bewältigung von Desorientierungen von zentraler Bedeutung.

2.1.2 Inadäquate Belastung und Entlastung

(1) Viele Klienten geben als Hauptanlaß bzw. als Hauptgrund ihrer Beratungsbedürftigkeit an, auf ihrem Weg zu einem für sie bedeutsamen Ziel fortwährend auf unübersteigbar erscheinende Barrieren zu stoßen, ständig durch subjektiv unangemessene und auch oftmals objektiv nachweisbare Belastungen und Überlastungen seelisch blockiert und deformiert zu werden und sich insgesamt in einem Teufelskreis von Versagen und diversen untauglichen Versuchen zur Behebung dieses Versagens zu befinden. Es handelt sich hierbei um Beratungsprobleme, die in den Zuständigkeitsbereich der Frustrations-, Streß- und Überlastungsforschung gehören. Ein beträchtlicher Teil der Beratungsarbeit mit Personen aller Altersgruppen hat es mit solchen Anlässen und Gründen der inadäquaten Belastung zu tun. Als inadäquat wird die Belastung deswegen bezeichnet, weil die zur Verfügung stehenden personalen Ressourcen und das individuelle Anspruchsniveau in einem unangemessenen Verhältnis zum Anforderungs- und Schwierigkeitsgrad von lebensweltlich relevanten Gegebenheiten und Aufgaben stehen.

Menschliche Aktivität stößt fortwährend auf Widerstände, reibt sich an der Realität, erfährt Reibungsverluste und Verletzungen. Manche Barrieren können ungangen werden; viele sind mit dem einer Person normalerweise zur Verfügung stehenden

Repertoire von Bewältigungstechniken zu meistern; andere können durch die Mobilisierung aller Kräfte bewältigt werden. Aber dann gibt es auch jene Barrieren, deren Überwindung personal bedeutsam ist, die aber subjektiv als so hoch oder so kompliziert angesehen werden, zudem auch objektiv sich häufig als so schwierig erweisen, daß sie auch mit großem Einsatz nicht oder nur unzureichend bewältigt werden können. Die psychische Situation läßt sich so charakterisieren: eine schwerlösbare oder unlösbare Aufgabe, eine große subjektive Bedeutsamkeit der Aufgabenbewältigung und die Unmöglichkeit, aus der Aufgabensituation einfach herauszutreten, wirken zusammen und lassen die individuelle Energie der Person sich an dieser Barriere aufstauen. Chronische Blockierungslagen, in denen sich der Widerstand der Realität als permanent übermächtig erweist, nehmen den Charakter ausgesprochener Überlastung und Bedrohung der Person an. Sie reagiert darauf mit den Emotionen der Unlust, der Spannung, Verdrossenheit, Enttäuschung, der Aggression und Resignation. Vor allem steht sie in der Gefahr, jenen Teufelskreis auszubilden, in dem das Nichtfertigwerden mit Anforderungen mit Mißerfolgserlebnissen und Gefühlen des reduzierten Selbstwertes beantwortet wird. Diese Gefühle führen zu der Tendenz, alle Situationen zu vermeiden, in denen das Versagen offensichtlich wird, was in mangelnder Beteiligung an solchen Situationen und damit in unzureichenden Fortschritten resultiert, die wiederum den Grund für neues Versagen abgeben (Heller u. Nickel 1978, S. 316). Menschen mit einem solchen "Anforderungsschicksal" zappeln hilflos im Netzwerk dieses Teufelskreises, das sich umso enger zusammenzieht, je unangemessener die Befreiungsbewegungen des Opfers werden.

Sie können sich häufig aus eigener Kraft nicht aus diesem Netz befreien. Hier kann Beratung zur Lösung aus diesem Blockierungs- und Teufelskreismechanismus beitragen. Der Umstand, der Beratung besonders dringlich macht, ist also nicht allein die Belastungslage selbst, sondern gleichzeitig auch die Art und Weise der Beantwortung und Verarbeitung dieser Lage. Es wird bald darauf zurückzukommen sein, daß Belastungs- und Blockierungslagen in einer recht unterschiedlichen Weise verarbeitet werden können, wobei jede Weise auch die Möglichkeit beinhaltet, in Fehlformen der Belastungsbewältigung hineinzuführen.

(2) Die Frustrations- und Belastungsforschung läßt weithin unbeachtet, daß es nicht nur Barrieren gibt, "die das Leben zu schwierig machen", sondern auch solche, "die das Leben zu leicht machen" (Roth 1961, S. 215) und die zu Reaktionsformen

führen, die genau so problematisch sind und daher beratungsbedürftig werden können wie die Reaktionsformen auf Blockierung und Überlastung. Es gibt eine Entlastung der Person und eine damit verbundene Wucherung und Entordnung des individuellen Motivations- und Steuerungssystems, die sich für die Person in einer höchst problematischen Weise auswirken kann. Reaktionen auf die Situation der fehlenden oder zu niedrigen Barrieren sind z.B. (Roth 1961, S. 215): inadäquate Steigerungen des Anspruchsniveaus; Unterschätzung des Wertes des Erreichten, weil es ohne Widerstand und daher ohne große Bemühung erreicht werden konnte; rascher Wechsel der Ziele, um das fehlende echte Erfolgs- und Erfüllungserlebnis durch die große Zahl wettzumachen; Überschätzung der eigenen Person und ihrer Kompetenz bzw. Substanz mit den Folgen von Einbildung und Anmaßung; Hemmung der differenzierten Entfaltung der Persönlichkeit infolge zu rascher Erfolge.

Der Beratungspraktiker wird gerade in diesen Kreis von Reaktionsformen einen nicht unbeträchtlichen Teil seiner Klienten einzuordnen vermögen. Von der Frustrations- und Belastungsforschung aber wäre zu fordern, daß sie ihr Augenmerk stärker auch auf jene Barrieren richtet, die zu überspringen keine Anstrengung kostet, und auf die Folgen, die eine solche inadäquate Entlastung nach sich zieht. Die Neurosentheorie betont, daß an der Wurzel mancher Fehlentwicklung die Verwöhnung und nicht die Härte steht (Adler 1974; Schultz-Hencke 1970). Man sollte im wissenschaftlichen Bereich nicht übersehen, daß es eine für die Thematik der inadäquaten Entlastung hochbedeutsame psychologische Auseinandersetzung mit den Phänomenen der Verflachung und Veräußerlichung, der Wechselwirtschaft und der dilettantischen Spielerei, der Hybris und der Dekadenz, der Leere und der Langeweile gibt. Die Beratungsbedürftigkeit vieler Klienten hat ihre Ursache nicht in einem zu starken Druck, sondern in der permanenten Entlastung der eigenen Situation von jeglicher Verbindlichkeit und Entfaltungskontrolle. Ich-Schwäche ist nicht nur ein Problem der Ich-Unterdrückung, sondern auch ein solches der ungehemmten Ich-Aufblähung.

2.1.3 Konflikte

Das Aufeinandertreffen von einander entgegengesetzten und miteinander unvereinbaren Tendenzen in einer Person oder zwischen Personen und die im Gefolge einer solchen Konstellation auftretenden Verarbeitungs- und Bewältigungsprobleme stellen häufige Anlässe bzw. Gründe der Beratung dar. Konflikte sind etwas durchaus Normales. Sie werden häufig ohne die Hilfe einer anderen Person oder eines professionellen Helfers bzw. zusammen mit dem Konfliktpartner gelöst. Produktive selbständige Konfliktlösungen und eigenständige Auseinandersetzungen mit Konflikten tragen in einer ganz entscheidenden Weise zur Persönlichkeitsreifung bei. Die Person wächst an Konflikten und formiert sich in der Bewältigung von Konflikten. Eine normale Persönlichkeitsentwicklung ohne das Durchlaufen von Konflikten und ohne die Herausforderung zur Konfliktbewältigung ist kaum möglich. Es gibt jedoch eine Verhärtung im Konflikt, eine neurotische Maskierung des Konfliktes und eine Unwilligkeit und Unfähigkeit zur Konfliktaustragung, Konfliktlösung und Entscheidungsfindung, die so gravierende Formen annimmt, daß die Person den Dienst von Beratung in Anspruch nehmen muß. Die Konflikt- und Entscheidungsforschung ist eine der wesentlichsten Grundlagen der Beratungspsychologie.

(1) Der Mensch am Kreuzweg in der Situation, sich für eine Wegrichtung entscheiden und mit der Preisgabe der anderen Richtung in Kauf nehmen zu müssen, daß er etwas verliert oder nicht zu realisieren vermag, was für ihn auch und unter Umständen gleich wertvoll ist, begegnet dem Berater relativ häufig. Wenn für solche Entscheidungssituationen Kriterien zur Verfügung stehen, die der Ratsuchende nur nicht kennt, die er aber akzeptieren kann, sobald er sie kennengelernt und auf seine spezifische Situation hin überprüft hat, dann ist das Problem relativ leicht zu bewältigen. Entscheidungen können aber häufig deswegen nur so schwer getroffen werden, weil an ihnen einerseits sehr viel hängt und weil andererseits die Kriterien für eine subjektiv vernünftige Entscheidung fehlen, so daß erhebliche Risiken in Kauf genommen werden müssen. Die Entscheidung - d.h. das Erlebnis eines Konfliktes zwischen existentiell bedeutsamen und grundlegenden Zukunftsausrichtungen der Person - ist eine Form der Auseinandersetzung mit multivalenten Situationen, die nur durch eine propulsive Weiterentwicklung des Kernes der Persönlichkeit beendet werden kann (Thomae 1960). In der Entscheidung erfährt nicht nur das Künftige eine Deutung, sondern darüber hinaus auch die sich entscheidende Person selbst eine Bestimmung und Festlegung auf eine Bahn, die sie, wenn sie sich einmal entschieden hat, sehr häufig nur mehr durch Gegenentscheidungen verlassen kann. In der Entscheidung wird der offene Zukunftsbezug auf eine Richtung reduziert und in dieser Richtung auf (relative) Dauer gestellt. Die Person erfährt diese Selbstgestaltungsleistung in aller Schwere. Sie weiß, daß die Entscheidung für eine bestimmte Richtung Konsequenzen nach sich zieht, die unerbittlich auf sie zurückfallen können. Dieses

Risiko versucht sie zu minimieren. Viele kommen allein mit dieser Aufgabe nicht zurecht und suchen Rat.

Die psychologische Beschäftigung mit den Problemen der Entscheidungsunsicherheit und der Entschlußlosigkeit nimmt für diese Phänomene verschiedene Wurzeln an. Das Nichtverzichtenkönnen, die Scheu, Verantwortung und Risiko zu tragen, die depressive Lebensgrundstimmung werden als mehr in der Person gelegene Bedingungen aufgeführt (Lersch 1954, S. 455). Eine sorgfältige Überprüfung der Bedingungskonstellation der Entscheidungsunsicherheit wird jedoch sehr häufig auch auf Wurzeln stoßen, die in akuten oder chronischen Umweltbelastungen gelegen sind, so z.B. in den gegensätzlichen Valenzen, mit denen ein Lebensbereich besetzt ist oder in den häufig nicht ohne weiteres miteinander zu vereinbarenden Anforderungen, die von konkurrierenden Rollenerwartungen ausgehen.

(2) Neben diesen bisher thematisierten intrapersonalen Konflikten sind zwischenmenschliche Konflikte und Spannungen ein häufiger Beratungsanlaß. Menschen leiden unter dem Nebeneinander, der Gleichgültigkeit, dem Mangel an Gemeinsamkeit, am Auseinander, der Entfremdung und der sozialen Apathie, am Gegeneinander, der Aggression und Rivalität. Sie leiden darunter, wenn Beziehungen zerbrechen, erzieherische und berufliche Kontakte dysfunktional werden, Ehen und Familien sich auflösen. Sie leiden als passiv Betroffene, sie leiden aber auch häufig als die Täter ihrer asozialen Taten. Und sie bevölkern mit ihrer Konfliktproblematik die Beratungsstellen.

Auch interpersonale Konflikte stellen ein alltägliches Phänomen dar, das keineswegs nur negativ gesehen werden darf. Konflikte dürfen nicht mit Neurosen verwechselt werden. Viele interpersonale Konflikte werden in einer individuell adäquaten Weise gelöst und bringen notwendige Klärungen; die daran Beteiligten erfahren dieses als Zuwachs an Kompetenz und Reife. Gefährlich und zerstörerisch werden soziale Konflikte erst dann, wenn sie sich als überdauernde Weise des Miteinanderumgehens eingeschliffen haben, wenn sich die Lösungswilligkeit der Konfliktpartner gegen Null reduziert hat oder wenn der Konflikt so maskiert wird, daß er für die Beteiligten gar nicht mehr als Konflikt erscheint, obwohl die Spannungen unter der Maskerade üppig fortwuchern.

Als ein Beispiel sei hier der Sachverhalt herangezogen, daß interpersonale Konflikte von unbewußten Phantasien und Rollenerwartungen ausgelöst und gesteuert werden - etwa in der Beziehung zwischen Eltern und Kindern. Affektive Bedürfnisse der Eltern bestimmen die Rolle des Kindes in der Familie mit. "Je mehr Eltern unter dem Druck eigener ungelöster Konflikte leiden, um so eher pflegen sie - wenn auch unbewußt - danach zu streben, dem Kind eine Rolle vorzuschreiben, die vorzugsweise ihrer eigenen Konfliktentlastung dient. Ohne sich darüber recht klar zu sein, belasten sie das Kind mit den unbewältigten Problemen ihres Lebens und hoffen, sich mit seiner Hilfe ihr Los zu erleichtern ... Die Verzahnung zwischen den elterlichen Erwartungen, Wünschen, Ängsten und den Reaktionen des Kindes ... läßt bestimmte, immer wiederkehrende Strukturen der Eltern-Kind-Beziehung erkennen, die offensichtlich die Entstehung kindlicher Neurosen zu fördern vermögen" (Richter 1963, S. 16). Solche Eltern erscheinen in der Beratung häufig mit dem Anspruch, der Berater hätte primär "mitzuhelfen, das Kind wieder gefügig zu machen: es soll nicht mehr schlimm, aggressiv sein, die Schule nicht mehr schwänzen, nicht mehr stehlen usw.. Wie wir das erreichen, ob mit Gewalt oder durch Drohung, durch Einjagen von Angst oder mit Hilfe höchst raffinierter psychologischer Methoden, ist ihnen völlig gleichgültig. Nur sie soll der Erziehungsberater nicht verantwortlich machen. Ruhe und Ordnung muß zu Hause wieder einkehren, und dabei dürfen an sie selbst keine besonderen Anforderungen gestellt werden" (Aichhorn 1972, S. 9). Das Beispiel zeigt, daß und in welchem Ausmaße auch für die Verarbeitung interpersonaler Konflikte beraterische Hilfe erforderlich ist.

2.1.4 Akute Schwierigkeiten und Krisen

Eine Hauptdomäne der Beratung ist das weite Feld der Intervention bei akuten Schwierigkeiten und Krisen des Klienten. Die Weglosigkeit nimmt häufig die Form einer Krise an. Krisen sind akute Zustände eines erheblich reduzierten oder verloren gegangenen psychischen Gleichgewichtes, in denen der Klient nicht mehr in der Lage ist, Ereignisse subjektiv sinnvoll zu bewältigen. Unter dynamischen Gesichtspunkten handelt es sich bei Krisen um die Höhe- und Wendepunkte eines manifesten oder latenten Konfliktverlaufes, eines Prozesses der inadäquaten Erlebnisverarbeitung von Belastungs- oder Entlastungssituationen oder einer Konstellation, in der bisherige Formen der Bewältigung von Aufgaben und Gegebenheiten nicht mehr ausreichen, die gewohnte oder für erforderlich gehaltene Bedürfnisbefriedigung herbeizuführen. "Der Ratsuchende erscheint als eine Person, die eine Lebenssituation mit eigenen Mitteln nicht bewältigen kann ... Wenn die Person als eine dynamische Stabilisierung eines psychophysisch-sozialen Systems verstehbar ist, wird das konkrete Dilemma der Hilflosigkeit deutlich: das vorhandene stabilisierte System reicht nicht aus, eine Situation zu bewältigen. Andererseits bereitet die Notwendigkeit, das System zu verändern, Angst, denn die Veränderung erfordert die Aufgabe eines bestehenden relativen Gleichgewichtes" (Guhr 1981, S. 67).

Man kann zwischen traumatischen Krisen und Lebensänderungskrisen (Cullberg 1977) oder zwischen entwicklungsbedingten Krisen, die beinahe "Normalitätscharakter" haben, und akzidentellen Krisen, die aus spezifischen Verlust- und Belastungssituationen erwachsen (Caplan 1964), unterscheiden. In jedem Fall bringt die Krise eine subjektiv empfundene Verschärfung der Weglosigkeit, aber auch die Chance für die Person, sich dieser ihrer besonderen Lage bewußt zu werden und sich damit auseinanderzusetzen. Beratung ist zu einem erheblichen Teil Beratung in Krisensituationen.

2.2 Systematik zentraler Anlässe und Gründe für Beratung

Über die im vorhergehenden Abschnitt durchgeführte Beschreibung hinaus ist es erforderlich, das Problem der Anlässe und Gründe der Beratung auch unter systematischen Gesichtspunkten zu thematisieren.

Dies ist zum einen deswegen nötig, weil in der bisherigen Darstellung der Anlässe und Gründe der Beratung die in früherem Zusammenhang durchgeführte Abgrenzung der Beratung gegen Erziehung und Therapie nicht berücksichtigt wurde. Man kann mit Recht die Frage stellen, ob nicht alle bisher aufgeführten Anlässe und Gründe für Beratung ebensogut solche für Erziehung und Therapie sein könnten? Mit welcher Begründung und Berechtigung werden die im vorhergehenden Abschnitt aufgeführten Problembereiche der Hilfeform der Beratung zugeordnet?

Zum anderen erhebt sich die Frage, ob das bisher in den Mittelpunkt gestellte Indikationskriterium für Beratung, nämlich das Vorhandensein von schwierigen Lebenslagen, die seitens der Person in einer unzulänglichen Weise verarbeitet und beantwortet werden, ausreichend ist. Dies ist offensichtlich nicht der Fall. Die alleinige Berücksichtigung dieses Kriteriums ist deswegen unzureichend, weil es Personen gibt, die auf Grund eigener Bemühung letztlich doch mit diesen Lebenslagen fertigwerden. Sie lernen in der Auseinandersetzung mit diesen Lagen, ihr Selbsthilfepotential zu aktivieren und in einer problemauflösenden Weise zu organisieren. In Analogie zu der in der Psychotherapieforschung diskutierten Problematik der "Spontanremissionen" (Eysenck 1952, 1964) ist auch für den Beratungsbereich das Faktum der "Spontanlösung" von Desorientierungen, Belastungen, Konflikten und Krisen in Rechnung zu stellen. Freilich lösen sich nicht alle Probleme in dieser Weise. Der Grund dafür ist offensichtlich darin gelegen, daß die Modifikationsfähigkeit derjenigen Personen, die in schwierige Lebenslagen hineingeraten und sich in diesen verheddern, unterschiedlich ausgeprägt ist. Demzufolge ist die Systematik der zentralen Anlässe und Gründe für Beratung auf der Grundlage zweier Kriterien zu erstellen: dem Kriterium der Bewältigungskompetenz des Klienten und dem Kriterium der Modifizierbarkeit des Klienten.

2.2.1 Das Kriterium der Bewältigungskompetenz

(1) Die Alltagssituation des Menschen kann - wohl einigermaßen realistisch - so umschrieben werden, daß er sich mehr oder weniger beständig mit Gegebenheiten und Aufgaben seiner lebensweltlich bedeutsamen Realität konfrontiert sieht, die er in einer sowohl person- wie auch sozialangemessenen Weise zu bewältigen sucht und zu bewältigen hat. Seitens der Person können diese verschiedenen Gegebenheits- und Aufgabenbereiche aus thematisch sehr unterschiedlichen Intentionen heraus interpretiert und in Angriff genommen werden. Zugleich unterliegen diese Bereiche einer mehr oder minder ausgeprägten sozialen Regelung und Normierung, die sie zu einem erheblichen Teil aus der Beliebigkeit individuellen Agierens herausnimmt und ganz bestimmten sozio-kulturellen Anforderungen unterstellt. Die Person hat sich also auf der Grundlage ihrer individuellen Intentionen und Kompetenzen mit Gegebenheiten und Aufgaben auseinandersetzen, deren Bewältigung zugleich sozial normiert und reglementiert ist.

Im hier verwendeten Person-Konzept ist demnach der Weltbezug und die Umwelteinwirkung mitgedacht. Die Person steht zur Welt in einem zweifachen Beziehungsverhältnis. Einerseits wirkt die Welt auf die Person ein; die Person - falls und soweit sie die Einwirkung zuläßt - verarbeitet solche Einflüsse, verändert bzw. stabilisiert sich dabei und gewinnt so eine neue Basis für ihre Rückwirkung auf die Welt bzw. für die Verarbeitung neuer Einwirkungen der Welt. Zum anderen wirkt die Person auf die Welt ein; sie bewirkt - falls und soweit die Welt die Einwirkung zuläßt - in der Welt eine Veränderung bzw. Stabilisierung; die so veränderte Welt wirkt auf die Person zurück, wobei die Person wiederum diese Rückwirkung zu verarbeiten hat. Das psychische Leben und seine Thematisierung in speziellen Person-Umwelt-Bezügen kann nur unter der Voraussetzung zureichend verstanden und erklärt werden, daß es unter der Perspektive solcher Interaktionen zwischen Person und Welt gesehen wird.

(2) Nun vollzieht sich die Auseinandersetzung der Person mit den Gegebenheiten und Aufgaben ihrer lebensweltlichen Ralität nur selten ganz reibungslos. Die Person stößt bei der Verfolgung dessen, was sie erstrebt bzw. was sie zu tun hat, auf Hindernisse und Schwierigkeiten, erfährt Widerstände und Grenzen, muß Verluste und Verletzungen in Kauf nehmen. Sie ist allerdings auch in der Lage, das Repertoire ihrer aktiven und passiven Bewältigungsmöglichkeiten einzusetzen und neue Bewältigungsstrategien zu erfinden. Das Resultat dieses Zusammentreffens von Friktion und Bewältigung ist von Person zu Person äußerst unterschiedlich. Es hängt zum einen von der Größe des Widerstandes und zum anderen von den Kräften und Fertigkeiten ab, die die Person zur Bewältigung des Widerstandes zu aktivieren vermag. Zugleich ist zu berücksichtigen, daß Hindernisse und Widerstände auch erheblich reduziert sein können, so daß der Person Entfaltungsspielräume zur Verfügung stehen, die bis in die Situation extremer Entlastung hineinreichen. Auch bei dieser Konstellation ist wesentlich, wie die Person damit umgeht und welche Konsequenzen sie aus dieser Situation zieht.

Unter Berücksichtigung beider Aspekte – der Größe des Widerstandes der Aufgaben und Gegebenheiten einerseits und der individuellen Kapazität, die zur Bewältigung unterschiedlicher Widerstandsgrade zur Verfügung steht, andererseits – läßt sich eine Taxonomie der Widerstandsstufen der lebensweltlichen Realität erstellen. Sie kann an dem Versuch von Cofer u. Appley (1964, S. 449 ff.) orientiert werden, Schwellen der psychischen Belastung in der Auseinandersetzung der Person mit Aufgaben festzulegen. Zugleich kann für sie die Bemühung von Brammer u. Shostrom (1977, S. 8o ff.) aufgegriffen und nutzbar gemacht werden, die Auseinandersetzung der Person mit Problemen und Schwierigkeiten unter dem Aspekt unterschiedlicher Aktivitätsrichtungen darzustellen.

Eine Taxonomie der gestuften Widerständigkeit der Realität in Relation zur Bewältigungskapazität der Person ermöglicht unter Berücksichtigung des Sachverhaltes, daß die Realität einerseits unterschiedliche Belastungsgrade, andererseits aber auch unterschiedliche Entlastungsgrade enthält, folgende Anordnung (Abb. 1).

```
                    1        2        3        4        5
                                                    extreme
                                                    Überlast.-Lage
    A                                   Überlastungs-Lage
                              Belastungs-Lage
                     Problem-Lage
        Normal-Lage
                     Anreiz-Lage
    B                         Entlastungs-Lage
                                        Unterlast.-Lage
                                                    extreme
                                                    Unterlast.-Lage
```

Abb. 1: Taxonomie der Widerstandsgrade der Realität (1-5) unter Berücksichtigung zunehmender (A) und abnehmender (B) Widerständigkeit.

1 : Normallage: Der Widerstand der Realität kann mit dem normalen (gewöhnlichen, durchschnittlichen) Aktivitätseinsatz bewältigt werden.

2A: Problemlage: Der Widerstand der Realität kann mit dem normalen Aktivitätseinsatz und mit den gewöhnlich zur Verfügung stehenden Mitteln nicht bewältigt werden. Die Problembewältigung (Anforderungsbewältigung) macht besonderen Aktivitätseinsatz erforderlich (Lösungsoperationen, Steuerungsleistungen).

3A: Belastungslage (Blockierungslage, Frustrationslage): Der Widerstand der Realität ist stark. Es kommt zu einem Energiestau an der Barriere, der die Person zu einer inadäquaten Form der Auseinandersetzung veranlaßt. Im weiteren Verlauf wird die Situation a) entweder unter Anspannung aller Kräfte noch bewältigt oder b) trotz Aufbietung erheblicher Kräfte nicht mehr bewältigt (mit der Folge der Ausdehnung und Einschleifung der inadäquaten Form der Auseinandersetzung).

4A: Überlastungslage (Streßlage, Bedrohungslage): Der Widerstand der Realität wird permanent übermächtig. Es kommt zu einer dauerhaften Überforderung und Überlastung der Person mit der Folge mehr oder weniger ausgeprägter Traumatisierung.

5A: Extreme Überlastungslage (Erschöpfungslage): Die Realitätswiderständigkeit wird in Relation zur Bewältigungskapazität so stark, daß es zu totaler Erschöpfung, zur Desorganisation oder - im Extremfall - zum Zusammenbruch der Person oder einzelner Systeme der Person kommt.

2B: **Anreizlage:** Der Widerstand der Realität ist reduziert. Der Aktivität der Person steht ein Spielraum zur Verfügung, der es ihr gestattet, mit den Aufforderungscharakteren ihrer Lebenswelt in einer entspannt-produktiven Weise umzugehen.

3B: **Entlastungslage:** Die lebensweltliche Realität gewährt häufige Befriedigung und Erfüllung, ohne daß das Individuum dafür einen besonderen Aktivitätseinsatz erbringen muß. Die Lage kann a) zur Vorbereitung auf die Auseinandersetzung mit Problem- und Belastungslagen benutzt oder b) als Aufforderung zu habitueller Entspannung und Aktivitätsreduktion verstanden werden.

4B: **Unterlastungslage:** Die lebensweltliche Realität gewährt permanente Befriedigung und Erfüllung. Die gesamte Lebensführung gerät unter die Dominanz des Lustprinzipes. Kapazität für Widerstandsbewältigung wird nur unzureichend aufgebaut oder - falls vorhanden - als "irrelevant" vernachlässigt.

5B: **Extreme Unterlastungslage (Luxuslage):** Die Freiheitsgrade der Lebensführung werden so groß und die Widerständigkeit der lebensweltlichen Realität wird so minimal, daß es zur "Ausuferung" der Persönlichkeit kommt. Neben der Kapazität der Widerstandsbewältigung ist auch die der Selbststeuerung der Person erheblich reduziert.

(3) Bisher wurde die lebensweltliche Realität als eine Struktur von Situationen verstanden, die unterschiedliche Grade der Widerständigkeit gegenüber der Aktivität der Person aufweisen. Zugleich wurde angenommen, daß auch die Auseinandersetzung der Person mit ihrer lebensweltlichen Realität in einer gestuften Weise erfolgt - und zwar in einem zweifachen Sinn.

Es wurde schon darauf hingewiesen, daß sich die handelnde Auseinandersetzung der Person mit den Widerstandsstufen der Realität diesen Abstufungen im allgemeinen anpaßt: je stärker der Widerstand, desto intensiver die Bemühung der Person um Widerstandsbewältigung. Je nach Bewältigungskapazität und Frustrationstoleranz der Person werden die verschiedenen Lagen in einer je spezifischen Weise beantwortet. Dabei kann man im allgemeinen davon ausgehen, daß die Person diejenigen Lagen, die sie für sich als Normal-, Problem- oder Anreizlagen interpretieren kann, in einer mehr oder weniger produktiv-angepaßten Weise verarbeitet; das schließt allerdings Schwierigkeiten bei der handelnden Realisierung dieser produktiven Bewältigungsformen nicht aus. Belastungs- und Entlastungslagen sind demgegenüber von einer "janusköpfigen" Struktur; je nachdem, was die Person an Bewältigungskapazität zu investieren vermag, treten mehr angepaßte oder mehr unangepaßte Formen der handelnden Auseinandersetzung auf. (Extreme) Überlastungs- und Unterlastungslagen werden gewöhnlich mit unangepaßten Handlungsformen beantwortet.

Zusätzlich zu diesen bereits angesprochenen Sachverhalten ist noch folgendes zu berücksichtigen. Die Person produziert bei ihrem Versuch der Bewältigung von Widerstandsgraden ihrer lebensweltlichen Realität einen für sie subjektiv zuträglichen dominanten Aktivitätstypus. Jeder Widerstandsgrad der Realität kann mit Hilfe einer der folgenden Aktivitätsformen beantwortet werden: Aktivitätssteigerung, Aktivitätssenkung, Aktivitätszentrierung (Aktivitätsmonotonie) und Aktivitätsdezentrierung (Aktivitätsdifferenzierung).

Im folgenden (s. Abb. 2) wird der Versuch gemacht, die beiden Aspekte der Anpassungsformen der Aktivität an die Widerständigkeitsstufen der Realität und der schwerpunktmäßig praktizierten Aktivitätstypen miteinander zu kombinieren und diese Kombinationsformen den Widerstandsstufen der lebensweltlichen Realität zuzuordnen.

Zum Verständnis der Abb. 2 sind noch folgende Erläuterungen zu geben:

- Den Gradabstufungen der Widerständigkeit der lebensweltlich bedeutsamen Realität sind Grundformen der Erlebnisverarbeitung der jeweiligen Lage zugeordnet. So ist beispielsweise die Normal-Lage (1) gewöhnlich mit den Grundgefühlen der einfachen Bewältigungskompetenz und Funktionstüchtigkeit der Person verbunden, während die Überlastungs-Lage (4A) gewöhnlich mit Angstgefühlen (Gefühlen der Bedrohung und Einengung) gekoppelt ist. Wenn das Dasein einer Person in einer bestimmten Lage chronisch wird, dann verfestigen sich auch die emotionalen Grundformen der Erlebnisverarbeitung in habituellen Grundgefühlen, die das "Lageschema" der Person (Thomae 1955) zu einem beträchtlichen Teil konstituieren.

- Die reaktiven und proaktiven Verhaltensmuster, die in den Zellen der Abb. 2 aufgeführt sind, können sich unter bestimmten Voraussetzungen zu Daseinstechniken verfestigen, d.h. zu Handlungsformen, "welche dem Individuum gleichsam als Kunstgriffe zur Ermöglichung des Daseins zu dienen scheinen" (Thomae 1955, S. 140). Daseinstechniken erhalten ihre spezifische Bedeutung erst dadurch, daß man sie zu bestimmten Daseinsthemen in Beziehung setzt. So wird z.B. die unter 2A (produktive Form der Auseinandersetzung mit einer Problemlage + Aktivitätssteigerung) thematisierte Anspannung und Anstrengung erst dann als Daseinstechnik konkret verständlich, wenn man sie zu den Themen der Daseinserhaltung (Leistung), des Machtgewinnes (Armierung der eigenen Position) oder des

	ANPASSUNGSFORMEN DER HANDELNDEN AUSEINANDERSETZUNG			
	5 B EXTREME UNTERLAST. LAGE	4 B UNTERLAST. LAGE	3 B ENTLAST. LAGE	2 B ANREIZ- LAGE
	UNPRODUKTIVE FORMEN DER ANPASSUNG			PRODUKTIVE REALISIERUNGS-
AKTIVITÄTS- TYPEN	Ausuferung Schranken- losigkeit	Widerstands- losigkeit Unverbind- lichkeit	Ausweitung Spielraum	Entspannung Entfaltung
AKTIVITÄTS- STEIGERUNG	Ekstatische Aufgipfelung Luxus-Haltung Hypo-Manie	Übersteigerte Aktivität Mutwilligkeit	Aktivation Anspruchs- haltung	Produktive Kraft- entfaltung Kreativität Engagement
AKTIVITÄTS- SENKUNG	Träges Dahin- Vegetieren Überdruß	Gleichgültig- keit Verweigerung Pflichtablehnung	Genießen Inaktives Verweilen	Entspanntheit Stille Kontemplation
AKTIVITÄTS- ZENTRIERUNG (AKTIVITÄTS- MONOTONIE)	Zentrierung um Betäubung und "künstliche Paradiese"	Reduktion auf Einseitigkeiten (z.B. Marotten, Spleens)	Konservation Wiederholungs- tendenz	Getragenheit Gelassenheit
AKTIVITÄTS- DEZENTRIERUNG (AKTIVITÄTS- DIFFERENZIERUNG)	Sich-Treiben- Lassen Entwurzelung Halt- und Grundlosigkeit	Wechselwirt- schaft Chamäleon- Haltung	Flexibili- sierung Spielcharakter des Verhaltens	Differenzierung Verfeinerung

Abb. 2: Formen der handelnden Auseinandersetzung mit den Widerstandsstufen der Realität.

MIT DEN WIDERSTANDSSTUFEN DER REALITÄT

1	2 A	3 A	4 A	5 A
NORMAL-LAGE	PROBLEM-LAGE	BELAST. LAGE	ÜBERLAST. LAGE	EXTREME ÜBERLAST. LAGE
FORMEN DER ANPASSUNG (JEDOCH SCHWIERIGKEITEN MÖGLICH)			UNPRODUKTIVE FORMEN DER ANPASSUNG	
GRUNDGEFÜHLE	Spannung	Beeinträchtigung	Bedrohung	Zusammenbruch
Bewältigung		Unzufriedenheit		
Funktionalität	Gestaltung		Einengung	Vernichtung
Einfache Bemühung	Anspannung	Aggression	Unangepaßter Krafteinsatz	Destruktion
Routinemäßiges Angehen	Anstrengung	Energische Intensivierung	Blinde Impulsivität	Nihilismus
Ruhe	Verzicht	Regression	Resignation	Depression
Seinlassen	Aufgabe	Ausweichen	Entmutigung	Lähmung
	Enthaltung	Rückzug	Schrumpfung	Pessimismus
Sicherheit	Festigkeit	Fixation	Rigidität	Zwang
Halt	Ordnung	Versteifung	Monotonisierung	Schablone
Enge	Sammlung	Verhärtung		
Angepaßtheit	Variabilität	Variation	Labilität	Auflösung
Weite	Gewandtheit	Verwandlung	Aufweichung	Panik
		Kompensation		Hysterie

geistigen Interesses (Bemühung um intellektuelle Problemlösung) in Beziehung setzt.

- Die in Abb. 2 enthaltene Darstellung kann die Auffassung nahelegen, die aufgeführten Verhaltensmuster und Daseinstechniken schlössen einander im Hinblick auf ihr Vorkommen bei ein- und derselben Person aus. Dem ist jedoch mit Sicherheit nicht so. Eine Person kann sich - simultan und/oder sukzessiv - bezüglich unterschiedlicher relevanter Lebensbereiche in sehr verschiedenartigen Lagen befinden, auf die sie mit diversen Anpassungsformen und Aktivitätstypen antwortet. Sie bietet dann ein sehr differenziertes Bild der handelnden Auseinandersetzung mit u.U. sehr gegensätzlichen Lebenslagen und sehr unterschiedlichen Widerstandsgraden ihrer lebensweltlichen Realität. Sind in den einzelnen Lebensbereichen einer Person sehr unterschiedliche Grade der Widerständigkeit gegeben, dann weist ihre Verarbeitung dieser Unterschiede Multiplikations- bzw. Kompensationseffekte auf, die zu bereichsspezifischen Verschärfungen oder Milderungen der Lebenssituation führen.

- Hier sei noch einmal ausdrücklich auf die ambivalente Struktur der handelnden Auseinandersetzung mit Belastungs- und Entlastungslagen (3A und 3B) hingewiesen, die in Abb. 2 dadurch gekennzeichnet wurde, daß die Trennung (ausgedrückt durch den Doppelstrich) zwischen den produktiven und den unproduktiven Formen der Anpassung mitten durch sie hindurchgeht. Belastungs- und Entlastungslagen können als Aufforderungen zur produktiven Bewältigung verstanden werden, wobei allerdings die Realisierung dieser produktiven Bewältigung zu Schwierigkeiten führen kann, die beraterisch relevant werden. Sie können aber auch mit inadäquaten Verhaltensmustern beantwortet werden, wenn die Person die Belastung als Frustration bzw. die Entlastungslage als ungehemmte Ausnützung von Spielräumen deutet.

2.2.2 Das Kriterium der Modifizierbarkeit

(1) Die Bewältigungskompetenz des Klienten im Hinblick auf die unterschiedlichen Widerstandsstufen seiner lebensweltlichen Realität ist das eine Kriterium einer Systematik zentraler Anlässe und Gründe für Beratung. Der Zuständigkeitsbereich der Beratung kann in einem ersten vorläufigen Versuch der Abgrenzung in der Weise abgesteckt werden, daß er sich vornehmlich auf die Belastungs- und Entlastungslagen, zum Teil aber auch auf Problem- und Anreizlagen (sofern mit ihnen

Desorientierung, Konflikte sowie akute Schwierigkeiten und Krisen verbunden sind) sowie auf Unterlastungs- und Überlastungslagen erstreckt.

Es fragt sich jedoch, ob allein auf der Grundlage dieses Kriteriums eine eindeutige Indikation für Beratung gegeben werden kann. Beratung ist eine Form der mitmenschlichen Hilfe, die an bestimmte Voraussetzungen gebunden ist: sie wird relativ kurzzeitig durchgeführt, erfolgt vorzugsweise auf der Grundlage sprachlicher Kommunikation, bedient sich hauptsächlich der Methoden der Anregung und Unterstützung, verfolgt das Ziel der Förderung der Eigeninitiative und der Eigenkompetenz des Klienten hinsichtlich seiner Lebensführung und Daseinsgestaltung unter der Voraussetzung, daß dieses Ziel mit "Umbauhilfen" erreicht werden kann. Dies alles aber impliziert, daß die Modifizierbarkeit des Klienten (und bestimmter Aspekte seiner Lebenswelt) grundsätzlich gegeben sein muß und daß der beraterischen Hilfe und Förderung nicht Widerstände von einem Ausmaße entgegentreten, die erst auf der Grundlage einer langwierigen Widerstandsbearbeitung aufgelöst werden können. Als zweiter zentral wesentlicher Gesichtspunkt einer Systematik der zentralen Anlässe und Gründe für Beratung fungiert also das Kriterium der hinreichenden Modifizierbarkeit des Klienten und bestimmter Bereiche seiner Lebenswelt.

(2) Ebenso wie die handelnde Auseinandersetzung der Person mit ihrer lebensweltlich bedeutsamen Realität auf Widerstand stößt, ist auch die Modifizierbarkeit der Person ein Sachverhalt, der häufig erst nach der Überwindung bzw. Beseitigung von Widerständen vonstatten gehen kann. Die Widerstände, die sich der Modifikation der Person entgegenstellen, sind in der Person und/oder ihrer Lebenswelt gelegen. Und ebenso, wie die differenzierte Bewältigungskompetenz der Person auf den abgestuften Widerstand der lebensweltlich bedeutsamen Realität trifft, ist auch der Modifikationswiderstand gestuft. Das Widerstandsausmaß reicht von relativ geringen bis hin zu sehr intensiven Graden, die im Hinblick auf die innere und äußere Widerständigkeit etwa durch die Pole Offenheit vs. Verschlossenheit, Elastizität vs. Verhärtung, Nichtfestgelegtheit vs. Rigidität umschrieben werden können.

In der folgenden Skala (Abb. 3) sollen einige Aspekte der Modifizierbarkeit der Person dargestellt werden. Sie betreffen zentral den Widerstands- und Verfestigungsgrad der Person gegen Veränderung, können zumindest zum Teil aber auch auf die Widerständigkeit der lebensweltlich bedeutsamen Umwelt gegen Veränderung übertragen werden.

1 = GMb sehr groß: "Propulsivität" z.B. infolge von Offenheit, Zugänglichkeit, Interesse, Einsicht, Suggestibilität.

2 = GMb groß: "Elastizität" z.B. infolge von revidierbaren Positionen, Plänen, Überzeugungen, Verhaltensmustern.

3 = GMb mäßig: "Stabilität" z.B. infolge von Gewohnheiten, Einstellungen, Haltungen, Gesinnungen, Techniken, Stilen; die Umstellungsfähigkeit der Person ist infolge von Verfestigung reduziert.

4 = GMb gering: "Rigidität" z.B. infolge von Stereotypen, Abwehrmechanismen, Komplexen, Behinderungen, Verständnisschwierigkeiten.

5 = GMb sehr gering: "petrifizierte Resistenz" oder "aufgeweichte Labilität" z.B. infolge von Charakterpanzerung, neurotischer Verhärtung, Versandung, Sperrung, Hemmung bzw. von Auflösung, Zerfall.

Abb. 3: Gradabstufungen der Modifizierbarkeit der Person (GMb).

(3) Wenigstens im Bereiche eines Aspektes der Modifizierbarkeit der Person sollen die bisher relativ generell und abstrakt gehaltenen Ausführungen konkretisiert werden. Die Ausprägungsgrade der mäßigen bis sehr geringen Modifizierbarkeit können mit mittleren bis sehr starken Graden der Ausprägung des Widerstandes gegen Veränderung in Beziehung gebracht werden. Was kann Klienten veranlassen, der Veränderung ihrer Problematik Widerstand entgegenzusetzen? Auf der Suche nach Gründen für solche Modifikationsverweigerung bzw. -unfähigkeit stößt man u.a. auf folgende Sachverhalte:

• Der Klient hat ein Interesse an der Aufrechterhaltung, u.U. sogar an der Intensivierung der negativen Lage, in der er sich befindet, weil ihm diese negative Lage subjektiv mehr Gewinn und Nutzen zu geben verspricht als eine zur Normalität hin veränderte Situation. An den Beispielen des Krankheits-, des Geltungs- und des Aggressionsgewinnes können diese subjektiven Nutzen-Kosten-Bilanzen mit ihren häufig geradezu paradox anmutenden Resultaten verdeutlicht werden. Die Unterstellung, alle Klienten und Patienten hätten das Bedürfnis, sich in der Beratung bzw. Therapie ihrer Probleme schnell und gründlich zu entledigen, beruht auf falschen Voraussetzungen.

- Für manchen Klienten trägt die Vorstellung, seine eingeschliffenen Wege und Techniken der Daseinsbewältigung aufgeben und durch andere Erlebnis- und Verhaltensweisen ersetzen zu sollen, eindeutigen Bedrohungscharakter – und zwar auch dann, wenn die alten Techniken mit Leidensdruck verbunden sind. Angesichts eigener und fremder Veränderungserwartungen entwickeln sich massive Angstzustände, deren fortgesetzte Abwehr die Situation solcher Persönlichkeiten weiter kompliziert.

- Klienten stehen häufig auf dem Standpunkt, es dürfe keine Mühe und erst recht keinen Schmerz kosten, sich zu verändern. Sie möchten die Struktur ihrer negativen Erfahrungen zwar gerne durch eine bessere Struktur ersetzen. Sobald sie aber gewahr werden, daß eine solche Veränderung mit Anstrengung und schmerzhafter Auseinandersetzung verbunden ist, machen sich Lustlosigkeit und Ausweichtendenzen bemerkbar.

- Eine veränderungsabwehrende und -behindernde Motivation des Klienten liegt auch vor, wenn er sich selbst aufgegeben hat, wenn ihm seine mögliche bessere seelische Gestalt wert- und bedeutungslos geworden ist. Gleichgültigkeit, Resignation, Hoffnungslosigkeit, Mutlosigkeit, Verzweiflung sind die Gefühlszustände, die mit solcher Motivation verbunden sind. Diese Klienten weisen nicht nur erhebliche Defizite im Bereich ihres Eigenwertbewußtseins und ihrer Wachstumsmotive auf; häufig sind bei ihnen auch die konservierenden und homöostatischen Motive gestört. Sie lassen sich mehr oder weniger treiben. Die subjektive Bedeutsamkeit des Sichtreibenlassens wird häufig zum Kern ihrer Modifikationsresistenz.

- Mancher Klient "will" eine Veränderung und faßt tausend gute Vorsätze. Aber im Endeffekt wird keiner dieser guten Vorsätze eingehalten und durchgeführt. Die Vornahmen des Klienten werden durch einen unbewußten Gegenwillen paralysiert. Bei diesen Klienten ist keine echte Bereitschaft zur Auseinandersetzung mit sich selbst als Voraussetzung für eine tiefergehende Veränderung vorhanden. Für sie hat die Beratung häufig eine Alibi-Funktion: sie dient der Herstellung und Aufrechterhaltung eines guten Gewissens, auf dem man sich – da man ja immer wieder neue gute Vorsätze faßt – bequem ausruhen kann. Hinter solchen Verhaltensweisen steht häufig das Motiv der Selbstablehnung und Eigenschädigung. Nicht selten sind es unbewußte

Schuldgefühle, die den Klienten zur Selbstbestrafung veranlassen und es verhindern, daß er seine negativen Erfahrungen tatsächlich los wird.

Je mehr dieser veränderungsbehindernden Motive und Einstellungen sich zusammenfinden und miteinander verflechten, desto stärker ist das Abwehrsystem des Klienten, welches das Gewahrwerden des inhaltlichen Problemkernes und die Auseinandersetzung mit ihm erschwert oder verhindert.

2.2.3 Kombination der beiden Hauptkriterien

(1) Es sei in Erinnerung gebracht, daß es hier um das Problem geht, eine Systematik zentraler Anlässe und Gründe für Beratung zu konstruieren. In der Verfolgung dieser Aufgabe wurden zwei Hauptkriterien herausgestellt: dasjenige der Daseinsbewältigung der Person in der Auseinandersetzung mit der Widerständigkeit der lebensweltlich bedeutsamen Realität und dasjenige der Modifizierbarkeit der Person unter Berücksichtigung von Modifikationswiderständen.

Jedes der beiden Kriterien für sich allein genommen vermag dazu beizutragen, tendenziell jene Gründe und Anlässe, welche Beratung indizieren, gegen diejenigen abzugrenzen, für die andere Formen mitmenschlicher Hilfe zuständig sind. Bei der getrennten Verwendung der beiden Kriterien bleiben jedoch viele Probleme offen. Daher empfiehlt es sich, beide Kriterien wie folgt (Abb. 4) in einer Matrix zu kombinieren.

Die aus der Kombination der beiden Hauptkriterien erstellte Matrix gestattet es, unter akzentuierender Betrachtungsweise Kernbereiche der Zuorndung von Anlässen und Gründen zu verschiedenen Formen mitmenschlicher Hilfe vorzunehmen (A = zentraler Bereich der Erziehung; B = zentraler Bereich der Beratung; C = zentraler Bereich der Therapie) und unter relativierender Betrachtungsweise Überschneidungsbereiche anzugeben, in denen verschiedene Formen mitmenschlicher Hilfe zuständig sein können. Ein solcher Überschneidungsbereich jeweils nach der Seite der Erziehung und der Therapie hin ist für die Beratung durch die gestrichelten Linien angegeben.

Eine grundsätzliche Frage bedarf dabei noch einer kurzen Stellungnahme. Es mag als problematisch angesehen werden, produktive Formen der Anpassung an Problem- und Anreizlagen (und in geringerem Ausmaße auch an Normallagen) dem Zuständigkeitsbereich der Beratung zu subsummieren. Wenn man

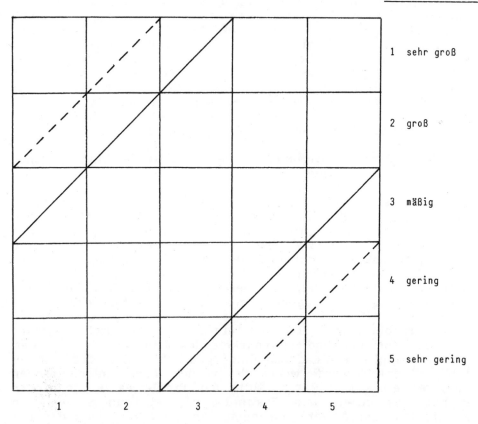

Abb. 4: Kombination der Kriterien Bewältigungskompetenz und Modifizierbarkeit im Hinblick auf drei Grundformen mitmenschlicher Hilfe (A = Erziehung; B = Beratung; C = Therapie).

jedoch bedenkt, daß Klienten gar nicht so selten bei der Realisierung von produktiven Formen der Anpassung an Problem- und Anreizlagen Schwierigkeiten haben, die durch Beratung aufgelöst werden können, wird die Berechtigung der Einbeziehung deutlich. Desgleichen kann es als problematisch angesehen werden, hohe Grade der Modifizierbarkeit des Klienten mit Beratung in Zusammenhang zu bringen. Berücksichtigt man jedoch den Sachverhalt, daß hohe Modifizierbarkeit durchaus mit reduzierter oder gestörter Bewältigungskompetenz verbunden sein kann, wird auch hier die Notwendigkeit der Einbeziehung in den Zuständigkeitsbereich der Beratung deutlich.

(2) Unter Berücksichtigung der beiden Kriterien kann folgende Typisierung von Klienten vorgenommen werden. Das Kriterium der Bewältigungskompetenz und deren Konkretisierung in Verhaltensmustern und Daseinstechniken repräsentiert den beratungsrelevanten Problemkern des Klienten. Er erhält motivational-emotionale, kognitive und direktiv-regulatorische Komponenten, die sich zu einer Erfahrungs-, Erwartungs- und Handlungsstruktur verdichtet haben. Im Mittelpunkt des Problemkernes steht gewöhnlich die Grunderfahrung der mangelhaften Befähigung und/oder Bereitschaft, mit den Konflikten und Belastungen der eigenen Lebenslage fertig zu werden.

Dieser Problemkern wird von einem Problemmantel umgeben. Das Kriterium der Modifizierbarkeit des Klienten wird mit dem Problemmantel in Zusammenhang gebracht. Die Bezeichnung Problem"mantel" wurde wegen der verdeckenden und sichernden Funktion eines Mantels gewählt: der Problemmantel deckt den Problemkern gegen sein Erkanntwerden ab und sichert ihn gleichzeitig gegen Veränderungen. Er setzt sich im Falle der Indikation von Beratung zusammen aus nur mittelmäßig bzw. gering ausgeprägter Modifikationsbereitschaft, aus nur mäßig ausgeprägter Modifikationsfähigkeit infolge reduzierter Lernkapazität und aus Lücken in der Erfahrungs- und Handlungsstruktur, die dadurch entstanden, weil an sich notwendige Inhalte nicht oder nur in unzureichender Weise angeeignet wurden. Vor allem aber enthält der Problemmantel Abwehrhaltungen und Abwehrtechniken.

Beide Komponenten - der Problemkern und der Problemmantel - stehen in einer engen Beziehung. Setzt man für die beiden Komponenten jeweils nur zwei Ausprägungsgrade (starke und geringe Ausprägung) an, erhält man folgende Grundtypologie von Klienten:

- Klienten mit starker Ausprägung des Problemkernes und des Problemmantels. Solche Klienten repräsentieren die schwierigen Fälle der Beratung, die nicht immer erfolgreich bewältigt werden können. Die Klienten lassen infolge einer starken Abwehrhaltung den Berater nur schwer an sich herankommen. Ist ihre Abwehrhaltung durchlässig geworden oder aufgelöst, bietet der verfestigte Problemkern erneute Schwierigkeiten.
- Klienten mit starker Ausprägung des Problemkernes und geringer Ausprägung des Problemmantels. Hier handelt es sich um Fälle, in denen der Klient gut mitarbeitet, weil er ein echtes Interesse an der Beseitigung seiner Problematik hat und/oder über eine gut ausgeprägte Lernkompetenz verfügt. Jedoch stellt die Bewältigung des Problemkernes ein hartes Stück Arbeit dar.
- Klienten mit geringer Ausprägung des Problemkernes und starker Ausprägung des Problemmantels. Solche Klienten sind schwer zugänglich, weil ganz auf Abwehr eingestellt. Ist ihre Abwehrhaltung reduziert, dann ist die Arbeit am Problemkern relativ leicht. Gerade solche Klienten haben jedoch häufig Interesse an der Beibehaltung ihres Problemes, da dieses einerseits keinen großen Leidensdruck verursacht und andererseits mit ihm subjektiv bedeutsame Vorteile erreicht werden können.
- Klienten mit geringer Ausprägung des Problemkernes und des Problemmantels. Diese relativ leichten Fälle der Beratung bereiten weder vom Abwehrsystem noch von der eigentlichen Problematik her größere Schwierigkeiten. Der Beratungsprozeß geht bei ihnen relativ schnell und erfolgreich vonstatten.

3. PSYCHOLOGISCHE THEORIE DER BERATUNG

Auf die Theorie-Probleme der Beratungspsychologie wurde schon in früherem Zusammenhang hingewiesen. Vor allem war hervorzuheben, daß sich die Beratungspsychologie in der eigenartigen Situation befindet, bei ausgesprochener "Theorien-Inflation" über ein ausgeprägtes "Theorie-Defizit" zu verfügen. Angesichts dieser prekären Situation soll hier der Versuch unternommen werden, die grundsätzliche Richtung der Entwicklung einer allgemeinen psychologischen Theorie der Beratung ausfindig zu machen.

3.1 Das Problem und der Rahmen der Problemlösung

3.1.1 Das Problem

Die theoretische Grundfrage der Beratungspsychologie lautet: Unter welchen Bedingungen psychologischer Art ist erfolgreiche Beratung möglich? Zu erklären ist die Veränderung des Klienten unter Beratungseinfluß. Wie kommt es, daß Personen ihre alte Daseinstechnik - verstanden als eine Erfahrungs-, Erwartungs- und Handlungsstruktur, die das Resultat der Kombination von Anpassungsformen an Widerstandsstufen der Realität mit Aktivitätstypen darstellt und motivational-emotionale, kognitive und direktiv-regulatorische Komponenten enthält - total oder partiell zugunsten einer neuen Daseinstechnik oder eines neuen Verhaltensmusters aufgeben und als Voraussetzung dafür ihre Widerstände gegen Veränderung zurücknehmen? Warum vollziehen andere Personen, die im wesentlichen der gleichen beraterischen Einflußnahme unterliegen, keine derartige Veränderung? Gesucht werden also die Erklärungsprinzipien, die solche Veränderung (oder auch Nichtveränderung) verständlich machen. Es muß sich bei ihnen um theoretische Sätze handeln, die empirisch überprüfbar sind. Sie müssen sich offensichtlich auf mehrere Faktoren (Personen) und auf mehrere Prozesse beziehen, die im Beratungsgeschehen eine Rolle spielen. Die Bedingungskonstellation, die dem Beratungserfolg zugrundeliegt, ist komplex. Diesen Sachverhalt hat der Versuch der Konstruktion einer Beratungstheorie zu respektieren.

Aus der Abb. 5 ist ein Teil der Faktoren und Prozesse, mit deren Hilfe die Veränderung des Klienten erklärt werden kann, ersichtlich. Es handelt sich dabei um zwei Faktoren - den Berater und den Klienten -, und um zwei Prozesse - den Prozeß des Beratens als Hilfeleistung für den Klienten und den Veränderungsprozeß, den der Klient im Zusammenhang mit der Hilfeleistung des Beraters auf der Grundlage von Lernvorgängen absolviert.

Auf der Seite des Klienten muß dessen Ausgangslage und dessen angezielte Endlage berücksichtigt werden. Die Ausgangslage oder Ist-Lage ist durch den Beratungsanlaß bzw. Beratungsgrund (d.h. durch die mehr oder weniger defizienten Handlungsmuster und Daseinstechniken des Klienten) und durch die Beratbarkeit (d.h. durch den Grad der mehr oder weniger entwickelbaren Modifizierbarkeit des Klienten) gekennzeichnet. Am Ende der (erfolgreichen) Beratung hat der Klient eine wie auch immer geartete und ausgeprägte Veränderung erfahren, die idealerweise die in den Zielsetzungen antizipierte Soll-Lage

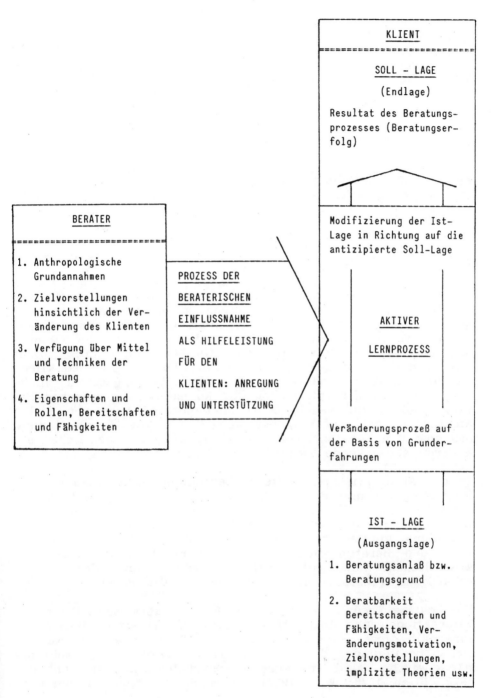

Abb. 5: Faktoren und Prozesse zur Erklärung der Veränderung des Klienten in der Beratung.

des Klienten repräsentiert. Die Vermittlung zwischen der Ausgangslage und der Endlage des Klienten wird über einen Veränderungsprozeß hergestellt, der als Lernprozeß durch eine Reihe von bedeutsamen Erfahrungen charakterisiert werden kann, die der Klient im Laufe der Beratung macht.

Dieser Veränderungsprozeß des Klienten wird durch den Berater stimuliert, unterstützt und kontrolliert. Der Berater nimmt Einfluß auf das Veränderungsgeschehen, das sich beim Klienten abspielt. Der Vorgang des Beratens selbst wird durch eine ganze Reihe von Komponenten bedingt, die in der Persönlichkeits- und Handlungsstruktur des Beraters zu lokalisieren sind. Dazu gehören insbesondere die anthropologischen Grundüberzeugungen des Beraters, die Ziele, die nach seinem Dafürhalten die Soll-Lage des Klienten konstituieren, gewisse Eigenschaften und Rollen der Beraterpersönlichkeit und endlich die Mittel und Techniken der Beratung, die der Berater für wichtig hält und in denen er kompetent ist.

Aus Abb. 5 ist ein dritter Faktor der Bedingungsstruktur der Beratung und des Beratungserfolges sowie ein damit verbundener Prozeß vermutbar, jedoch nicht deutlich genug dargestellt. Gemeint ist die Interaktion, die zwischen dem Klienten und dem Berater stattfindet und die selbstverständlich nicht nur in der Beeinflussungsrichtung vom Berater auf den Klienten hin abläuft, sondern auch in der entgegengesetzten Richtung. Der mit der Interaktion und Kommunikation zwischen Berater und Klient gegebene Beziehungsprozeß wird von vielen Richtungen der Beratungspsychologie als die Kernbedingung des gesamten Beratungsgeschehens und als das eigentliche veränderungsbewirkende Element angesehen.

In der Abb. 5 ist ein weiterer Bedingungsfaktor, nämlich der institutionelle und organisatorische Rahmen, innerhalb dessen sich Beratung abspielt, nicht aufgeführt. Selbstverständlich ist dieser Faktor, der aus Darstellungsgründen nicht in die Abbildung aufgenommen wurde, zu berücksichtigen. Er beeinflußt den Beratungsprozeß und sein Ergebnis in einer sehr wesentlichen Weise mit. Über ihn wirken vor allem gesellschaftliche Prozesse und Strukturen in die Beratung hinein.

Die heutige Theorie der helfenden Einflußnahme setzt Personen, Interaktionen und Institutionen sowie die zwischen diesen und innerhalb dieser Faktoren ablaufenden Prozesse als die wesentlichen Bedingungen der Veränderung der Person an. Sowohl die pädagogische und pädagogisch-psychologische (Mollenhauer 1976; Ulich 1976; Wulf 1977) als auch die beraterisch-therapeutische (Breuer 1979; Brammer u. Shostrom 1977; Ivey und Simek-Downing 1980; Kiesler 1977; Levinson 1962; Strupp 1973) Forschung stehen auf dem Boden dieses theoretischen Bezugssystems.

3.1.2 Der Rahmen der Problemlösung

Mit der Darstellung der zentralen Bedingungsfaktoren und -prozesse der beraterischen Einflußnahme auf den Klienten ist allerdings nur eine sehr grobe Richtung der Problemlösung angedeutet. Über den Aufweis dieser notwendigen Grundbedingungen hinaus ist es erforderlich, in einer differenzierteren Weise in die Bedingungsstruktur des Beratungsgeschehens und des Beratungserfolges einzudringen. Dies soll in der Weise geschehen, daß zunächst bestimmte Grundannahmen eines beratungsrelevanten Persönlichkeits- und Änderungsmodelles dargestellt werden. Auf dieser Grundlage aufbauend können sodann theoretische Prinzipien des Beratungserfolges formuliert werden. Die folgenden vier Unterkapitel sind dabei wie folgt auf die Hauptaspekte der Abb. 5 bezogen: (1) behandelt die Ist-Lage des Klienten, (2) die Soll-Lage des Klienten, (3) beschäftigt sich mit dem aktiven Lernprozeß des Klienten, (4) thematisiert die Einflußnahme des Beraters.

(1) Die Konstruktion eines beratungsrelevanten Persönlichkeitsmodelles kann auf Gesichtspunkte zurückgreifen, die sich in der bisherigen Darstellung (v.a. des 2. Teiles: Gründe und Anlässe der Beratung) als bedeutsam erwiesen haben. Dazu gehört insbesondere die Berücksichtigung der beiden Komponenten Problemkern und Problemmantel. Sie konstituieren die Ist-Lage des Klienten.

1. Der Problemkern beinhaltet die eigentliche Schwierigkeit des Klienten in der handelnden Auseinandersetzung mit den Gegebenheiten und Aufgaben seiner lebensweltlichen Realität. Er umfaßt mehrere inhaltliche Aspekte: inadäquate bzw. defizitäre Daseinstechnik(en), inadäquate bzw. defizitäre Umweltkonstellation(en), Grunderfahrungen der Inkompetenz und der fehlerhaften Aktivität.

Die Daseinstechnik des Klienten setzt sich aus motivational-emotionalen, kognitiven und direktiv-regulatorischen Komponenten zusammen. Für jede dieser Komponenten seien - exemplarisch und lediglich grob kategorisiert - einige inhaltliche Aspekte aufgeführt:

- Motivations- und Emotionsbereich: Erfahrungen, Erwartungen und Handlungsmuster des subjektiv falschen Zieles und Weges, des unangemessenen Eigenanspruches, der Blockierung, des Steckens in einer Sackgasse oder in einem "Tunnel", der Bedrohung, Bedrückung, Minderwertigkeit, Frustration, Verstimmung;

- Kognitions- und Orientierungsbereich: Erfahrungen, Erwartungen und Handlungsmuster der reduzierten Bewältigungskompetenz, des mangelhaften Wissens, des Nichtdurchschauenkönnens und des Nichtverständlichseins lebensrelevanter Sachverhalte, des (beständigen) Scheiterns vor Problemsituationen, der Verwirrung, Unsicherheit, des Festgelegtseins auf unproduktive Überzeugungen – alles mit der Folge mehr oder weniger ausgeprägter und dauerhafter Desorientierung in verschiedenen Lebensbereichen;

- Direktions- und Regulationsbereich: Erfahrungen, Erwartungen und Handlungsmuster der Steuerungsschwäche, der Entordnung, der Verantwortungs- und Entscheidungsflucht, des Ausgeliefert- und des Spielballseins, der Unfähigkeit zur produktiven Konfliktlösung, des Identitätsmangels, der Desintegration, des Sichselbstnichtverstehenkönnens und der Selbstablehnung.

Auch für den Bereich der Umweltkonstellation müßte eine solche Aufgliederung nach einzelnen inhaltlichen Aspekten vorgenommen werden. Dabei wären Ergebnisse der Sozialisationsforschung, der Ökologischen Psychologie und der Erforschung des subjektiven Lebensraumes zu berücksichtigen. Dies muß hier aus räumlichen Gründen unterbleiben. Stattdessen sei ganz allgemein auf die zentrale Bedeutung der objektiv gegebenen und der subjektiv interpretierten Umweltverhältnisse für die Ist-Lage des Klienten hingewiesen. Über diese allgemeine Feststellung hinaus wurde in früherem Zusammenhang wenigstens ein zentraler beratungsrelevanter Bereich – nämlich derjenige der Widerständigkeit der lebensweltlichen Realität – in einer differenzierten Weise angesprochen.

Im Zentrum des Problemkernes steht die akute oder chronische Erfahrung der mangelhaften Befähigung und/oder Bereitschaft, mit den Schwierigkeiten, Konflikten und Belastungen der eigenen Lebenslage fertig zu werden. Der Klient erlebt seine Selbsthilfeintention, seine Selbststeuerungsfähigkeit und seine Handlungskompetenz als mehr oder weniger stark reduziert und dysfunktional. Unter diesem Aspekt gesehen besteht die erste zentrale Aufgabe der Beratung darin, dem Klienten zu einer Revision seiner Daseinstechnik und bestimmter Bereiche seiner Umweltkonstellation anzuregen und ihn im Zusammenhang damit in der Entwicklung seiner Eigenaktivität und seiner Selbstkompetenz zu fördern und zu unterstützen.

2. Der Problemmantel schirmt den Problemkern gegen Auseinandersetzung und Veränderung ab. Die Unsicherheit und Bedrohung, die von den Inhalten des Problemkernes ausgeht, wird durch den Problemmantel niedergehalten und unterdrückt.

Auf die häufig reduzierte Modifikationsbereitschaft der Klienten wurde schon weiter oben eingegangen; dort (S. 50) wurden Motive der Modifikationsresistenz aufgeführt. In diesem Zusammenhang ist auch auf das System der seitens der Psychoanalyse entdeckten und erforschten Abwehrmechanismen hinzuweisen. Man braucht freilich den Kreis der Abwehrtechniken nicht darauf zu beschränken. Es gibt darüber hinaus eine ganze Reihe von Regulations- und Reduktionsmechanismen (Carroll 1972; Lückert 1957), die im psychischen Haushalt Abwehraufgaben erfüllen und Spannungen vermindern. Tagträumen, Negativismus, Expression und Derealisation sind Beispiele dafür.

Hier sei aber insbesondere auf Abwehrtechniken aufmerksam gemacht, die stärker im "Normalbereich" lokalisiert sind, bei jedermann in Lebensalltag angetroffen werden können und damit zentrale Bedeutung für die Beratung gewinnen. Es handelt sich bei ihnen um einseitige, tendenziöse oder falsche Kausalattribuierungen, Schuldzuweisungen, Rechtfertigungsprozeduren und Konsequenzantizipationen, die funktional oder intentional im Dienste der Aufrechterhaltung des Problemkernes stehen. Exemplarisch seien folgende Verdeutlichungen der Grundfunktion dieser Abwehrhaltungen vorgenommen: der Problemkern kann - absichtlich oder unabsichtlich - falsch kausalattribuiert werden, etwa als anlagebedingt und damit als unveränderlich, jeglicher Form von eigener Bemühung oder fremder Beeinflussung unzugänglich; Schuldzuweisungen können in einer sehr einseitigen, vor allem andere Personen belastenden Weise vorgenommen werden und damit die eigene Verantwortlichkeit für das Geschehen soweit reduzieren, daß man sich nicht mehr mit sich selbst auseinanderzusetzen braucht; abgestützt wird ein solches Vorgehen häufig durch Rechtfertigungsstrategien, die das eigene Gewissen außer Gefecht setzen; endlich gibt es Konsequenzantizipationen, welche die Folgen von Problemen so bagatellisieren oder "katastrophieren", daß jegliche Auseinandersetzung mit ihnen subjektiv überflüssig zu sein scheint.

Diese Versuche, der Auseinandersetzung mit dem Problemkern zu entkommen, finden eine Intensivierung, wenn der Klient bestimmte Funktionen seines reflexiven Steuerungssystems abschaltet und das Beziehen von Positionen zu vermeiden trachtet. Die Person ist nicht nur das Resultat ihrer Anlagen und ihrer Lerngeschichte, sondern auch – und zwar in einer sehr gewichtigen Weise – das Resultat der Positionen, die sie einnimmt. Was die Person ist, das wird weitgehend durch die Feststellungen konstituiert, die sie über ihre eigene Wirklichkeit und über ihren eigenen Wert trifft. Desgleichen: was die Person sein und werden soll, das wird weitgehend durch die antizipierenden Entwürfe konstituiert, welche die Person bezüglich der Notwendigkeit und der Möglichkeit konstruiert, ihre eigene Wirklichkeit in Richtung einer herbeizuführenden Soll-Lage zu verändern. Viele Klienten vermeiden diese Auseinandersetzung und Positionsbeziehung. Unter diesem Aspekt gesehen besteht die zweite zentrale Aufgabe der Beratung darin, dem Klienten zur Auflösung seines Abwehrsystems zu verhelfen und damit die notwendige Voraussetzung für seine Auseinandersetzung mit dem Problemkern zu schaffen.

(2) Ziel der Beratung ist es, dem Klienten dabei zu helfen, seine eigene problematische Ist-Lage durch eine antizipierte "bessere" Soll-Lage zu ersetzen oder zumindest durch einzelne Aspekte dieser Soll-Lage zu ergänzen bzw. zu differenzieren. An die Stelle der inadäquaten Daseinstechnik soll eine adäquate, an die Stelle der defizitären Umweltkonstellation soll eine angemessenere und an die Stelle der Grunderfahrung der Inkompetenz und des Ausgeliefertseins soll diejenige der Eigeninitiative und der Selbststeuerungsfähigkeit treten.

1. Die Soll-Lage der Daseinstechnik umfaßt im Bereiche ihrer Grundkomponenten folgende Zielaspekte:

    – Motivations- und Emotionsbereich: Erfahrungen, Erwartungen und Handlungsmuster des subjektiv richtigen Zieles und Weges, des adäquaten Eigenanspruches, der Intentionalität, des persönlichen Wachstums und der Selbsthilfekompetenz, der Sicherheit, des Selbstwertes und der Produktivität;

    – Kognitions- und Orientierungsbereich: Erfahrungen, Erwartungen und Handlungsmuster der vorhandenen Bewältigungskompetenz, des erfolgreich anwendbaren Wissens, des Verstehens und Durchschauens von schwierigen Situationen, der Bewältigung von Problemen, der Stimmigkeit und Ordnung, der Distanzierbarkeit von fixen Ideen und Vorurteilen, der Differenziertheit und der Beweglichkeit der Orientierung in den subjektiv bedeutsamen Lebensbereichen;

- Direktions- und Regulationsbereich: Erfahrungen, Erwartungen und Handlungsmuster der Steuerungskompetenz und der personalen Einheitlichkeit, der Entscheidungskompetenz und der Verantwortungsübernahme, der Selbstbestimmungsfähigkeit und der Selbständigkeit, der differenzierten Konfliktlösungsfähigkeit, der personalen Integrität, Identität und Integration, des Sichselbstverstehenkönnens und der Selbstakzeptierung.

Bezüglich der Umweltkonstellation sind alle jene Lebenslagen anzustreben, die die Person als subjektiv förderlich empfindet, die als Anreiz- oder Problemlagen die Person zu produktiver Aktivität herausfordern und die in der Form von "Normallagen" die Regeneration und elementare Sicherung der Person ermöglichen. Das erfordert durchschnittliche Anforderung bzw. produktive Mehrforderung in den zentralen störungsrelevanten Bereichen der lebensweltlichen Realität, individuell angemessene Hilfestellungen bei der Bewältigung von Schwierigkeiten und ein soziales Klima der Entspannung, der Förderung und der Fairneß.

2. Um diese Soll-Lage (wenigstens teilweise) realisieren zu können, ist es erforderlich, das Abwehrsystem des Klienten aufzulösen bzw. in seiner Funktionsweise zu schwächen. Das kann auf verschiedene Weise geschehen.

Zunächst ist die Modifikationsbereitschaft des Klienten zu fördern. Mit der Anregung und Unterstützung folgender Motive und Einstellungen kann diese Bereitschaft entwickelt und intensiviert werden:

- Propulsive Wachstumsmotive, die um die Steigerung und Vervollkommnung der eigenen Person und ihrer wesentlichen Umweltbezüge zentriert sind; Motive der Gestaltung und der Produktion, welche die Intentionalität und Finalität der Person in Anspruch nehmen; Motive des Einsatzes im Dienste einer Sache;

- Konservierende Motive, die um die Erhaltung und Sicherung der Integrität und Funktionstüchtigkeit der Person und ihres für sie bedeutsamen Lebensumfeldes zentriert sind; Motive, die auf Harmonisierung, auf Spannungsausgleich, auf die Gewinnung neuen Haltes und Grundes sowie auf Verwurzelung und Geborgenheit abzielen;

- Motive der Differenzierung und Intensivierung des Selbstseins, der Eigenkompetenz und der Lebensqualität mit der Richtung auf neue Erfahrung, Selbständigkeit, Lebensfülle, Können, "gute Gestalt";

- Motive der Bindung an Menschen und Aufgaben, der Orientierung an Notwendigkeiten, der Verantwortungsübernahme und Pflichterfüllung, der sozialen Integration und Kooperation;

- Sinnmotive, die die Person nach jenen Gewißheiten und Überzeugungen suchen lassen, welche ihr den Wert ihres eigenen Daseins und den Wert dieser Welt erschließen und die ihr ein Gefühl des fundamentalen Vertrauens, des Getragenwerdens und des Aufgehobenseins vermitteln.

Jedes dieser Motive vermag gegenüber der alten Erfahrungs- und Handlungsstruktur und ihrem Abwehrsystem gleichsam die Funktion eines "Spaltpilzes" zu erfüllen, der verhärtete Strukturen aufbricht, negative Inhalte auflöst und dadurch Raum für die Entwicklung des Neuen schafft. Welches dieser Motive dabei in erster Linie die Funktion des Aufbrechens und Auflösens des Abwehrsystems erfüllt, ist relativ gleichgültig; jede vernünftige Beratungsarbeit wird sich nach Möglichkeit aller Motive bedienen und darauf bedacht sein, jedes dieser Motive zu fördern.

3. Von entscheidender Bedeutung für die Auflösung des Problemmantels und zugleich auch für die Reduzierung bzw. Beseitigung des Problemkernes ist die reflexive Auseinandersetzung des Klienten mit seiner eigenen Persönlichkeit und deren lebensweltlichen Bezügen. Eine der zentralen Aufgaben und Zielsetzungen der Beratung ist daher die Intensivierung und qualitative Verbesserung der Reflexionsfähigkeit des Klienten. Unter Reflexion sei das prüfende und vergleichende Nachdenken verstanden, das die Person zur einsichtigen Steuerung des Handelns befähigt und zur Einnahme von Positionen instandsetzt (Oldemeyer 1979). Reflexion in der Beratung und Verbesserung der Reflexionsfähigkeit des Klienten hat sich im Hinblick auf kognitive, emotionale und aktionale Gegebenheiten zu vollziehen.

Kern des reflexiven Steuerungszentrums der Person ist das Modalbewußtsein, das aus dem integrativen Zusammenwirken des Wirklichkeits-, Wert-, Notwendigkeits- und Möglichkeitsbewußtseins resultiert. Dieses Modalbewußtsein fundiert und begleitet das selbst- und weltbezogene Handeln der Person. Auf die beratungsrelevante Problematik bezogen kann das Modalbewußtsein des Klienten kurz wie folgt umschrieben werden:

- Mit seinem Wirklichkeitsbewußtsein erfaßt der Klient die Ist-Lage seiner gegenwärtigen seelischen Verfassung und die Ist-Lage seiner lebensweltlichen Realität.

- Für die Person ist jedoch niemals nur der status quo ihres gegenwärtigen seelischen Seins bedeutsam, sondern immer auch das, was sie selbst und ihre Lebenswelt über die gegebene Wirklichkeit hinaus sein sollen. Im Wertbewußtsein konzipiert und antizipiert der Klient seine noch nicht realisierte Soll-Lage.

- Das Notwendigkeitsbewußtsein des Klienten enthält die subjektiv empfundene Dringlichkeit der Forderung, die Ist-Lage in Richtung der Soll-Lage zu verändern. Im Notwendigkeitsbewußtsein spiegelt und bestimmt sich für den Klienten, welche neue seelische Wirklichkeit "für ihn" nötig ist, was sein und herbeigeführt werden muß, damit er sein Dasein als sinnvoll und erträglich zu erleben vermag.

- Die Reflexion darüber, ob die für nötig erachtete neue seelische Wirklichkeit erreichbar ist und welche Bedingungen gegeben sein oder hergestellt werden müssen, um diese neue seelische Wirklichkeit tatsächlich realisieren zu können, macht das Möglichkeitsbewußtsein des Klienten aus.

Das Modalbewußtsein nimmt im Prozeß der Veränderung des Klienten die zentrale Stellung ein. Es fungiert in mannigfachen Abstufungen der Bewußtseinsklarheit. Zu Beginn der Beratung ist es gewöhnlich in einer vielfältigen Weise getrübt und verzerrt. Im Verlaufe der Beratung ist es auf das Niveau differenzierter Reflexion zu heben.

(3) Veränderung des Klienten durch die Beratung bedeutet, daß der Klient einen aktiven Lernprozeß durchzuführen hat, durch den er die alten Erfahrungsstrukturen, die seine problematische gegenwärtige Ist-Lage ausmachen, durch neue problembehebende Erfahrungen zu ersetzen bzw. zu ergänzen vermag. Die entschiedene Betonung des Aktivitätsmomentes am Lernen des Klienten will zum Ausdruck bringen, am Klienten könne und dürfe sich nicht einfach eine von außen initiierte und ihm aufgedrängte Veränderung vollziehen; vielmehr habe

der Klient seine wenn auch noch so bescheidenen eigenen Kräfte in den Dienst seiner Veränderung zu stellen. Nur dann, wenn er selbst ein Interesse an einer Veränderung seiner alten Daseinstechnik und Umweltkonstellation und damit seiner handlungsbestimmenden Erfahrungsgrundlagen hat, kann sich diese Veränderung auch wirklich einstellen. Wenn er die alten Erfahrungen durch neue ersetzen oder ergänzen will, dann ist von ihm die aktive Auseinandersetzung mit den alten und die aktive Bemühung um die neuen Erfahrungen gefordert. Aufgabe des Beraters ist es, den Klienten zur Übernahme und Bewältigung dieser Anforderung bereit und fähig zu machen.

Die meisten Beratungstheorien gehen von der Voraussetzung aus, es seien Lernprozesse, welche den Hauptanteil an der Persönlichkeitsveränderung des Klienten in der Beratung tragen. Solche Lernprozesse sollen über die Anregung und Unterstützung des "Mit-sich-selbst-zu-Rate-Gehens" des Klienten durch den Berater ausgelöst und gefördert werden. Die Lernpsychologie (Bandura 1976, 1979; Foppa 1965; Gagne 1975; Haseloff u. Jorswieck 1970; Hilgard u. Bower 1970, 1971; Holland u. Skinner 1971; Lunzer u. Morris 1971; Mednick, Pollio u. Loftus 1975; van Parreren 1972; Rogers 1974; Roth 1968) hat auf zahlreiche Formen solchen Anregens und Unterstützens von sehr unterschiedlich strukturierten Lernvorgängen aufmerksam gemacht. Über diese Unterschiede hinweg scheint folgende allgemeine Definition des Lernens für die Zwecke der Beratungspsychologie am brauchbarsten zu sein: "Von Lernprozessen sprechen wir dann, wenn relativ dauerhafte Veränderungen des Verhaltens, der Verhaltensdispositionen und damit auch der Person nachweislich entscheidend auf Grund von Erfahrungen und ihrer Verarbeitung entstehen oder bewirkt werden" (Roth 1971, S. 115).

Die Beratungspsychologie muß auf der Seite des Ratsuchenden entwickelbare Lernfähigkeit voraussetzen. Unter der Perspektive der Indikation zur psychologischen Beratung ist danach zu fragen, "ob mit den Mitteln der Beratung ein Lernprozeß einzuleiten ist, der zur Lösung des jeweils vorliegenden Verhaltensproblemes beitragen kann. Wird der Ratsuchende, so lautet die Frage, während der Beratungsarbeit Erkenntnisse und Einsichten gewinnen, wird er mit Konfrontationen umgehen und Projekte verwirklichen können?" (Lüders 1975, S. 111). Daß der Klient neue Erfahrungen macht, ist die eine Seite; daß er aus ihnen lernt, die - keinesfalls selbstverständliche - andere. "Zu einem Lernen wird diese Erfahrung aber erst, wenn sie uns instandsetzt, unser künftiges Handeln situationsgemäßer und sinnvoller zu steuern. Daß wir auf Grund von

Erfahrungen lernen, tritt erst dann ein, wenn die Erfahrung in einen Lernprozeß übergeht. Lernen heißt dann, die Erfahrung 'auswerten'" (Roth 1970, S. 186). Was wird der Klient aus der beratungsinternen Lernsituation entnehmen und behalten und was wird er davon für seine beratungsexterne Lebenswelt bereithalten und übertragen können? Das Lernen in der Beratung soll dem Klienten helfen, "sich selbst besser zu verwirklichen, d.h. sich selbst besser in die Welt hineinzuleben, und das Lernen muß ihm auch helfen, die Inhalte und Forderungen der Welt angemessener zu verstehen und zu erfüllen, d.h. ihnen besser gewachsen zu sein. Wir hoffen nach dem gelungenen Abschluß eines Lernprozesses, daß wir gleiche, ähnliche und neue Aufgaben des Lebens besser lösen können" (Roth 1970, S. 188).

Was die Klientenpersönlichkeit benötigt, ist eine neue Erfahrungsstruktur, die auf der Grundlage reflexiver Auseinandersetzung mit der eigenen Lebenslage gewonnen werden kann. Dies bedeutet, daß der Klient in eine Auseinandersetzung mit den in seinem Modalbewußtsein sich abbildenden und festgestellten Aufgaben, Problemen und Schwierigkeiten einzutreten hat, die aus der Interaktion zwischen seiner bisherigen Daseinstechnik und seiner lebensweltlichen Realität erwachsen sind. Auf dieser Ebene müssen sich die entscheidenden Veränderungen in den Grunderfahrungen des Klienten ereignen. Dieser hat sich reflektierend mit der Frage auseinanderzusetzen, was angesichts seiner eigenen problematischen Wirklichkeit, deren Unwertgehalt er am eigenen Leibe empfindet, notwendig ist, um eine neue seelische Wirklichkeit mit einem höheren, subjektiv bedeutsamen Wertgehalt herbeiführen zu können, und unter welchen Bedingungen dieses höhere Niveau ermöglicht werden kann.

Die bisherigen Ausführungen könnten die Annahme nahelegen, es seien für das Lernen des Klienten in der Beratung nur kognitiv-rationale Prozesse von Bedeutung. Eine solche Annahme wäre falsch; sie ist hier auch nicht intendiert. Sicher spielen kognitiv-rationale Lernprozesse eine gewichtige Rolle für die Veränderung der Ist-Lage des Klienten. Es ist jedoch mit Nachdruck zu betonen, daß diese Veränderung auch von emotionalen und aktionalen Lernprozessen abhängt (s. 4.3).

(4) Die seitens des Klienten zu erbringende Eigenaktivität macht die Tätigkeit des Beraters keineswegs überflüssig. Muß doch der Klient, der hilfsbedürftig, in seinen Handlungsmöglichkeiten reduziert und häufig bar jeglicher Selbsthilfeintention und -fähigkeit zum Berater kommt, von diesem erst ein-

mal in einer grundlegenden Weise gesichert, ermutigt und aktiviert werden, ehe sich seine Eigenaktivität neu zu entfalten vermag. Der Berater beeinflußt den Klienten anregend und unterstützend in einem Prozeß, der in seiner Grundstruktur äußerst differenziert ist und der zahlreiche Lernhilfen, die sich zur Rekonstituierung der Handlungsfähigkeit des Klienten als effektiv erwiesen haben, umfaßt. Kern der Hilfestellung des Beraters ist die Anregung und Unterstützung der rationalen und emotionalen Reflexion des Klienten im Sinne der Auseinandersetzung mit sich selbst und mit seiner Lebenswelt.

Die anregende und unterstützende Einflußnahme des Beraters auf das Lernen des Klienten bedeutet nun allerdings nicht, daß der Klient allein solche Inhalte lernen könne oder müsse, die ihm vom Berater übermittelt werden. Der Berater würde auch seine Funktion falsch einschätzen, wenn er von der Voraussetzung ausginge, er habe dem Klienten einen Bestand neuer inhaltlicher Erfahrungen direkt zu übertragen. Seine Hauptaufgabe und seine Hauptfunktion besteht vielmehr darin, die Lernfunktionen und die Erfahrungsinhalte, die er beim Klienten vorfindet, zu stimulieren, freizusetzen, zu reorganisieren, den Klienten damit zu konfrontieren, ihn auf Alternativen und unbeachtete Möglichkeiten zu verweisen und insgesamt das selbstgesteuerte Lernen (Huber 1976; Mandl u. Fischer 1982) zu fördern. Er hat den Klienten bereit und fähig zu machen, sich aktiv mit seiner alten Erfahrungsstruktur auseinanderzusetzen und sich aktiv um eine neue Erfahrungsstruktur zu bemühen.

Damit ist dem Berater keineswegs eine inferiore Rolle zugewiesen oder gar seine Bedeutung für den Erfolg der Beratung in Frage gestellt. Im Gegenteil: ob Beratung gelingt und in welchem Ausmaße und mit welcher Qualität sie gelingen kann, hängt in einer ganz entscheidenden Weise auch vom Berater ab. Wie und was der Klient jedoch hinsichtlich seiner Persönlichkeit und seiner Umweltlage rational begreift und erschließt, emotional bewertet und als verbindlich für sich anerkennt sowie handelnd realisiert und nach erfolgter Handlung kritisch hinsichtlich des Erfolges überprüft, das beruht weitgehend auf dem Eigenkapital an Funktionen und Erfahrungsinhalten, das der Klient in die Beratung einbringt – und das durch die beraterische Tätigkeit gefördert, differenziert oder abgebaut werden kann.

Ein zentrales Problem, das sich im Zusammenhang mit der Tätigkeit des Beraters unter dem Aspekt der Einflußnahme auf den Klienten stellt, betrifft die Art und Weise, in der

der Berater sich selbst als Person und als Träger einer Funktion in den Beratungsprozeß einbringt. Er kann sich nicht in einer beliebigen Weise einbringen, wenn es ihm darum zu tun ist, die zentralen Ziele der Beratung zu realisieren. Vielmehr hat er sich selbst in den Beratungsprozeß so einzubringen und im Beratungsverlauf so darzustellen, daß dadurch das aktive Lernen des Klienten angeregt und unterstützt wird und daraus bei diesem ein Zuwachs an Selbsthilfebereitschaft, Selbststeuerungsfähigkeit und Handlungskompetenz resultiert.

Jede beraterische Einflußnahme muß dabei die wesentlichen Persönlichkeitskomponenten des Klienten und seine wesentlichen Lebensumstände berücksichtigen. Diese grundlegende Forderung kann anhand der "multimodalen Orientierung" (Lazarus 1978, S. 20) im therapeutischen Bereich konkretisiert werden. Dort wird - unter der einprägsamen Abkürzung des "BASIC ID" - die Auffassung vertreten, es seien in jeder Therapie grundsätzlich alle der im folgenden aufgeführten seelischen Modi, deren Anfangsbuchstaben die Formel "BASIC ID" ergeben, zu berücksichtigen: Behavior (Verhalten), Affect (Gefühl), Sensation (Empfindung), Imagery (Vorstellung), Cognition (Erkenntnis), Interpersonal (Zwischenmenschliche Beziehungen), Drug (Drogen bzw. physiologische Prozesse). "Dieses theoretische System ist innerhalb der Lernprinzipien angesiedelt, bzw. genauer im Bereich des sozialen Lernens, kognitiver Vorgänge und von Verhaltensgesetzen, für die es experimentelle Beweisführungen gibt. Wir gehen davon aus, daß ein Großteil der Therapie pädagogisch ist, und daß Fragen nach dem Wie und Warum des Lernens und Verlernens angepaßter und unangepaßter Reaktionen wesentlich für wirksame therapeutische Interventionen sind. Die Grundlagen der multimodalen Therapie sind folglich didaktischer Natur. Unsere Grundannahme ist: Je mehr man in der Therapie lernt und je breiter der Verhaltensspielraum wird, desto weniger wahrscheinlich werden Rückfälle" (Lazarus 1978, S. 20).

Der Multidimensionalität des Lernens des Klienten entspricht die Multidemensionalität der anregenden und unterstützenden Einwirkungen des Beraters. Seine Einflußnahme auf den Klienten hat sich grundsätzlich einer Vielfalt von Einflußmöglichkeiten zu bedienen - dies freilich einerseits unter Berücksichtigung der besonderen Verhältnisse des jeweiligen Einzelfalles im Hinblick auf Persönlichkeit, Lebenslage und Problematik des Klienten und andererseits unter Beachtung des Sachverhaltes, daß die Anregung der aktiven Auseinandersetzung und Stellungnahme des Klienten und die Verfolgung des Zieles seiner Selbststeuerungsfähigkeit die Verwendung von konditionierenden Beeinflussungsformen stark einschränkt. Die pädagogische Problematik der Unterscheidung zwischen befreienden und konditionierenden Lern- und Erziehungsprozessen (Roth 1971; Weber 1974) ist auch für die Beratung von höchster Aktualität. Innerhalb der Grenzen dieser Einschränkungen aber gilt: "Dauerhafte Resultate stehen in direktem Verhältnis zur Anzahl der spezifischen Modalitäten, die in einem therapeutischen System angesprochen werden" (Lazarus 1978, S. 32).

Je mehr sich der Beratung die Aufgabe stellt, dem Klienten zu einem echten neuen Anfang und damit zu einer tiefergehenden Veränderung seines Wirklichkeits- und Wertbewußtseins zu verhelfen, desto mehr hat der Berater dieser multimodalen Vorgehensweise zu entsprechen. Ein echter neuer Anfang ist immer von einer umfassenden Erkenntnis und Anerkenntnis der einer Person gebotenen erscheinenden Notwendigkeiten und der dazu in Relation stehenden Möglichkeiten der Selbst- und Weltveränderung sowie von der Umsetzung dieser Erkenntnis in gelebte Praxis abhängig. Ob und inwieweit diese subjektiv bedeutsamen Notwendigkeiten und Möglichkeiten durch den Klienten rational verstanden, begriffen und eingesehen, emotional akzeptiert, wertgeschätzt und präferiert sowie aktional praktiziert und gelebt werden können, das eben hängt in einer ganz entscheidenden Weise wiederum davon ab, ob und inwieweit diese verschiedenen Modi des Erlebens, Handelns und Erfahrens des Klienten durch den Berater aktiviert werden (können).

Vorausgesetzt ist bei alldem immer schon, daß es dem Berater gelungen ist, seine Sichtweise der Problematik und der Beratungsaufgabe mit derjenigen des Klienten in einem Prozeß der Passung soweit in Übereinstimmung zu bringen, daß beide von einem gemeinsamen Bezugssystem des Erklärens und Verstehens und von einem gemeinsamen Bestand an Definitionen auszugehen vermögen. Dies erfordert ein therapeutisches Klima und eine Beziehung, auf deren einzelne Komponenten in späterem Zusammenhang noch einzugehen ist.

3.2 Der theoretische Rahmen

3.2.1 Zusammenfassung der theoretisch wesentlichen Aspekte

Auf der Grundlage der bisherigen Problemanalyse und des Versuches, einen Rahmen der Problemlösung zu finden, kann nunmehr dazu übergegangen werden, zunächst einmal die theoretisch wesentlichen Gesichtspunkte zusammenzufassen und sodann die zentralen theoretischen Prinzipien zu formulieren.

Die wesentlichen Problemaspekte sind:

1. Die Beratung nimmt ihren Ausgang von einer Ist-Lage des Klienten, die gekennzeichnet ist durch

    - den Problemmantel (reduzierte Modifikationsbereitschaft und -fähigkeit; reduzierte Bereitschaft zur Auseinandersetzung mit sich selbst und der eigenen Lebenslage), der eine sichernde und abschirmende Funktion ausübt im Hinblick auf
    - den Problemkern (inadäquate Daseinstechnik, häufig im Kontext einer inadäquaten Umweltkonstellation; Grunderfahrung reduzierter Eigenaktivität und/oder Eigenkompetenz; Desorientierung, Konflikt, Krise).

2. Ziel der Beratung ist eine Endlage (Soll-Lage) des Klienten, die gekennzeichnet ist durch

    - den aufgelösten bzw. in seiner sichernden und gegen Auseinandersetzung abschirmenden Funktion reduzierten Problemmantel (verbesserte Modifikationsbereitschaft und Modifikationsfähigkeit; Bereitschaft zur Auseinandersetzung) und durch
    - die Ersetzung bzw. Reduktion des Problemkernes durch eine Persönlichkeitsstruktur, die in allen relevanten Bereichen, v.a. aber im Hinblick auf Selbsthilfe, Selbststeuerung und Handlungskompetenz, deutliche Verbesserungen aufweist.

3. Diese Veränderung erfordert auf der Seite des Klienten aktive Lernprozesse von kognitiv-rationaler, emotionaler und aktionaler Art, mit deren Hilfe neue Erfahrungen aufgebaut und ausgewertet werden können; sie umfassen Vorgänge

    - der Widerstandsauflösung,
    - der Auseinandersetzung mit sich selbst und mit der eigenen Lebenslage und
    - der Bemühung um eine verbesserte Handlungskompetenz für die Bewältigung der lebensweltlichen Realität.

4. Angeregt und unterstützt werden diese Prozesse im Klienten durch Hilfen des Beraters, die

    - im Zusammenhang mit der Widerstandsauflösung Maßnahmen der emotionalen Sicherung des Klienten und der Beziehungsgestaltung,

- im Zusammenhang mit der Auseinandersetzung und mit der Positionsbeziehung Maßnahmen der Reflexionshilfe auf verschiendenen Ebenen und
- im Zusammenhang mit der Verbesserung der Handlungskompetenz Maßnahmen der Differenzierung der Handlungstüchtigkeit umfassen.

3.2.2 Zentrale theoretische Prinzipien des Beratungserfolges

Unter Bezugnahme auf die Zusammenfassung der theoretisch wesentlichen Aspekte der Problemanalyse können die zentralen theoretischen Prinzipien des Beratungserfolges wie folgt formuliert werden:

1. Beratungserfolg im Sinne der Veränderung des Klienten von der Ausgangslage seines problematischen Ist-Zustandes hin zur angezielten Endlage seines Soll-Zustandes tritt um so wahrscheinlicher ein und ist im Falle seines Eintretens um so ausgeprägter, je mehr es dem Berater gelingt, beim Klienten

   - Prozesse der Widerstandsauflösung auf der Grundlage von Hilfen zur emotionalen Sicherung und zur Beziehungsgestaltung,
   - Prozesse der Auseinandersetzung mit sich selbst und der eigenen Lebenslage sowie der Positionsbeziehung auf der Grundlage von Reflexionshilfen und
   - Prozesse der Bemühung um eine verbesserte Handlungskompetenz auf der Grundlage konkreter Kompetenzhilfen anzuregen und zu unterstützen.

2. Beratungserfolg im obigen Sinne tritt umso wahrscheinlicher ein und ist im Falle seines Eintretens um so ausgeprägter, je mehr es dem Berater gelingt, die oben aufgeführten Prozesse und die aus ihnen erwachsenden Folgen mittels der Anregung und Unterstützung von kognitiv-rationalen, emotionalen und aktionalen Lernvorgängen dem Klienten erfahrbar, für sich auswertbar und in seiner lebensweltlichen Realität praktizierbar zu machen.

4. PROZESSE IM KLIENTEN

Die relativ abstrakte Darstellung des vorhergehenden Teiles, in dem das zentrale Problem der Beratungspsychologie zu analysieren und theoretische Prinzipien zu seiner Lösung zu formulieren waren, bedarf der Konkretisierung. Sowohl die aktiven Prozesse, die der Klient zu vollziehen hat (4. Teil) als auch die Hilfen, die der Berater zur Förderung eines optimalen Prozeßablaufes geben kann (5. Teil), sind im folgenden im einzelnen darzustellen.

4.1 Die aktiven Grundprozesse

4.1.1 Steigerung der Modifizierbarkeit durch Widerstandsauflösung

In vielen Beratungssituationen versucht der Klient, seinen Problemkern nach innen und außen abzuschirmen. Je mehr ihm dies gelingt, desto weniger vermag er sich mit dem Problemkern auseinanderzusetzen. Sein Widerstand erschwert oder verhindert die Bearbeitung des Problemkernes.

Das Verständnis des Widerstandes ist in den einzelnen Therapie- und Beratungsrichtungen unterschiedlich (Freud 1917; Görres 1965; Petzold 1981). "Als gemeinsamen Nenner der verschiedenen Auffassungen könnte man bestimmen: Widerstand beinhaltet alles, was sich bei einem Patienten bewußt oder unbewußt gegen bestimmte therapeutische Interventionen oder die Therapie insgesamt richtet" (Caspar 1982, S. 451). Die Schwerpunkte des Widerstandes sind von Person zu Person unterschiedlich; im Hinblick darauf kann man von einem "individuellen Widerstandsprofil" (Görres 1965, S. 200) sprechen.

Für die Beratung ist die Unterscheidung zwischen neurotischem und nicht-neurotischem Widerstand bedeutsam (Görres 1965). Der neurotische Widerstand, der sich aus den Komponenten Verdrängungswiderstand, Übertragungswiderstand, Widerstand aus dem Krankheitsgewinn, Es-Widerstand und Überich-Widerstand zusammensetzt, bedarf einer intensiven Widerstandsbearbeitung. "Widerstände erkennen, durcharbeiten, in ihren genetischen und gegenwärtigen Bedingungen verstehen wird zur Hauptaufgabe des Analytikers" (Görres 1965, S. 224). Die Analyse und Bearbeitung solcher neurotischer Widerstände ist gewöhnlich nicht Aufgabe der Beratung.

Die Beratung hat es aber sehr häufig mit nicht-neurotischen Widerständen zu tun. Im Zusammenhang damit muß sich der Berater eine Sichtweise zu eigen machen, die den Widerstand des Klienten als eine sinnvolle und verständliche Erscheinung begreift. "Der Mensch will Schmerz, Leid, Unlust und Demütigung vermeiden. Diese natürliche Vermeidungstendenz ist ständig wirksam ..." (Görres 1965, S. 200). Sie entsteht aus dem Bedürfnis nach Selbstsicherung, aus der Angst vor der Selbstentblößung und aus dem Mißtrauen gegenüber dem Berater. Der Klient kann viele gute Gründe haben, die ihn veranlassen, die Auseinandersetzung mit seinem Problemkern entweder gar nicht oder nur in einer oberflächlichen Weise zu führen.

Immer dann aber, wenn der Klient eine echte und dauerhafte Lösung seiner Problematik intendiert, muß er sich dem Problemkern stellen. Dies setzt voraus, daß er bereit ist, seine Widerstände aufzulösen. Wie ihm dabei seitens des Beraters geholfen werden kann, davon wird gesondert zu reden sein (S. 105 ff). Bei aller Bedeutung, die der beraterischen Hilfe bei der Auflösung des Widerstandes des Klienten zukommt, darf jedoch nicht übersehen werden, daß diese Auflösung eine aktive Leistung des Klienten darstellt. Der Klient muß Vertrauen und Glauben investieren - gegenüber dem Berater und gegenüber sich selbst. "Alles Vertrauen und aller Glaube ist ein Wagnis, es gehört immer ein Bruchteil sittlichen Mutes und seelischer Kraft dazu. Es geschieht immer mit einem gewissen Einsatz der Person" (Hartmann 1949, S. 469).

4.1.2 Prozesse der Auseinandersetzung und der Positionsbeziehung

Eine tiefgreifende Veränderung des Klienten ist nur unter der Voraussetzung möglich, daß er sich mit sich selbst und seiner Lebenslage auseinandersetzt und aus dieser Auseinandersetzung heraus Position bezieht. Der Klient kann nicht passiv abseits stehen und andere für sich und über sich bestimmen lassen. Er muß vielmehr - und auch dafür ist ihm seitens des Beraters Hilfestellung zu geben (S. 108 ff) - in den Kernbereich seiner Problematik hinein, er muß sich dieser Problematik stellen, er muß durch sie hindurch, auch wenn es ihm noch so schwerfällt.

Auseinandersetzung und Positionsbeziehung ist für den Klienten bei jedem der in früherem Zusammenhang thematisierten Beratungsanlässe bzw. Beratungsgründe erforderlich. Sie ist vor allem dann notwendig, wenn der Klient vor Alternativen seiner Daseinsführung und Lebensgestaltung steht, die für ihn von annähernder oder gleicher subjektiver Bedeutung sind, oder wenn es für ihn darum geht, angesichts eines bisherigen problematischen oder verfehlten Lebensweges sich einen neuen Sinn und ein neues Ziel des Lebens zu erarbeiten. Der Klient steht dann vor der Aufgabe, die Mehrdeutigkeit seines Selbst- und/oder Weltbezuges zu vereindeutigen und sich auf eine neue Lebensleitlinie und Daseinstechnik festzulegen. Solche Auseinandersetzung und Positionsbeziehung muß nicht von selbst eintreten; der Klient weicht ihr auch häufig genug aus. In solchen Fällen ist es Aufgabe des Beraters, die Auseinandersetzung des Klienten mit den Alternativen zu stimulieren bzw. selbst alternative Aspekte in den Beachtungshorizont des Klienten zu rücken.

"Die Änderungen im Klienten treten wesentlich aufgrund seiner Auseinandersetzung mit seinem Selbst ein. Dies löst gewisse Folgevorgänge aus, so u.a. Änderungen seines Selbstkonzeptes, größere Selbstachtung, größeres Funktionieren der eigenen Person, engeren Kontakt mit seinem Fühlen, günstigere Informationsaufnahme und -verwertung" (Tausch u. Tausch 1978, S. 1914). Der Klient setzt sich im Prozesse der Selbstexploration mit sich auseinander. Im Zentrum der Auseinandersetzung stehen seine gefühlsmäßigen Erlebnisse und Erfahrungen; er "konfrontiert, vergleicht und wertet seine Erlebnisse und Erfahrungen mit anderen ähnlichen oder gegensätzlichen Erfahrungen, Erlebnissen oder Gefühlen" (Tausch u. Tausch 1978, S. 1916) und zwar in der Form eines aktiven Suchens, Erforschens und Klärens des bedeutsamen eigenen Erlebens und Fühlens. Der Klient setzt sich in einer konstruktiven Weise mit sich selbst auseinander, indem er über persönlich bedeutsame Inhalte spricht, offen ist für die Empfindungen, Erlebnisse und gefühlten Bedeutungen in seiner Person, die persönliche Bedeutung von Erfahrungen für sein Selbst zu erspüren versucht und sich aktiv bemüht, seine Gefühle und deren Bedeutung vollständig und genau zu erfassen. "Es sind unsere beeindruckendsten Erfahrungen, wie sich Personen von einer stark beeinträchtigten, hilflosen und demoralisierten Person in aktiv mit sich selbst auseinandersetzende Personen ändern, mit einem geänderten Selbst, geringerer Entfremdung zu sich selbst, besserer Fähigkeit, mit sich selbst umzugehen" (Tausch u. Tausch 1978, S. 1927). Reflexion, Klärung und Konfrontierung sind die hauptsächlichen Verfahrensweisen, mit deren Hilfe der Klient zur Auseinandersetzung mit sich selbst veranlaßt werden kann (Brammer u. Shostrom 1977, S. 256).

Die Auseinandersetzung des Klienten mit sich selbst und mit seiner Lebenslage ist weithin identisch mit seiner Bemühung um die Konstruktion und Strukturierung seiner lebensweltlichen Realität mit Hilfe seines Modalbewußtseins. Der Aufbau einer Soll-Lage und die Bemühung um ihre Realisierung setzt adäquate Problemverarbeitung und konstruktive Bedeutsamkeitsumzentrierungen voraus. Darauf wird sehr bald noch genauer einzugehen sein (S. 77 ff).

4.1.3 Verbesserung der Handlungskompetenz

Widerstandsauflösung und Auseinandersetzung mit dem Problemkern sind wichtige notwendige Voraussetzungen der Veränderung des Klienten. Sie sind jedoch in vielen Beratungskonstellationen nicht zureichend; sie sind es deswegen nicht, weil mit ihnen die Realisierung der inneren Veränderung in konkreter äußerer Handlung noch nicht garantiert ist.

Der Klient mag in der Beratung wünschenswerte Motive und Gesinnungen entfalten und eine Verbesserung seiner Orientierungs- und Steuerungsfähigkeit erfahren. Solange sich diese Modifikationen nicht im konkreten Handeln des Klienten außerhalb der Beratungssituation erweisen, sondern auf innere Haltung, guten Willen und bloßes Probehandeln im Geiste innerhalb der Beratungssituation beschränkt bleiben, hat die Beratung eine ganz wesentliche Aufgabe nicht erfüllt. "Die vielleicht wichtigste Aufgabe von Beratung ist daher, einen Weg vom Reden zum Handeln zu finden - oder anders ausgedrückt: über die Realität des Jugendlichen nicht nur zu reflektieren, sondern sie gemeinsam mit ihm praktisch zu erfahren und aus dieser Erfahrung gemeinsame Schlüsse zu ziehen" (Wolffersdorf-Ehlert 1977, S. 554). Es ist daher verständlich, daß in verschiedenen Beratungsrichtungen auf die Verbesserung der Handlungskompetenz des Klienten größter Wert gelegt wird.

Handlungsfähig sein bedeutet, aus Intentionen heraus absichtlich, überlegt und planvoll sowie unter Verfügung über effektive Wirktechniken in die Außenwelt bzw. in einem bestimmten Ausmaß auch in die eigene Innerlichkeit eingreifen, die Intention und das Resultat dieses Eingreifens kritisch bewerten und verantworten und aus dem Gesamtprozeß Erfahrungen, die weiterem Handeln zugrundegelegt werden, ableiten können. Auf die für die Beratung hochbedeutsamen Ergebnisse der Handlungsforschung (v. Cranach 1980; Kraiker 1980; Kussmann 1980; Lenk 1977-1980; Leontjew 1977; Miller, Galanter u. Pribram 1973; Parsons u. Shils 1954; Volpert 1980; Werbik 1978) kann hier nicht eingegangen werden. Hervorgehoben sei jedoch, daß für viele Beratungstheorien die Beratung erst dann ihre Bewährungsprobe bestanden hat, wenn es ihr gelungen ist, die Handlungsfähigkeit des Klienten zu verbessern und aktionale Modifikationen nachzuweisen. Klienten sollen durch Beratung ihre Handlungskompetenz steigern und ihr Handlungs-

bzw. Fertigkeitsrepertoire differenzieren. Das wiederum erfordert die aktive Bemühung des Klienten.

Unter Kompetenz wird dabei "die Verfügbarkeit und angemessene Anwendung von Verhaltensweisen (motorischen, kognitiven und emotionalen) zur effektiven Auseinandersetzung mit konkreten Lebenssituationen, die für das Individuum und/oder seine Umwelt relevant sind" (Sommer 1977, S. 75) verstanden. Effektiv ist ein Verhalten dann zu nennen, "wenn es dem Individuum kurz- und langfristig ein Maximum an positiven und ein Minimum an negativen Konsequenzen bringt, gleichzeitig für die soziale Umwelt und die Gesellschaft kurz- und langfristig nicht negativ, möglichst aber positiv ist" (Sommer 1977, S. 75). Das Ausmaß an Kompetenz, mit dem die Handlung praktiziert werden kann, ist das Resultat von Lernprozessen, die kognitive, systematisierende und perfektionierende Komponenten enthalten (Fitts 1964).

4.2 Das reflexive Modalbewußtsein des Klienten

Wenn im folgenden die aktiven Prozesse der Widerstandsauflösung und der Verbesserung der Handlungskompetenz nicht weiter thematisiert werden und dafür die Prozesse der Auseinandersetzung des Klienten mit sich selbst und mit seiner lebensweltlichen Realität sowie der Positionsbeziehung in den Mittelpunkt rücken, dann nicht deswegen, weil Widerstandsauflösung und Handlungskompetenzverbesserung als unwesentliche Bedingungen der Veränderung des Klienten angesehen werden. Die bisherige Argumentation hat viele Gesichtspunkte dafür geliefert, die Bedeutung dieser beiden Komponenten in der Beratung nicht geringzuschätzen. Dennoch aber repräsentieren sie nicht die Kernbedingung der Veränderung des Klienten. Diese ist zweifellos in der Auseinandersetzung des Klienten mit sich und seiner Lebenslage und in der sich darauf gründenden Beziehung einer Position zu suchen. Die Widerstandsauflösung ermöglicht häufig erst die Auseinandersetzung und Positionsbeziehung; die Verbesserung der Handlungskompetenz ermöglicht vielfach erst die Umsetzung der Resultate der inneren Auseinandersetzung und Positionsbeziehung in konkrete Aktion. Das Zentrum des Veränderungsgeschehens aber ist in der Auseinandersetzung und Positionsbeziehung selbst gelegen. Das ist der Grund, warum diese Prozesse im folgenden in den Mittelpunkt der Diskussion gestellt werden.

Die Prozesse der Auseinandersetzung und Positionsbeziehung sind im reflexiven Modalbewußtsein der Person fundiert. Unter

Modalbewußtsein wird - in Anlehnung an Nicolai Hartmann (1949c, S. 358 ff) - das auf Interpretationen beruhende Erfassen der Seinsmodi (Wirklichkeit, Möglichkeit, Notwendigkeit) verstanden. Berücksichtigt man, daß mit der Frage nach dem "modalen Bau des Sollens" (Hartmann 1949c, S. 257) offensichtlich auch das Wertbewußtsein als Komponente des Modalbewußtseins angesehen werden kann, dann ist es möglich, das Modalbewußtsein als das Resultat des integrativen Zusammenwirkens des Wirklichkeits-, Wert-, Notwendigkeits- und Möglichkeitsbewußtseins der Person zu verstehen. Das Modalbewußtsein liegt dem selbst- und weltbezogenen Handeln der Person zugrunde und konstituiert in einer sehr zentralen Weise bedeutsame Aspekte des Selbst- und Weltkonzeptes der Person. Demgemäß beruhen Veränderungen des selbst- und weltbezogenen Handelns bzw. des Selbst- und Weltkonzeptes der Person auf Veränderungen im Bereiche des Modalbewußtseins.

Die Feststellung, das Modalbewußtsein der Person resultiere aus dem integrativen Zusammenwirken von vier Bewußtseinsaspekten, darf nicht so verstanden werden, als stünden diese Bewußtseinsbereiche zueinander in einem Verhältnis der völligen Harmonie. Mindestens zwei Grundspannungen lassen sich im Bereich des Modalbewußtseins nachweisen. Die erste betrifft allgemein das Verhältnis zwischen dem Wirklichkeits- und dem Wertbewußtsein der Person und speziell die Relation zwischen psychischer Wirklichkeit und antizipiertem psychischen Wert der seelischen Verfassung der Person. Mit dieser Spannung von Sein und Gut-Sein (Besser-Sein) hat sich der Klient auseinanderzusetzen und Position zu beziehen. Die zweite Grundspannung betrifft das Verhältnis zwischen Möglichkeits- und Notwendigkeitsbewußtsein und damit die Relation von Können und Müssen (Sollen), die ebenfalls zur Auseinandersetzung und Positionsbeziehung herausfordert.

4.2.1 Die Grundformen des Modalbewußtseins

Das Modalbewußtsein der Person kann sehr unterschiedliche materiale Weltaspekte zum Gegenstand haben. In der nachfolgend diskutierten Verwendungsweise bezieht sich das Modalbewußtsein der Person auf ihre eigene seelische Verfassung und auf die Lebenslage, in der sie existiert.

(1) Am Wirklichkeitsbewußtsein des Klienten, das seine Sichtweise seiner gegenwärtig vorhandenen Ist-Lage beinhaltet, können verschiedene Komponenten unterschieden werden.

Im Zustandsbewußtsein bildet sich die gegenwärtige subjektive Befindlichkeit des Klienten ab. Die Klarheit und Deutlichkeit des Zustandsbewußtseins variiert sehr stark. Sie reicht vom dumpfen Gesamtgefühl des totalen Unbehagens mit sich und der Welt bis hin zur hochdifferenzierten Feststellung sehr unterschiedlicher Probleme und Leiden. Ob das Zustandsbewußtsein des Klienten durch das Bewußtmachen von unbewußten Bereichen erweitert werden kann und soll, ist von Fall zu Fall zu entscheiden.

Das Prozeßbewußtsein des Klienten bezieht sich auf die in der Vergangenheit erfahrenen bzw. auf die für die Zukunft erwarteten (Nicht)Veränderungen der eigenen psychischen Verfassung und des lebensweltlichen Kontextes. Sehr häufig ist bei Klienten das Gefühl der Stagnation anzutreffen. Sie stellen fest, daß sich bei ihnen nichts bewegt und daß auch ihre Lebenswelt einen hohen Grad von Unveränderlichkeit aufweist.

Eine weitere Komponente des Wirklichkeitsbewußtseins des Klienten ist das Bewußtsein seiner Aktivität bzw. Passivität, seines Wollens bzw. Nichtwollens und seines Könnens bzw. Nichtkönnens. Das Erleben des willentlichen Setzens und Anstrebens von Zielen und des Kompetentseins im Prozesse der Zielverfolgung vermittelt der Person bedeutsame Aspekte ihrer psychischen Wirklichkeit. Bei Klienten überwiegt häufig das Bewußtsein des fehlenden bzw. ungenügenden Könnens und Wollens.

Eine vierte wesentliche Komponente des Wirklichkeitsbewußtseins ist das Bewirkungsbewußtsein, d.h. das Bewußtsein, reale Veränderungen bei sich selbst bzw. in der eigenen Lebenswelt hervorgerufen zu haben. Klienten haben häufig ein schwach ausgeprägtes Bewirkungsbewußtsein. Ihr Gefühl personaler Kausalität ist durch negative Erfahrungen geschwächt; stattdessen herrscht bei ihnen die Einstellung des Lassens von subjektiv als bedeutsam erachteten Angelegenheiten vor.

Unter inhaltlichen Aspekten bezieht sich das Wirklichkeitsbewußtsein des Klienten auf seine inadäquaten bzw. defizitären Verhaltensmuster und Daseinstechniken, die er in der Auseinandersetzung mit den Belastungen oder Entlastungen seiner Lebenslage benutzt, auf seine damit verbundene allgemeine emotionale Grundbefindlichkeit und auf seine verminderte Modifizierbarkeit, die es ihm nicht oder nur unzureichend gestattet, sich selbst bzw. bestimmte Aspekte seiner lebensweltlichen Realität zu verändern. Mit diesem typischen Wirklichkeitsbewußtsein des Klienten sind als weitere Bewußtseinskomponenten diejenigen der Kausalattribuierung und der Konsequenzantizipation verbunden.

Mit der Kausalattribuierung (Görlitz, Meyer u. Weiner 1978; Heckhausen 1980; Heider 1977; Herkner 1980; Meyer u. Schmalt 1978; Weiner 1976) stellt der Klient jene Ursachen und Bedingungen fest, die er subjektiv als Determinanten seiner Ist-Lage annimmt. Sie können in der Person des Klienten und/oder in seiner Umwelt lokalisiert werden. Häufig werden die Kausalattribuierungen des Klienten mit Schuldzuweisungen und Rechtfertigungsprozeduren vermengt.

Zugleich mit der vergangenheitsbezogenen Kausalattribuierung produziert der Klient zukunftsbezogene Konsequenzantizipationen. Er sieht seine seelische Wirklichkeit grundsätzlich mit Folgen verknüpft, die ihn selbst und seine Lebenswelt betreffen. Je negativer diese antizipierten Konsequenzen eingeschätzt werden und je mehr sie sich von der Erfahrung her als negativ bestätigen, desto stärker wird der Problem- und Leidensdruck des Klienten.

(2) Dem Wirklichkeitsbewußtsein des Klienten steht sein Wertbewußtsein gegenüber. Dieses bezieht sich auf die zukünftige, noch nicht realisierte Soll-Lage des Klienten, die - in Relation zur problematischen Ist-Lage - sowohl eine "bessere" psychische Verfassung als auch eine "bessere" lebensweltliche Realität umfaßt. Sobald diese Soll-Lage realisiert ist, wird sie zur neuen Ist-Lage des Klienten, die dann auch zu einem neuen Wirklichkeitsbewußtsein führt.

Werte sind Prinzipien, die der faktischen Wirklichkeit gegenüber als übergeordnetes Ideal angesehen und anerkannt werden, als ein "höheres Niveau", dem aus seinem Wertvollsein und der damit gegebenen Kontraststellung zur ungenügenden Realität heraus eine Vorzugsposition zuerkannt wird. Die Soll-Lage des Klienten ist eben jener Wert- und Zielbereich, der gegenüber seiner Ist-Lage als der wertvollere, zwar noch nicht realisierte, aber der Realisierungsbemühung überantwortete und aufgetragene Bereich gilt. Objektive Werte und subjektive Wertungen sind auch in der Beratung die Voraussetzung des Erstrebens, der Zielsetzung und des konkreten Handelns. Das Wollen, das einen Zielinhalt zum Zweck macht, ist von materialen Werten und Wertverhältnissen bedingt (Scheler 1954).

Werte sind das Geforderte, dasjenige, was mit dem Anspruch auf Realisiertwerdensollen auftritt. Was sein soll, ist nicht realwirklich. Die Bedingungen seiner Realwirklichkeit müssen erst geschaffen werden. Da diese Bedingungen von selbst nicht eintreten, ist das werthafte Seinsollende immer auf eine Person angewiesen, die es sich als etwas zu Verwirklichendes setzt. "Realisierung von Werten im Leben geht ... den Weg über das Wertbewußtsein, über Gesinnung, Wille und Handlung. Nur weil sich ein personales Wesen mit seinem Streben für einen erschauten Wert einsetzt, kann dieser schaffend realisiert werden" (Hartmann 1949b, S. 167).

In der Ausgangssituation der Beratung dominieren Wertvorstellungen, die infolge ihres mehr oder weniger negativen Charakters das selbst- und weltbezogene Handeln des Klienten beeinträchtigen. Das Wirklichkeitsbewußtsein des Klienten ist in mannigfacher Weise mit Unwertcharakter erfüllt. Aus dieser Situation möchte der Klient heraus und hin zu einer neuen "besseren" Gesamtlage - wie vage und undifferenziert sein Bewußtsein dieser antizipierten besseren Lage auch sein mag. Dem Berater fällt die Aufgabe zu, zusammen mit dem Klienten dessen Wertvorstellungen abzuklären und zu differenzieren. Er hat die Auseinandersetzung des Klienten mit seiner bisherigen Werthierarchie anzuregen, Wertalternativen in den Beachtungshorizont des Klienten zu stellen und dafür Sorge zu tragen, daß der Klient auf der Grundlage der Bewertung der Alternativen die Chance der Entwicklung einer neuen Werteinstellung und Wertordnung erhält und ergreift.

Auch die Soll-Lage der künftigen "besseren" Verfassung des Klienten wird kausalattribuiert und konsequenzantizipiert. Der Klient hat sich damit auseinanderzusetzen, unter welchen gegebenen und/oder herzustellenden Voraussetzungen die neue seelische Verfassung herbeigeführt werden kann und zu welchen Folgen die neue seelische Verfassung, die zu realisieren ist, führen wird. Damit rücken zwei weitere Komponenten des Modalbewußtseins in den Blick: das Notwendigkeits- und das Möglichkeitsbewußtsein des Klienten.

(3) Mit dem Notwendigkeitsbewußtsein ist die Frage nach dem Sein- und Werdenmüssen bzw. nach dem Sein- und Werdensollen der neuen seelischen Verfassung des Klienten gestellt. Je nachdem, ob das Müssen oder das Sollen vorherrscht, ergeben sich unterschiedliche Notwendigkeitskonzepte.

Im "Muß"-Sinne ist das notwendig, was auf Grund eines vollständigen Bedingungssatzes unmöglich anders sein oder werden kann. Realnotwendigkeit bezieht sich auf die Determination von Realvorgängen, die bewirkt, daß sie nicht anders verlaufen können, als sie es tatsächlich tun. "In diesem 'Nichtanders-können' liegt die Realnotwendikeit" (Hartmann 1949c, S. 44). Das Geschehen muß so verlaufen, wie es das vollständige Gefüge seiner Realbedingungen erzwingt. Demgegenüber ist im "Soll"-Sinne das notwendig, was auf der Basis eines unvollständigen Bedingungsgefüges sein oder werden kann, wenn das Bedingungsgefüge voll hergestellt worden ist. Diese volle Herstellung des Bedingungssatzes ist offensichtlich nur unter ganz bestimmten Voraussetzungen möglich. Sie tritt nicht von selbst ein, sondern ist an eine besondere Initiative gebunden, welche die Person zu leisten hat. Im Falle der Beratung haben der Klient und der Berater - jeder nach seiner Funktion und auf seine Weise - jene Initiative zu erbringen, die den vollständigen Bedingungssatz des notwendigen Gesollten, nämlich der besseren seelischen Verfassung des Klienten, herbeizuführen in der Lage ist.

Die neue seelische Verfassung des Klienten ist für diesen dasjenige, was - im Vergleich mit der problematischen oder defizitären Ist-Lage - sein soll. Der Klient steht vor der Frage, was "für ihn" nötig ist, was er im Hinblick auf seine neue seelische Wirklichkeit braucht, und vor der Frage, was er zu tun nötig hat, um das für ihn Nötige auch mitbewirken zu können. Beides: das, was für ihn nötig ist, und das, was er im Hinblick darauf zu tun nötig hat, ist etwas, das - mit individueller subjektiver Dringlichkeit - sein oder geschehen soll. Dieses Seinsollende ist gefordert und zugleich eine Herausforderung zur Auseinandersetzung und Positionsbeziehung.

Die Akte, "die von diesem Gefordertsein ausgehen, erschöpfen sich nicht in machtlosem Sehnen, sondern haben die Tendenz zur Verwirklichung ... Der Wille, der die Forderung des Sollens in seine Initiative aufnimmt, setzt das Seinsollende sich zum Ziel. Damit setzt er es als ein Notwendiges, und zwar als notwendig noch vor seiner Ermöglichung, also unabhängig von ihr, ja geradezu über die noch fehlende Totalität der Realbedingungen hinweg. Er fügt damit zum Sollen inhaltlich nichts hinzu. Was er hergibt, ist nur der Krafteinsatz seiner Realinitiative, die allein das aus sich nicht real Mögliche real 'ermöglichen' kann. Er macht also die im Sollen bestehende Tendenz zu seiner Realtendenz. Und damit macht er den entscheidenden Schritt zur Verwirklichung des Seinsollenden" (Hartmann 1949 c, S. 260). Im Seinsollenden besteht ein Übergewicht der Notwendigkeit über die Möglichkeit. "Die Verwirklichung des Seinsollenden also kann in nichts anderem als in der Wiederherstellung des Gleichgewichtes bestehen, d.h. in einem Heranbilden der Realmöglichkeit an die gleichsam vorausgeschossene Notwendigkeit" (Hartmann 1949 c, S. 261).

(4) Realmöglich ist das, was unter bestimmten gegebenen und/ oder herstellbaren Bedingungen wirklich werden kann. Dieser Möglichkeitsbegriff bringt zum Ausdruck, es seien diejenigen realen Bedingungen vorhanden oder könnten hergestellt werden, welche die Wirklichkeit von etwas zu bewirken in der Lage sind - z.B. im Falle der Beratung jene Bedingungen, welche die Wirklichkeit einer neuen seelischen Verfassung des Klienten zustandebringen können.

Der Klient hat zunächst einmal das subjektive Gefühl, daß es ihm nicht möglich sei, von sich aus mit eigener Kraft einen solchen neuen Zustand zu erreichen. Deswegen kommt er ja auch in die Beratung. In deren Verlauf gelangt er - gewöhnlich unter Mithilfe des Beraters - an einen Punkt, an dem sich für ihn die Frage stellt, unter welcher Bedingung er eine neue seelische Wirklichkeit, die sich von der bisherigen mit ihrem Leidensdruck unterscheidet, gewinnen kann. Er steht vor dem Problem, was "für ihn" möglich sein kann und was "ihm" möglich ist, was er werden kann und was er zu diesem Werden beizutragen vermag. Und er macht zugleich die Erfahrung, daß er das, was er werden möchte und könnte, nicht unbedingt werden muß. Ob er es werden kann, hängt davon ab, ob der Bedingungssatz, der für das neue Sein erforderlich ist, hergestellt werden kann. In diesem Bedingungssatz aber spielt er selbst eine zentrale Rolle. Von ihm, von seiner Kraft und Realinitiative, hängt es entscheidend ab, ob der von ihm erstrebte neue Zustand herbeigeführt werden kann. Ohne ihn, ohne seine Bereitschaft und ohne den Einsatz seiner Fähigkeiten im Dienste dieser Bereitschaft, gibt es keine Veränderung. Der Klient muß an irgendeinem Punkt der Beratung Stellung beziehen. Sein Werden in einer neuen Lebensrichtung ist zu einem erheblichen Teil nur "durch ihn" möglich. Es kann nicht einfach von außen her bewirkt werden. Beratung hat den Klienten zu dieser Auseinandersetzung und Positionsbeziehung fähig und bereit zu machen. Sie ist weder Ausübung seelischen Zwanges gegenüber einem widerwilligen noch seelische Überlistung eines passiven Klienten. Sie kann immer nur etwas mit dem Klienten erreichen und zwar dadurch, daß sie seine Veränderungsbereitschaft aktiviert.

Inwieweit über diese Bedingung hinaus noch andere Voraussetzungen - so z.B. in der Umwelt des Klienten gelegene - gegeben sein oder hergestellt werden müssen, damit die alte Erfahrungs- und Handlungsstruktur des Klienten durch eine neue ersetzt bzw. ergänzt werden kann, hängt von der jeweiligen Konstellation ab. Grundsätzlich ist das, was die Person werden kann, immer auch davon abhängig, ob die Verhältnisse, in denen sie lebt, dies zulassen bzw. inwieweit sie dies zulassen. Psychische Veränderungen sind hinsichtlich ihrer Möglichkeit auch vom äußeren Dürfen mitbedingt. Beratung stößt häufig deswegen auf Grenzen, weil es ihr nicht möglich ist, bestimmte Bedingungen in der Lebenswelt des Klienten herzustellen oder zu verändern. Solche Erfahrungen des Nicht-Möglichseins und des Nicht-Ermöglichenkönnens schlagen sich im subjektiven Möglichkeitsbewußtsein des Klienten als Bewußtsein äußerer Begrenzungen und Hemmungen der eigenen Veränderung nieder.

Beratung ist nicht grenzenlos funktionstüchtig. Sie kann nur innerhalb der Grenzen erfolgreich sein, die durch die Umstellbarkeit des Klienten und bestimmter Aspekte seiner lebensweltlichen Realität in Richtung auf ein Plus an Selbsthilfebereitschaft, Selbststeuerungsfähigkeit und Handlungskompetenz abgesteckt sind. Man darf Beratung nicht mit Fürsorge, mit Familien-, Finanz- und Bildungspolitik oder mit gesetzlichen Regelungen menschlicher Lebensverhältnisse verwechseln. Sie kann nur innerhalb der Grenzen erfolgreich sein, in denen es dem Berater gelingt, die Auseinandersetzung des Klienten mit sich selbst anzuregen und ihn in Richtung auf den Aufbau neuer Fähigkeiten und Bereitschaften zu unterstützen.

Im Zusammenhang mit der soeben diskutierten Problematik ist die Meta-Norm "Sollen impliziert Können" von Bedeutung. Durch sie wird festgelegt, daß es unzulässig ist, von der Person Nicht-Gekonntes zu fordern. Realmöglich seien nur solche Soll-Lagen, für die eine zureichende Bedingungsstruktur des Könnens gegeben ist. Wenn der Klient - aus welchen Gründen auch immer - sich nicht umstellen kann, dann ist die selbst- oder fremdgestellte Anforderung, eine neue Soll-Lage zu erreichen, nicht realisierbar. Übertragen auf die Situation in der Beratung: läuft in ihr das Können des Klienten nicht häufig weit hinter dem ihm abverlangten Sollen her? An dieser Schlüsselstelle des Verhältnisses von Sollen und Können scheint das Modalbewußtsein des Klienten dysfunktional zu werden. Entweder paßt sich das Sollen dem bescheidenen Können an oder das Können wird maßlos überfordert.

Ist diese Alternative das letzte Wort? Sie ist es dann, wenn unter Können ein unveränderlicher Bestand an personalen Realisierungsbedingungen für die Erreichung einer Soll-Lage verstanden wird. Sie ist es nicht, wenn das Können selbst veränderbar und durch die Bemühung um höhere Niveaustufen der

Kompetenz entwickelbar ist. Das Übergewicht der Notwendigkeit über die Möglichkeit im Seinsollen ist nicht durch ein festgelegtes Können zu beseitigen, sondern nur dadurch, daß sich die Person darum bemüht, jenes Niveau des Könnens aufzubauen, welches ihr - in welcher Vollkommenheit auch immer - die Realisierung des als notwendig erachteten Sollens ermöglicht. Die Meta-Norm ist daher zu verändern: "Sollen impliziert die Bemühung um höhere Niveaustufen des Könnens". In der Beratung jedenfalls muß die Person in dieser Richtung angeregt und unterstützt werden.

Insbesondere dem Möglichkeits- und dem Notwendigkeitsbewußtsein des Klienten scheint in der Beratung eine Schlüsselstellung zuzukommen. Auf der Grundlage dieser beiden Aspekte des Modalbewußtseins finden die entscheidenden Umzentrierungen in der Lebensthematik und Lebenstechnik des Klienten statt. Ausgehend vom kognitiv-emotionalen Begreifen dessen, wie seine Persönlichkeitsverfassung und Lebenslage wirklich beschaffen sind und wie sie in Relation dazu sein sollten, hat der Klient festzustellen, auf Grund welcher Bedingungen dieses geforderte Notwendige eintreten oder hergestellt werden kann und welche Rolle er selbst in diesem Bedingungsgefüge zu spielen hat. Mit diesen Feststellungen und deren Umsetzung in Handlungen werden dem Klienten reflexive Steuerungsleistungen abverlangt, die weit über das Niveau einfacher Steuerungsformen hinausgehen. Ihre die eigene Steuerungskompetenz bewertende Reflexion läßt sie als Aspekte der Meta-Steuerung erscheinen.

4.2.2 Zur Frage der Realität des Modalbewußtseins

Kommt dem Modalbewußtsein Realität zu? Oder ist es nur eine Fiktion, eine mehr oder weniger plausible Unterstellung, eine beliebige Sichtweise? Kann es als eine notwendige Bedingung des Handelns angesehen werden? Oder liegt es unerem Handeln nur sporadisch und mehr zufällig zugrunde?

Es gibt eine Fülle von Beweismaterial dafür, daß das Modalbewußtsein die reale Grundlage und notwendige Bedingung unseres Handelns darstellt. Aus dieser Fülle werden im folgenden einige Beispiele dargestellt, die zunächst einmal nicht den Bereich der Beratung oder Therapie betreffen.

1. Das Kognizieren von subjektiv bedeutsamen Möglichkeits- und Notwendigkeitsaspekten spielt in der Durchführung von Alltagshandlungen eine fundamentale Rolle. Man ziehe dazu

das Beispiel des Kochens einer Mahlzeit (Stadler u. Seeger 1981, S. 196) und die Interpretation dieser Handlung auf der Grundlage der Kategorien des Modalbewußtseins heran. Zur Realisierung des übergreifenden Handlungszieles sind mehr oder weniger differenzierte Feststellungen über das, was gegeben und was gefordert, was möglich und was notwendig ist, erforderlich - bis endlich die Spaghetti a la Bolognese auf dem Tisch stehen. Wir kennen darüber hinaus aus eigener Erfahrung jene inneren Dialoge (Luria 1961; Meichenbaum 1979; Sokolov 1972), die wir angesichts zu bewältigender Aufgaben und zu lösender Probleme führen. Sie bestehen wesentlich in der Erteilung von handlungssteuernden Selbstanweisungen, selbstkritischen Reflexionen und präferierenden Eigen- und Situationsbewertungen. In ihrem Kern beinhalten sie Überlegungen dazu, was die aktuelle oder überdauernde Situation notwendigerweise erfordert und was auf Grund gegebener bzw. herzustellender Bedingungskonstellationen ermöglicht werden kann - dies alles im Hinblick auf die Veränderung bisheriger Realität in neue Realität.

2. Daß auch das unterrichtliche Handeln des Lehrers vom Modalbewußtsein gesteuert wird, zeigt die Analyse der subjektiven Handlungsperspektive des Lehrers. "(1) Zunächst sind die Konkretisierung der Sollzustände und die Analyse des Lehrstoffes notwendig; (2) dann erfolgt die Feststellung der Bedingungen, unter denen der Unterricht stattfindet; (3) Entscheidungen bezüglich der notwendigen Interventionstechniken zur Erreichung der Ziele unter gegebenen Umständen werden getroffen; (4) danach ist ein Vergleich des Erreichten mit dem Gewünschten notwendig" (Hofer 1977, S. 204).

3. Das eindruckvollste Beweismaterial für die zentrale Bedeutung des Modalbewußtseins als Bedingungsfaktor menschlichen Handelns und seiner verändernden bzw. stabilisierenden Wirksamkeit liefert die biographische Forschung. Aus der Analyse von Tagebüchern, Briefen und sonstigen Dokumenten bedeutender und einfacher Menschen ergibt sich, daß insbesondere der Veränderung bzw. Stabilisierung der bisherigen dominanten Lebensleitlinie und Daseinstechnik mehr oder weniger differenzierte Erwägungen über das, was ist und was sein soll sowie über das Kann und Muß dieses Soll und Habens vorausgehen und bewirkend zugrundeliegen. Vor allem das Studium von Gesamtentschlüssen, welche die zukünftige Lebensbewegung einer Person auf Dauer stellen, zeigt das geradezu gesetzmäßige Auftreten derartiger Aus-

einandersetzungen und Positionsbeziehungen des Modalbewußtseins.

4.3 Die zentralen Lernvorgänge

Zu erklären ist die Veränderung des Klienten in der Beratung und durch die Beratung. Als Kernbereich der Veränderung wurden die Vorgänge im reflexiven Modalbewußtsein des Klienten herausgestellt. Gesucht werden die Prinzipien, mit deren Hilfe die Veränderungen des Klienten erklärt und verständlich gemacht werden können. Diese Prinzipien können vorzugsweise aus den Lerntheorien entnommen werden.

Der Klient ist der Träger des Lernprozesses in der Beratung. Sollen die für ihn relevanten Veränderungen eintreten, muß er die dafür erforderlichen Lernprozesse vollziehen - intentionale und funktionale. Es wird hier die grundsätzliche Position vertreten, das die Veränderungen der seelischen Verfassung des Klienten in der Beratung bewirkende Lernen beinhalte rational-kognitive, emotionale und aktionale Komponenten. Soll es zu einer überdauernden Modifikation des Klienten kommen, so muß dieser bestimmte Sachverhalte und Zusammenhänge erkennen und begreifen, sie als bedeutsam und verbindlich bewerten und anerkennen und - wenn immer das möglich ist - durch die konkrete Aktion zu realisieren versuchen.

4.3.1 Prozesse des rational-kognitiven Lernens

Das rational-kognitive, intelligente, denkende Lernen umfaßt eine ganze Reihe von Prozessen: das Entdecken und Herstellen von Beziehungen und Zusammenhängen; das Zurückführen von Ereignissen und Zuständen auf ihre Gründe; die kritische Analyse und Bewertung von Zusammenhängen; die Konstruktion von Regeln, nach denen gehandelt wird; das denkende Ordnen und Problemlösen auf der Grundlage von Einsicht, Verstehen und Begreifen; die Generalisierung und Transferierung gewonnener Erkenntnisse. Auf derartiges Lernen kann in der Beratung nicht verzichtet werden. Viele Beratungsprobleme sind so strukturiert, daß sie - wenigstens zum Teil - auch durch den rational-kognitiven Zugang aufgeschlossen und verarbeitet werden können. Es ist jedoch sicher richtig, daß man in der Beratung häufig bei der kognitiv-rationalen Art der Veränderung der Erfahrungsstruktur nicht stehenbleiben kann, weil sie allein als solche nur für die Bewältigung ganz bestimmter Problemtypen tauglich ist.

Im Hinblick auf die seitens des Klienten in der Beratungssituation zu leistende Auseinandersetzung und Positionsbeziehung ist das bloß hinnehmende, sich an die Gegebenheiten haltende Wirklichkeitsbewußtsein durch das nach Bedingungen und Gründen fragende Begreifen zu vervollständigen. Je mehr die Problemlage und deren Bewältigung das Möglichkeits- und Notwendigkeitsbewußtsein des Klienten in Anspruch nimmt, desto mehr ist das begreifende Bewußtsein gefordert. "Begreifen eben heißt, eines 'auf Grund' eines anderen oder aus einem anderen heraus so zur Einsicht bringen, wie es abgelöst in der bloß anschaulichen Gegebenheit nicht eingesehen werden konnte ... Das Begreifen bewegt sich ganz im Bewußtsein der Möglichkeit und Notwendigkeit. Seine Funktion ist konspektiv, während die des hinnehmenden Anschauens stigmatisch ist" (Hartmann 1949 c, S. 363). Das Begreifen ist ein Eindringen in die innere Struktur des Gegenstandes; es geht auf das Erfassen der Bedingungen und Gründe. "Begreifen eben ... schließt das Wissen um das Warum ein. Das Warum aber hängt an der Kette der Realbedingungen" (Hartmann 1949 c, S. 380). Von seiner ganzen Intention her aber geht das Begreifen nicht nur auf einzelne notwendige Bedingungen oder eine Konstellation von solchen. Vielmehr heißt Begreifen, "den zureichenden Grund erfassen. Erfaßt man aber diesen, so erfaßt man damit die Notwendigkeit" (Hartmann 1949 c, S. 380). Es ist ein zentrales Problem der Beratung, wie der Klient zum Begreifen der für ihn relevanten Möglichkeit und Notwendigkeit gebracht werden kann.

Rational-kognitives Lernen hat drei Seiten. Es ist zugleich einsichtiges, sinnvolles und begründendes Lernen.

- Einsicht ist das Durchschauen oder Verstehen eines Zusammenhanges. Sie kommt auf der Grundlage einer Umstrukturierung oder einer Neustrukturierung von Wahrnehmungsdaten zustande und spielt in Problemlösungsprozessen eine wichtige Rolle. Das die Einsicht charakterisierende "Aha-Erlebnis ist nur die subjektive Seite eines Evidenzbewußtseins, das sich objektiv bewähren muß im direkten und bewußten Erkennen von Beziehungen, Mittel-Zweck-Beziehungen, Ursache-Wirkung-Beziehung, Ganzes-Teil-Beziehungen usw." (Roth 1971, S. 135).

- Rational-kognitives Lernen ist begründendes Lernen. Unter Bezugnahme auf die Theorie des begründenden Lehrens und Lernens (Ennis 1969; Martin 1970; Smith 1957) kann von einem Lernerfolg erst dann gesprochen werden, wenn der Lernende seine Behauptungen und Überzeugungen zu begründen vermag. Er muß das zu Begründende so auf Realgründe oder auf Erkenntnisgründe zurückführen können, daß daraus die Art und Weise seines spezifischen Soseins erklärt und verstanden werden kann. Lernen ist in dieser Sichtweise nicht das Einschleifen von Bahnen des Agierens und Reagierens, sondern das begreifende Durchschauen von Zusammenhängen und die Entwicklung der Fähigkeit, Handlungsziele und Handlungsstrategien selbständig zu begründen. "Solange keine Begründungen möglich sind, ist das Ergebnis nicht Erkenntnis; Lehren und Lernen im eigentlichen Sinne hat nicht stattgefunden" (Nuthall und Snook 1977, S. 85). Beratung scheint sich auf den Klienten um so erfolgreicher auszuwirken, je mehr es ihr gelingt, diesen zu veranlassen, zu den zentralen Gründen seines Problemes und zu den zentralen Bedingungen der Bewältigung dieses Problemes vorzustoßen.

- Rational-kognitives Lernen ist sinnvolles Lernen. Es ist sinnvolles Lernen in der Bedeutung, daß es sich dabei – im Gegensatz zum mechanischen Lernen – um nicht-willkürliches und nicht-wortwörtliches Lernen handelt (Ausubel 1974). Das Konzept Sinn meint darüber hinaus aber auch noch etwas anderes (Neuhäusler 1963, S. 204): es meint die Bedeutung, die eine Sache oder ein Erlebnis für mich hat; es meint die innere Verstehbarkeit eines Sinngefüges, die im psychologischen Bezug seiner Teile liegt; es meint den Sachverhalt, daß etwas Sinn hat, weil und sofern es der Verwirklichung von Werten dient. Prozesse des verstehenden Deutens, durch die eine individuell verstehbare Erkenntnis gewonnen wird, spielen auch in der Beratung eine außerordentlich wichtige Rolle.

Das rational-kognitive Lernen des Klienten ist nicht problemlos. "Die Frage ist im Grunde uralt: es ist die Frage, ob Einsicht als solche schon eine Veränderung des Verhaltens herbeizuführen imstande ist. Das kann sein, ist aber durchaus nicht immer der Fall" (Roth 1970, S. 185). Dieses Problem ist für die Beratung von außerordentlicher Bedeutung. Aus der beraterischen Erfahrung heraus muß festgehalten werden, daß viele Klienten zwar die Zusammenhänge ihres Problems mit bestimmten Bedingungen einerseits und bestimmten Konsequenzen andererseits durchaus einzusehen und zu begreifen vermögen und daß ihnen der Sinn ihres Tuns verständlich werden kann. Alle Versuche jedoch, aus solcher Einsicht heraus eine konkrete Praxis der Veränderung zu entwickeln und durchzuführen, schlagen fehl. Rational-kognitives Lernen des Klienten allein ist offensichtlich nicht in der Lage, eine Veränderung der Erfahrungs- und Handlungsstruktur des Klienten in allen Fällen herbeizuführen.

4.3.2 Prozesse des emotionalen Lernens

Emotionales Lernen ist für die Beratung unverzichtbar. Es ist deswegen unverzichtbar, weil es die verstandesmäßigen Fundamente der Veränderung in der Erfahrungsstruktur des Klienten durch gefühlsmäßige Komponenten - durch Emotion, Intuition und gefühlsmäßig bestimmte Überzeugungen - komplettiert und absichert. Mit diesen Anteilen erst erhält der Klient neben der rationalen Gewißheit, die Begriffs- und Begründungszusammenhänge zu verleihen vermögen, auch die emotionale Sicherheit und Erlebnisgewißheit, daß die von ihm antizipierte neue seelische Verfassung einen Wert und die alte einen Unwert darstellt. Emotionales Lernen vermittelt dem Klienten auch erst die Vertrauensbasis, auf Grund derer er die vielfachen Belastungen zu ertragen und durchzustehen vermag, die mit dem Prozeß der Veränderung seiner Erfahrungsstruktur bzw. seines Selbst- und Weltkonzeptes einhergehen.

Worin besteht emotionales Lernen? Was soll und kann der Klient tun und worin hat ihn der Berater zu unterstützen? Hier sind mehrere Aspekte zu beachten.

Der Klient muß zunächst in die Lage versetzt werden, seine verdrängten und verdeckten Emotionen wieder zuzulassen, ihren vollen Erlebnisgehalt zu empfinden und den mit der Emotion gegebenen subjektiven Bedeutungsgehalt zu erspüren. Diese Erlebnisgehalte der alten Erfahrungsstruktur sind negativ getönt. Sie bringen für den Klienten, der sie in sein Bewußtsein zuläßt, Angst und Belastung mit sich. Er erfährt in ihnen seinen "Schatten", das Negative, subjektiv nicht oder nur schwer Akzeptierbare seiner eigenen persönlichen Verfassung und der Lebenslage, in der er sich befindet. Damit hat er sich auseinanderzusetzen. Der Klient muß in diese negative Zuständigkeit hinein, muß sich ihr stellen, sie durchmachen, die Bedeutung und den Wert dieser emotionalen Spiegelung seiner Wirklichkeit für seine Gegenwart und seine Zukunft einzuschätzen versuchen. Er muß gefühlsmäßig in Erfahrung bringen, ob er diese gegenwärtige Zuständlichkeit beibehalten will, ob er dazu ja sagen kann oder nein sagen muß, ob er sich dabei wohl, zufrieden und zuversichtlich fühlt oder ob es ihm unbehaglich, unheimlich, entsetzlich zumute ist und warum.

Selbstverständlich hat nicht jede Beratung derartiges zu leisten. Viele Beratungen können einerseits auf der rational-kognitiven Ebene, viele andererseits auf der aktionalen Ebene schwerpunktmäßig durchgeführt werden. Es kommt auf die Art des Problemes an, ob und in welchem Ausmaß die Auseinandersetzung des Klienten auf der emotionalen Ebene erforderlich wird. Ist sie unumgänglich, muß der Prozeß des emotionalen Lernens in mehrfacher Hinsicht angeregt und unterstützt werden.

Emotionales Lernen umfaßt Prozesse des einfühlenden Erfassens des Bedeutungs- und Wertgehaltes von Emotionen, des Akzeptierens und Nichtakzeptierens, des Gewichtens, des Vorziehens und Hintansetzens dessen, was personal und sozial bedeutsam und wertvoll ist; es umfaßt weiterhin Prozesse des Erspürens und Auslotens, ob und inwieweit man sich in einer Gefühlslage sicher und geborgen fühlen kann und ob sie für die eigene Existenz eine stabile Grundlage abzugeben vermag oder nicht. Emotionales Lernen resultiert in emotionaler Evidenz. Es gibt nicht nur die Wahrnehmungsgewißheit und die Denkgewißheit, sondern auch die emotionale Erlebnisgewißheit. "Diese Gewißheitsart hat einen internen und intimen Charakter. Es handelt sich ja um ein Erkennen, das sich im Zentrum der Persönlichkeit abspielt. Die Folge davon ist, daß solche Gewißheit nicht verallgemeinerungsfähig ist, d.h. ich kann sie niemandem auf rationalem Wege vermitteln, niemandem andemonstrieren. Darin liegen die Grenzen dieser Gewißheitsart" (Hessen 1947, S. 259). Es ist eine Gewißheit "für mich", d.h. für die Person des einzelnen Klienten und für dessen spezielle Lebenslage.

Der Versuch, emotionales Lernen theoretisch zu begründen, ist mit keiner der vorhandenen Lerntheorien zufriedenstellend durchzuführen. Man muß offensichtlich nach einem neuen Lernprinzip Ausschau halten. Ein solches Lernprinzip könnte darin gesehen werden, daß man die Veränderungen im Gefolge des emotionalen Lernens auf Umstimmungen der emotionalen Komponenten von Erfahrungsstrukturen zurückführt; diese Umstimmungen beruhen ihrerseits auf Operationen des "Präferierens" von Bedeutungs-, Sinn- und Wertgehalten der Person und führen zur Um- und Neuordnung ganzer Bedeutungs- und Wertstrukturen. Die Umordnung der Bedeutungs- und Wertstruktur der Person in der Beratung müßte als eine Veränderung begriffen werden, der das subjektive Gefühl der Notwendigkeit einer neuen seelischen Verfassung, das subjektive Erfühlen der Möglichkeit einer solchen und die subjektive emotionale Überzeugung ihres Bewirktwerdenkönnens durch den Klienten (unter Hilfestellung des Beraters) zugrundeliegt. Möglichkeitsgrund für eine solche Umstimmung des emotionalen Bereiches der Erfahrungsstruktur des Klienten wäre demnach seine bei aller Festgelegtheit wenigstens ansatzweise vorhandene und durch die Beratung entwickelbare subjektive Gewißheit, in der Verfolgung einer positiveren Lebensrichtung über "propulsive" Chancen zu verfügen.

4.3.3 Prozesse des aktionalen Lernens

Aktionales Lernen beinhaltet die Auswertung von Erfahrungen des Klienten darüber, ob und inwieweit seine neuen Intentionen durch ihn in ein handelndes Bewirken transformiert werden und ob die Effekte dieses handelnden Bewirkens als subjektiver Erfolg verbucht werden können. Aktionales Lernen in der Beratung ist um die Erfahrung zentriert, ob man die neue seelische Verfassung so praktizieren, so leben und so ertragen kann, wie man das rational eingesehen und emotional präferiert und akzeptiert hat. Aktionales Lernen - bezogen auf die "Ausführungsregulation" der Handlung (Kossakowski u. Otto 1971, S. 63) und auf die Feststellung des Handlungserfolges - ist somit die Nagelprobe auf die Resultate des kognitiven und emotionalen Lernens. Im aktionalen Aspekt des einheitlichen Lernprozesses veräußerlicht der Klient seine neue Innerlichkeit; gleichzeitig bestätigt oder korrigiert er diese Innerlichkeit anhand der Resultate seiner Veräußerlichung.

Der Klient gewinnt seine neue seelische Verfassung nicht einfach nur aus seinen Gesprächen mit dem Berater, in denen er angeregt und unterstützt wird, mit sich selbst auf kognitiv-rationaler und emotionaler Ebene zu Rate zu gehen. Er gewinnt sie auch deshalb, weil er auf der Grundlage erster Ansätze kognitiver Umstrukturierung und emotioanler Umstimmung handelnd in seine Lebenswelt eingreift, dabei Erfolge und Mißerfolge erfährt, diese Erfahrungen wieder auf sein Modalbewußtsein bezieht, dadurch neue Einsichten gewinnt und neue Gefühlszustände aufbaut, um auf dieser Grundlage wieder handelnd in seine Lebenswelt einzugreifen - und so in mehrmaliger Wiederholung des gesamten Vorganges. Ohne sein aktionales Lernen außerhalb der Beratungssituation ist die Veränderung des Klienten kaum zu erklären oder zu verstehen. Im Felde der praktischen Bewährung holt er sich jene Erfahrungen bzw. Erfahrungskorrekturen, die er in der Beratung auf der Basis rationaler und emotionaler Lernprozesse wiederum zu reflektieren und zu verarbeiten hat.

Aktionales Lernen in diesem Sinne bedeutet für den Klienten, den Widerstand der Realität in Relation zur neu sich formierenden Bewältigungskompetenz zu erfahren und solche Erfahrungen rational und emotional auszuwerten. Es bedeutet insbesondere auch, seine neue Daseinsverfassung immer wieder auf die Probe zu stellen, auszuloten, was man wirklich kann und vermag, und wie dies alles subjektiv ertragen und akzeptiert werden kann. Insofern steckt im Prozeß des aktionalen Lernens auch schon die kritische Bewertung der Grundlagen, des Verlaufes und der Folgen dieses Probehandelns.

Aktionales Lernen des Klienten ist von zentraler Bedeutung. Aber auch seine zentrale Bedeutung ist nur eine relative. Es gibt Lernprozesse, in denen der Klient nicht aktiv ist, in denen er vielmehr pathisch empfängt und aus diesem Empfangen lernt. Er macht Erfahrungen in den Situationen der "Ergebung" (Clinebell 1979, S. 162), der Vergebung, der Versöhnung, des Einleuchtens und des Aufleuchtens einer Gewißheit, des Beschenktwerdens mit einer Gnade, die ihm ein neues Leben, einen neuen Sinn und einen neuen Wert verheißt. Solches kann seitens der wissenschaftlichen Beratung nicht intendiert werden wollen. Aber sie muß damit rechnen und dafür aufgeschlossen sein, wenn es sich ereignet. Wie sie überhaupt mit funktionalen Lernvorgängen zu rechnen hat, in denen absichtslos, einsichtslos und unbewußt gelernt wird (Roth 1970). Der Anteil solcher funktionaler Lernprozesse an der Veränderung des Klienten ist sehr schwer zu bestimmen.

5. HILFEN DES BERATERS

Die Anregung und Unterstützung der Eigenaktivität und Selbststeuerung des Klienten wurde wiederholt als die zentrale Aufgabe des Beraters angesprochen. Auf der Grundlage aktiver Auseinandersetzung mit seiner Problematik soll der Klient eine neue Erfahrungs- und Handlungsstruktur gewinnen, die es ihm ermöglicht, mit den eigenen Schwierigkeiten in einer besseren Weise als bisher fertig zu werden. Die Anregungs- und Unterstützungsoperationen des Beraters sind in einer Handlungsstruktur organisiert. Diese allgemeine Struktur der Beratungshandlung soll zunächst in ihren Grundzügen dargestellt werden. Sodann ist auf die inhaltlichen Aufgaben einzugehen, die mit Hilfe dieser formalen Handlungsstruktur zu bewältigen sind: Widerstandsauflösung, Ingangsetzung reflexiver Auseinandersetzung und Positionsbeziehung, Verbesserung der Handlungskompetenz. Das Problem, was die Beratung zur Veränderung der Umwelt des Klienten beitragen kann, soll zum Abschluß dieses Teiles kurz angesprochen werden.

5.1 Die allgemeine Struktur der Beratungshandlung

Was tun Berater bzw. was sollen und müssen sie tun, damit jener aktive kognitiv-emotionale Lernprozeß beim Klienten in Gang kommen und durchgeführt werden kann, der die angezielte Veränderung des Klienten im Gefolge hat?

Die Beratungshandlung umfaßt drei Hauptkomponenten:

- Der Berater muß sich bezüglich der Problematik des Klienten ein differenziertes Bild verschaffen, auf Grund dessen er den Prozeß der beraterischen Einflußnahme in einer zielorientierten Weise vornehmen kann (Informations- und Intentionskomponente der Beratungshandlung).

- Der Berater muß die anregende und unterstützende Einflußnahme zur Förderung der Eigenaktivität des Klienten realisieren (Interventionskomponente der Beratungshandlung).

- Der Berater muß den Erfolg der Einflußnahme mit der Gesamt- bzw. Teilzielsetzung vergleichen (Kontrollkomponente der Beratungshandlung).

Diese drei Hauptkomponenten bilden in sukzessiver Abfolge die Rahmenstruktur der Beratungshandlung über den gesamten Verlauf des Beratungsgeschehens. Innerhalb der einzelnen Phasen des gesamten Beratungsprozesses treten sie simultan in den mannigfachsten Kombinationsformen auf.

5.1.1 Die Informations- und Intentionskomponente der Beratungshandlung

(1) Der erste Aufgabenbereich beraterischen Handelns betrifft das Sichinformieren des Beraters hinsichtlich des Ist-Zustandes der Klientenpersönlichkeit im Kontext ihrer Lebenslage. Eine erfolgreiche Intervention ist nur auf der Grundlage eines diesbezüglichen differenzierten Informationsstandes möglich. "Mit anderen Worten, zunächst muß der Berater sehen, in welchem Zustand sich der Klient gegenwärtig befindet, bevor er überlegt, in welchem Zustand der Klient in der Zukunft sein könnte. Aus der Sicht des Klienten bedeutet dies, daß er zunächst das Verständnis des Beraters für seine gegenwärtige Situation und die damit zusammenhängenden Probleme braucht, bevor er eine Veränderung in eine neue Richtung in Betracht ziehen kann" (Hackney u. Nye 1979, S. 14).

Auf die theoretischen Grundlagen und Probleme der Diagnostik, auf ihre beratungsrelevanten Formen und Strategien sowie auf ihre einzelnen Methoden (Bommert u. Hockel 1981; Klauer 1978; Krapp 1979; Pawlik 1976; Schulte 1974 ; Schwarzer 1979; Westmeyer 1972) kann in diesem Zusammenhang nicht eingegangen werden. Hingewiesen sei nur auf die zentrale Bedeutung, die der Prozeßdiagnostik, der Modifikationsdiagnostik und der problem- und therapieorientierten Diagnostik in der Beratung zukommt.

Der Berater hat in den Anfangsphasen des Beratungsprozesses das mit der Problematik verbundene Wirklichkeitsbewußtsein des Klienten in das Zentrum seiner diagnostischen Bemühungen zu stellen. Es muß ihm darum zu tun sein, das Selbstbild des Klienten und seine für ihn relevanten Weltbildaspekte in einer problembezogenen Weise zu verstehen. Damit verbunden ist auch das Begreifen des auf diese personale Wirklichkeit bezogenen Wertbewußtseins. Bei alldem ist es außerordentlich wichtig, daß der Berater die Problematik in ihrer Komplexität erfaßt. "Dazu gehört eben nicht nur das verbale Verständnis eines Problemes, sondern gerade auch das Erfassen der dynamischen Problemstruktur. Das heißt, er muß auch die unausgesprochenen Seiten eines Problemes zu erfahren lernen" (Junker u. Schuch 1977, S. 326).

Zugleich ist in der Informationsphase der Beratung auch schon das Möglichkeits- und Notwendigkeitsbewußtsein des Klienten hinsichtlich seiner Veränderung in den Blick zu nehmen. Manche Klienten kommen in die Beratung mit mehr oder weniger differenzierten Vorstellungen darüber, was subjektiv und objektiv angesichts ihrer Problematik, Persönlichkeitsverfassung und Lebenslage geboten ist und unter welchen Voraussetzungen dieses Geforderte realisiert werden kann. Bei anderen ist das Notwendigkeits- und Möglichkeitsbewußtsein bezüglich der eigenen Veränderung überhaupt nicht oder nur sehr rudimentär vorhanden und muß daher im Verlaufe der Beratung erst angeregt und entfaltet werden.

Es kommt also in einer entscheidenden Weise darauf an, in der Intentions- und Informationsphase der Beratung die "personalen Konstrukte" (Kelly 1955) des Klienten in Erfahrung zu bringen. Konstrukte sind Repräsentationen der eigenen Person und der für sie bedeutsamen Welt, Brennpunkte der Selbst- und Weltanschauung, Hypothesen über sich selbst und die Welt, welche die Person für effektiv hält. Jeder Klient ist einzigartig in der Art und Weise, wie er sich und seine Welt erfährt und kognitiv strukturiert. Es ist die Aufgabe des Beraters, diese Strukturierungen zu verstehen, ehe er etwas unternimmt. Wie sind die "Gläser" beschaffen, durch die der Klient sich selbst und seine Welt sieht? Wie organisiert er - auf der Grundlage seiner Sichtweise - sein Handeln? Der interventionsförderliche Wert der Diagnose wird umso größer, je mehr es dem Berater gelingt, die Person des Klienten und dessen Weltbezüge mit den Augen des Klienten zu sehen.

(2) Klienten verfügen demnach über implizite Theorien, die sich auf die Entstehung, das Ausmaß und die Bedeutung ihrer Problematik beziehen; desgleichen über solche, welche die Zielsetzung, die Funktionsweise und die Effektivität der Beratung bzw. des Beraters zum Gegenstand haben sowie Formen und Inhalte der Beziehung zwischen Klient und Berater betreffen. Derartige implizite Theorien steuern in einem beträchtlichen Ausmaße das Verhalten des Klienten in den Situationen außerhalb der Beratung und in der Beratungssituation selbst.

Diesen Alltagstheorien des Klienten stehen auf der anderen Seite die wissenschaftlich fundierten und ausgewiesenen Konstrukte, Einstellungen und Kompetenzen des Beraters gegenüber. Jeder Berater verfügt über anthropologische Grundannahmen, Zielvorstellungen und ein Repertoire von Mitteln der beraterischen Einflußnahme. Das professionelle Verhalten des Beraters wird von wissenschaftlichen Theorien gesteuert, die mit dem Anspruch auftreten, bezüglich der Erklärung der Entstehung und der Praxis der Behebung der Problematik des Klienten weitaus kompetenter zu sein als jene Alltagstheorien. Unter diesem Aspekt erweist sich die Beratung als "ein komplizierter sozialer Kommunikationsprozeß, in dem der Berater wenigstens z.T. über wissenschaftliche Theorien und daraus ableitbare Handlungsanweisungen verfügt, und in dessen Verlauf der Ratsuchende fast immer eine Vielzahl eigener Erwartungen, Einsichten, Wünsche, Befürchtungen, Erklärungen und Interpretationsmuster über den Beratungsgegenstand und das Beratungsziel in die Beratungssituation einbringt" (Weinert 1977, S. 11).

Es ist jedoch keineswegs ausgemacht, daß die wissenschaftliche Theorie des Beraters der subjektiven Theorie des Klienten überlegen ist. Beratung kann daher nicht einfach "die Vermittlung von relevanten Informationen oder die Spiegelung individueller Erlebnisse sein, sondern stellt stets einen notwendigen Vermittlungsprozeß zwischen den subjektiven Gewißheiten und Erwartungen des Ratsuchenden und den wissenschaftlichen Theorien des Beraters dar" (Weinert 1977, S. 11). Es ist eine häufig vorfindbare Maxime von Beratern, der Klient habe seine impliziten Theorien zugunsten der wissenschaftlich fundierten Erklärungs- und Praxiskompetenz des Beraters schnell und gründlich aufzugeben. Im Gegensatz dazu sollte der Berater sehr sorgfältig auf die Erklärungen und Deutungen des Klienten hinhören und diese zusammen mit dem Klienten auf ihre Tragfähigkeit überprüfen. Denn eines ist sicher: wissenschaftliche Konstruktionen und Praktiken, die dem Klienten ohne Ansehen seiner Individualität und seiner konkreten Lebensumstände aufgenötigt werden, erzeugen Abwehr; sie laufen am Widerstand des Klienten ab wie Wasser auf einer Ölhaut. Um nicht mißverstanden zu werden: zweifellos hält sich der gesunde Alltagsverstand oftmals für gesünder, als er in Wirklichkeit ist. Die bisherige Geschichte der therapeutischen Theorie und Praxis veranlaßt aber auch zur Frage, ob nicht die wissenschafltiche Erkenntnis und Praxis häufig weniger vernünftig und erfolgreich in der Hilfestellung für die Bewältigung von menschlichen Problemen ist, als sie dies optimistischerweise unterstellt.

(3) Je mehr es dem Berater gelingt, die personalen Konstrukte des Klienten zu erfassen, desto größer wird seine Chance der Einflußnahme auf den Klienten. Für diesen Prozeß der Erfassens der personalen Konstrukte können die wissenschaftlichen Theorien dem Berater Perspektiven des Suchens nach den Hauptbereichen und nach zentralen Inhalten solcher personaler Konstruktionen vermitteln. Zwischen wissenschaftlichen Theorien und Alltagstheorien klaffen nicht nur Abgründe; vielmehr gibt es zwischen ihnen auch mannigfache Übergänge, Ähnlichkeiten und Gemeinsamkeiten. Die wissenschaftlich-theoretischen Positionen und Überzeugungen, welche die Einstellungen und das Verhalten des Beraters fundieren, fungieren teilweise auch als Sichtweisen und Handlungsperspektiven im Rahmen der alltagstheoretischen personalen Konstruktionen des Klienten. Dieser Sachverhalt läßt sich am Beispiel der anthropologisch-psychologischen Grundüberzeugungen demonstrieren. Alle wissenschaftlichen Theorien, die in der Ausbildung von Beratern Verwendung finden, enthalten explizit oder implizit auch ein bestimmtes Menschenbild, in dem zum Ausdruck kommt, was der Mensch ist, was er kann und was ihm not tut, welchen Werten er leben sollte und wie sich im Verhältnis dazu die menschliche Wirklichkeit ausnimmt, welche Grenzen dem Menschen gesetzt sind und welche Himmel er zu stürmen in der Lage ist, welche Bestimmung der Mensch hat, welche Faktoren seine Entwicklung maßgebend beeinflussen und welche Ursachen seinen Glanz und sein Elend bewirken. Zu allen diesen Problembereichen liefern auch die Alltagstheorien von Klienten Antworten, die zumindest zum Teil mit den Lösungen der Wissenschaft übereinstimmen - ja übereinstimmen müssen, wenn ein Minimum an Verständnis zwischen dem wissenschaftlich ausgebildetem Berater und dem Klienten möglich sein soll.

Welche anthropologisch-psychologischen Überzeugungen, die als Suchraster für personale Konstrukte und implizite Theorien von Klienten dienen können, sind in beratungsrelevanten Theorien enthalten? Im folgenden seien – in gebotener Kürze und ohne Anspruch auf vollständige Darstellung des Relevanten – solche Grundüberzeugungen aus dem Bereich von sechs wissenschaftlichen Theorien dargestellt (Brammer u. Shostrom 1977; Burks u. Stefflre 1979; George u. Christiani 1981; Ivey u. Simek-Downing 1980):

- Psychoanalyse:

    - Die Person ist durch irrationale Triebkräfte determiniert; sie wird von unbewußten Kräften angetrieben.
    - Das seelische Leben der Person ist ein Spannungs- und Konfliktfeld (Eros vs. Destruktion; Konflikte zwischen Es, Ich und Über-Ich). Spannungsausgleich ist das Hauptanliegen.
    - Die Ereignisse in der frühen Kindheit besitzen die entscheidende Bedeutung für die Persönlichkeitsentwicklung.

- Verhaltenstherapie (ältere Form):

    - Das Verhalten der Person wird von der Umwelt bestimmt bzw. produziert. Die Verhaltensproduktion geschieht auf der Grundlage einer automatischen Formungsmechanik. Die Person hat keine Wahlmöglichkeit.
    - Verhalten ist fast ausnahmslos erlernt. Daher sind auch Verhaltensstörungen erlernt und können verlernt werden.

- Klientenzentrierte Therapie:

    - Die Person hat die angeborene Tendenz auf Selbstverwirklichung und auf positives Wachstum. Zentrale Bedeutung für die Person besitzt ihre Erfahrung der Entscheidungsfreiheit.
    - Die Sichtweise, die die Person von sich selbst hat (ihr Selbstkonzept), bestimmt ihr Verhalten.
    - Störungen beruhen auf Inkongruenz zwischen dem Real-Selbst und dem Ideal-Selbst der Person.

- Existentialistisch-humanistische Therapie:

    - Die Person ist einzigartig. Sie konstruiert sich ihre Welt auf der Grundlage eines weiten Spielraumes von Möglichkeiten in einer einzigartigen Weise.
    - Die Person verfügt über die Kraft, unter Alternativen zu wählen und die Verantwortung für die Konsequenzen ihrer Entscheidungen zu übernehmen.
    - Die Person muß sich mit den grundsätzlichen menschlichen Problemen (Werte, Schuld, Angst) auseinandersetzen und versuchen, mit einer häufig als absurd und sinnlos empfundenen Welt fertigzuwerden.

- Kognitiv orientierte Verhaltenstherapie (Rational-emotive Therapie):

- Die Person hat die Fähigkeit des rationalen Denkens, aber sie denkt im Zusammenhang mit bestimmten Erfahrungen häufig inkorrekt. Die Person bestraft (bzw.belohnt) sich selbst durch die Art und Weise, in der sie über sich selbst und das Leben denkt.
- Inkongruenzen im Denken und in der Logik über die Person und die Welt führen zu Störungen.

- Realitätstherapie:

  - Die Person kann ihre eigene Identität entwickeln und sich für sich selbst entscheiden. Diese Entscheidungen erfolgen im Kontext einer realen Situation unter Berücksichtigung der wesentlichen Situationskomponenten.
  - Zentral bedeutsam sind moralische Urteile und Werte. Die Person muß Verantwortlichkeit für ihre Handlungen akzeptieren.
  - Das Grundproblem der Person ist ihre Weigerung, Verantwortung für sich zu übernehmen.

5.1.2 Die Interventionskomponente der Beratungshandlung

Es ist die zentrale Aufgabe der beraterischen Intervention, Anregung und Unterstützung für einen Lernprozeß zu geben, in dem sich das Notwendigkeits- und Möglichkeitsbewußtsein des Klienten entfalten und differenzieren kann im Hinblick auf das zentrale Ziel, ein neues Wirklichkeits- und Wertbewußtsein zu gewinnen und die alte problemkonstituierende Erfahrungs- und Handlungsstruktur durch eine neue zu ersetzen bzw. zu ergänzen. Da im folgenden Abschnitt auf Interventionsmethoden im Sinne von Lernhilfen des Beraters für den Klienten ausführlicher einzugehen sein wird, seien hier zunächst einmal nur einige grundsätzliche Aspekte der beraterischen Intervention angesprochen. Sie betreffen zum ersten die zentralen Zielsetzungen und Interventionsverfahren im Bereiche jener Theorien, die schon im vorhergehenden Kapitel im Hinblick auf die in ihnen enthaltenen anthropologisch-psychologischen Grundüberzeugungen darzustellen waren. An zweiter Stelle sollen die grundlegenden Variablen der Persönlichkeit des Beraters bzw. des Therapeuten, die seinem konkreten Interventionshandeln zugrundeliegen (sollen), einer näheren Betrachtung unterzogen werden. Zum dritten sind, da sich die Beratung der Sprache als des zentralen Beeinflussungsmittels bedient, Leitlinien der Gesprächsführung aufzuführen.

(1) Aus der gemeinsamen Bestandsaufnahme, die Berater und Klient bezüglich der Problematik des Klienten durchführen, erwächst die Aufgabe der Zielformulierung und Zielsetzung, die der Berater nach Möglichkeit gleichfalls zusammen mit dem

Klienten vornehmen soll. Die Zielsetzungen sind grundsätzlich so weit wie möglich zu konkretisieren und in Teilziele aufzugliedern, deren jedes als Mittel für die Erreichung des Endzieles zu fungieren hat. Auf dieser Grundlage kann dann die Rahmenplanung der Intervention durchgeführt werden, die genügend Freiheitsgrade für eine flexible Anpassung an den tatsächlichen Beratungsverlauf und -fortschritt offenlassen muß.

Welche Zielsetzungen und welche Methoden der beraterischen und therapeutischen Einflußnahme werden von den sechs ausgewählten wissenschaftlichen Theorien als besonders wichtig herausgestellt?

- Psychoanalyse:

   - Ziel: Bewußtmachung des Verdrängt-Unbewußten; Rekonstruktion der Persönlichkeit unter der Führung der Generallinie: Wo Es war, soll Ich werden.
   - Methoden: Freie Assoziation, Analyse von Widerstand und Übertragung, Interpretation.

- Verhaltenstherapie (ältere Form):

   - Ziel: Eliminierung der erlernten Fehlformen des Verhaltens und deren Ersatz durch angepaßtere Verhaltensweisen.
   - Methoden: Aufbau und Abbau von Verhaltensweisen auf der Grundlage von Verfahrensweisen des Lehrens und Lernens (Beispiele: positive Verstärkung; Desensibilisierung; Modell-Lernen).

- Klientenzentrierte Therapie:

   - Ziel: Befreiung des Potentiales der Person zur voll funktionierenden Person (wachsende Offenheit für Erfahrungen; jeden Moment des Hier und Jetzt voll ausleben; sich selbst als Maßstab des Verhaltens auf Grund wachsenden Vertrauens zu sich selbst setzen).
   - Methoden: Hinführung des Klienten zur intensiven Auseinandersetzung mit sich selbst im Rahmen einer angstfreien Atmosphäre, die der Berater durch sein Verhalten (Einfühlung, Wärme, Echtheit, Konkretheit) zu schaffen hat.

- Existentialistisch-humanistische Therapie:

   - Ziel: Sinnfindung und Handeln nach dem Sinn; Entfaltung der Intentionalität der Person.
   - Methoden: Unter Berücksichtigung der Einzigartigkeit der Person ist verantwortliches und sinnorientiertes Handeln der Person einzuüben.

- Kognitiv orientierte Verhaltenstherapie (Rational-emotive Therapie):

   - Ziel: Eliminierung des irrationalen Denkens; Aufbau von rationalen und toleranten Sichtweisen gegenüber sich selbst und anderen.

- Methoden: Kritische Analyse der Logik der Denkmuster des Klienten; direkte Beeinflussung mit Hilfe von Fragen, Konfrontationen und Interpretationen.

• Realitätstherapie:

- Ziel: Befähigung der Person, ihre eigenen Bedürfnisse in einer Weise zu erfüllen, welche die Beeinträchtigung der Bedürfniserfüllung anderer vermeidet; Autonomie der Person; Fällen von verantwortlichen Entscheidungen.
- Methoden: direkte Beeinflussung; Lehren der Handlungsplanung und der Verantwortungsübernahme.

(2) Welche Zielsetzung man im einzelnen verfolgen und welcher Methode der Beeinflussung man sich im Rahmen der Beratung auch bedienen mag - von entscheidender Bedeutung für den Beratungsverlauf und Beratungserfolg ist offensichtlich die Art und Weise, wie sich der Berater selbst in der Beratungssituation darstellt, welche Verhaltensmuster er praktiziert und welche Interaktionsqualitäten er in der Begegnung mit dem Klienten zu entfalten vermag.

"Variablen eines therapeutischen Basisverhaltens gehen über personale, stilistische und instrumentale Unterschiede hinaus. Wir unterscheiden Realitätsoffenheit, Personenbezogenheit und Akzeptationsbreite. Diese Merkmale sind beim Klienten in unterschiedlich geringem Maße und beim Therapeuten idealiter in hohem Ausmaß vorhanden. Sie sind damit gleichzeitig generelle Therapieziele" (Tscheulin 1982, S. 415). Unter Bezugnahme auf die Ausführungen des soeben zitierten Autors können diese psychotherapeutisch und beraterisch relevanten Basisvariablen wie folgt bestimmt werden:

• Realitätsoffenheit "zeigt sich in dem Ausmaß an Offenheit für die persönliche Wirklichkeit und reale Situation der Interaktionspartner" (Tscheulin 1982, S. 415). In allen therapeutischen und beraterischen Hauptrichtungen erwartet man vom Berater, daß er für mannigfache Gefühle und Erfahrungen des Klienten offen ist, daß er eine effektive Sozialbeziehung mit dem Klienten aufzubauen vermag und daß er sich selbst innerhalb dieser Beziehung in einer realistischen Weise zu sehen und zu kontrollieren in der Lage ist.

• Personenbezogenheit "zeigt sich in dem Ausmaß an korrektem Verstehen der persönlichen Eigenart der Interaktionspartner" (Tscheulin 1982, S. 415). Zur Handlungsstruktur des Beraters gehören unabdingbar die Fertigkeiten des Sicheinfühlenkönnens in den anderen und des Sichhineinversetzenkönnens in seine Rolle.

Akzeptationsbreite "zeigt sich in dem Ausmaß an Achtung vor der individuellen Eigenart der Interaktionspartner" (Tscheulin 1982, S. 416). Positive Wertschätzung des Klienten, Verzicht auf das Herantragen ungemäßer Wertmaßstäbe an die Persönlichkeit des Klienten und Übernahme der Verantwortung für die Förderung des Klienten, ohne ihn aus der Anforderung der eigenen Problemlösung und Entscheidung zu entlassen, sind Grundmerkmale dieser Basisvariablen.

(3) Die in der Beratung durchgeführten Interventionen erfolgen auf der Basis sprachlicher Kommunikation. Der Vollzug der Gesprächsführung hat sich an folgenden Prinzipien zu orientieren (Gazda, Asbury, Balzer, Childers u. Walters 1977; Gordon 1972; Hackney u. Nye 1979; Harsch 1979; Houben 1975; Junker 1973; Mucchielli 1972; Piper 1980; Rogers 1972; Schwäbisch u. Siems 1974; Tausch 1970; Weber 1974):

- Prinzip der engagierten Haltung des Beraters, der aufmerksamen Zuwendung zum Klienten, des kontrollierten Zuhörens;
- Prinzip des einfühlenden Verstehens und der Rückmeldung des Verstandenen an den Klienten;
- Prinzip der unbedingten Wertschätzung, Bejahung und Annahme des Klienten als Hilfsbedürftigen in einer spezifischen Problem- oder Notlage;
- Prinzip der Vermeidung von Routine und Fassadenhaftigkeit in der Begegnung mit dem Klienten;
- Prinzip der Aktivierung des Klienten, sich mit sich selbst und seiner Lebenslage auseinanderzusetzen, Alternativen zu prüfen, Entscheidungen zu treffen, Handlungskompetenzen zu entwickeln;
- Prinzip der nichtdirektiven Haltung, der partnerzentrierten Methode, der Gleichberechtigung und der Toleranz im Kontakt mit dem Klienten;
- Prinzip der Aufschließung des Klienten für Hoffnung und Mut; "Für das Gesprächsklima und den therapeutischen Prozeß ist es nötig, daß es ein Freisein und ein Freiwerden für Hoffnung und Mut gibt" (Weber 1974, S. 121);
- Prinzip der größtmöglichen klientenangemessenen Konkretheit des sprachlichen Ausdruckes;
- Prinzip der Strukturierung des Gespräches: "Das Gespräch erhält seine Strukturierung insbesondere durch gefühlsstarke und personnahe Äußerungen des Klienten ..., durch einzelne Stichwörter (Reizwörter) und Schlüsselsätze oder

Hauptfragen, sowie durch Bruchstellen und Pausen im Gesprächsverlauf" (Weber 1974, S. 124);
- Prinzip der ständigen Bemühung um Objektivität und Kontrolle.

5.1.3 Die Kontrollkomponente der Beratungshandlung

Im Verlauf der beraterischen Intervention sowie nach ihrer Beendigung hat der Berater - orientiert an den jeweiligen Zielen der Beratung - den Beratungserfolg zu überprüfen. Diese kontrollierende Ergebnisbewertung kann auch als Evaluation bezeichnet werden. Evaluation ist als interventionsbegleitende und - abschließende Diagnostik zu verstehen. Die Evaluationsforschung (Bergin u. Garfield 1971; Krapp u. Prell 1978; Luborsky, Singer u. Luborsky 1975; Meltzoff u. Kornreich 1970; Prell 1981; Wulf 1972) verfügt über eine Anzahl von Strategien, die für verschiedenartige Aufgabengebiete und Prüffelder Verwendung finden können.

Im Zusammenhang mit Beratung bedeutet das: "Evaluation hat die Aufgabe, bestimmte Fragen über Beratungsprozesse, ihren Verlauf, ihre Ergebnisse, ihre Organisations- und Institutionalisierungsformen zu beantworten; mit Hilfe von Evaluation gilt es, Prozesse, Inhalte und Ergebnisse von Beratung zu verbessern. Evaluation soll dazu beitragen, die Angemessenheit von Entscheidungen, die durch Beratung mitbewirkt werden, zu überprüfen und die Legitimität von Beratungsleistungen begründbar zu machen. Durch die Evaluation von Beratungsvorgängen werden zudem Kenntnisse gewonnen, die für die Weiterentwicklung dieses Bereiches in theoretischer und praktischer Hinsicht wichtig sind" (Wulf 1977, S. 69).

Es muß hier darauf verzichtet werden, die vielschichtige Problematik der Evaluation im einzelnen zu erörtern. Schwierigkeiten und Aufgaben hinsichtlich der Evaluation der Tätigkeit des Beraters ergeben sich im Zusammenhang mit Problemen der prinzipiellen Bestimmung des Beratungserfolges, mit Problemen der methodischen Zugänglichkeit bei der Beurteilung von Erfolgen, mit der Frage der spezifischen erfahrungsbedingten Kriterien der Beurteilung von Behandlungseffekten, mit den Zeitpunkten der Evaluation, mit dem Einsatz technischer Medien und mit der Supervision und Selbsterfahrung (Breuer 1979).

5.2 Konkrete Lernhilfen des Beraters für den Klienten

Im Rahmen des Beratungsprozesses hat der Berater - orientiert an der konkreten Individuallage des Klienten und an der Aufgabe, diesen zu einem aktiven Lernprozeß anzuregen - eine Reihe von Lernhilfen zu geben, die insgesamt der Interventionsphase zuzuordnen sind. Sie sollen bewirken helfen, daß aus der Desorientierung des Klienten Neuorientierung, aus seiner Problembelastung Problemlösung, aus Konflikten Eindeutigkeit der Lebensrichtung, aus Fehlentwicklung eine Rückkehr zu normalen bzw. besseren Formen des personalen Werdens, aus Sinnlosigkeit neuer Lebenssinn, aus Handlungsunfähigkeit Handlungskompetenz zu entstehen vermag.

In früherem Zusammenhang wurde auf kognitive, emotionale und aktionale Lernprozesse hingewiesen, die der Klient in der Beratung durchzuführen habe. Genauer wird man wohl feststellen müssen, er habe Lernprozesse durchzuführen, deren jeder grundsätzlich kognitive, emotionale und aktionale Anteile enthält. Zwischen diesen Anteilen ist allenfalls eine akzentuierende Trennung möglich. Jeder dieser Lernvorgänge des Klienten und jede darauf bezogene Lernhilfe des Beraters kann zur Veränderung jedes der aktiven Grundprozesse des Klienten (s. 4.1) beitragen. In neueren Therapie- bzw. Beratungskonzeptionen (Lazarus 1978; Meichenbaum 1979) wird die Auffassung vertreten, der Therapeut/Berater habe grundsätzlich Hilfen für eine auf vielfachen Lernvorgängen beruhende Veränderung des Klienten zu geben. "In der Behandlung verwendet der Therapeut eine große Zahl von klinischen Hilfsmitteln wie Überdenken, Erklären, Interpretieren, Vermitteln von Informationen und kognitives Modell-Lernen, um die Bedingungen zu schaffen, unter denen der Klient ändert, was er zu sich selbst sagt. Außerhalb der Therapie bemüht sich der Klient, Bewältigungsformen des Verhaltens zu praktizieren, die in der Therapie diskutiert und geübt werden. Das Bewältigungsverhalten führt zu neuartigen Verhaltensprodukten und im Lebensalltag des Klienten zu verschiedenen Reaktionen von seiten anderer, wichtiger Personen. Diese Verhaltensprodukte und Reaktionen rufen ihrerseits einen inneren Dialog hervor, der sowohl die kognitiven Strukturen des Klienten, z.B. seine Meinung über sich selbst, über seine Fähigkeit, mit etwas fertig zu werden usw. wie auch den Ablauf seiner Verhaltensweisen beeinflußt" (Meichenbaum 1979, S. 216).

5.2.1 Hilfen zur Widerstandsauflösung

Der Klient soll sich - auf der Grundlage der Beziehung mit dem Berater - mit seinen Schwierigkeiten und Problemen, deren Aufdeckung für ihn häufig genug außerordentlich schmerzhaft und risikobelastet ist, auseinandersetzen. Diesem Ansinnen setzt er Widerstände entgegen. Zur emotionalen Belastung im Zusammenhang mit der eigenen Problematik gesellt sich die Fremdheit des Beraters, von dem man nicht weiß, was man von ihm zu gewärtigen hat. Die Beziehung des Klienten zum Berater ist nicht unproblematisch; häufig wird sie von Unsicherheit, Mißtrauen und Angst bestimmt. Es ist daher notwendig, daß der Berater dem Klienten Hilfen gibt, die diesen in einer grundlegenden Weise sichern und sicher machen, die ihm eine offene und vertrauensvolle Beziehung ermöglichen und die ihm den Abbau seiner Widerstände gestatten.

(1) Das Akzeptieren des Klienten, die Achtung und Wärme, die ihm seitens des Beraters entgegengebracht wird, ist wahrscheinlich die elementarste aller Hilfen. "Die Auswirkungen dieser emotionalen Dimension sind in vielen Untersuchungen in verschiedenen zwischenmenschlichen Bereichen erforscht worden. Erfahrene Achtung-Wärme fördert die seelische Funktionsfähigkeit und seelische Gesundheit von Personen, ihre Selbstachtung, ihr günstiges Selbstkonzept, ihr prosoziales Verhalten und auch deutlich die kognitiven Prozesse bei Schülern" (Tausch u. Tausch 1977, S. 118). Dieses Akzeptieren zentraler Gefühle, Impulse und Einstellungen des Klienten ermöglicht es diesem, sich selbst in einer tiefergehenden Weise als bisher zu verstehen. Er hat "nicht mehr das Bedürfnis, seine negativen Gefühle zu verteidigen. (Er) hat keine Gelegenheit, seine positiven Gefühle überzubewerten. Und in dieser Situation treten Einsicht und Selbstverstehen spontan zutage" (Rogers 1972, S. 46). Besonders wichtig sind die Auswirkungen auf das Selbstgefühl des Klienten: "Der andere spürt: Er wird als eine Person von grundsätzlich gleichem Recht wahrgenommen und behandelt. Die Würde seiner Person wird geachtet" (Tausch u. Tausch 1977, S. 123).

Es wäre allerdings ein Mißverständnis, wollte man annehmen, "der Berater könne jedem Klienten von vorneherein so etwas wie einen Vertrauensvorschuß geben oder ihn unbegrenzt annehmen. Hier ist im übrigen eine Kritik an der Rogersschen Beratungstheorie anzumelden, die sehr rasch davon ausgeht, daß der Berater seinen Klienten voll und uneingeschränkt akzeptiert" (Junker 1977, S. 302). Bei aller grundsätzlichen Anerkennung des Prinzips des bedingungslosen Akzeptierens muß davon ausgegangen werden, "daß die Begegnung von Klient und Berater zunächst eine Begegnung unter Fremden ist" (Junker 1977, S. 302). Das Akzeptieren des Klienten ist sicher eine notwendige Voraussetzung für das Sich-Öffnen des Klienten. Es garantiert als solche aber keineswegs die schnelle und zuverlässige Herstellung einer tragfähigen Beziehung zwischen Klient und Berater. Insbesondere das Vertrauen, das der Klient dem Berater entgegenzubringen fähig und gewillt ist, benötigt in vielen Fällen für seine Entstehung und Ausbildung Zeit. Gerade in diesem Punkte kann vom Berater nichts über das Knie gebrochen werden.

(2) Hand in Hand mit dem (bedingungslosen) Akzeptieren muß das einfühlende, nicht-wertende Verstehen der Erlebniswelt des Klienten gehen. "Es ist äußerlich gesehen ein sensitives Hinhören auf die Äußerungen des anderen. Darüberhinaus ist es ein intensives aktives Bemühen, sich in den anderen einzufühlen: Was bedeuten für ihn seine Äußerungen? Was fühlt er dabei? Welche persönliche Meinung drückt er damit aus? Was sagen die Äußerungen über sein Selbst? Was ist die 'tiefere Botschaft' seiner Äußerungen? Es ist ein sensibles, einfühlendes, vorurteilsfreies, nichtwertendes und genaues Hören der inneren Welt des anderen" (Tausch u. Tausch 1977, S. 179).

Dieses Verstehen hat Konsequenzen für das Handeln des Beraters insofern, als dieses dadurch personenzentriert, d.h. zentriert auf die innere Welt des Klienten wird. Interesse und Engagement des Beraters stehen mit seiner Einfühlung in den Klienten und mit seiner Aufmerksamkeitszuwendung zu diesem in engem Zusammhang. Und es hat Konsequenzen für den Klienten: seine psychische Funktionsfähigkeit und seine konstruktive Persönlichkeitsentwicklung werden gefördert, die offene Auseinandersetzung mit seinem eigenen Erleben wird intensiviert, er erfährt Entlastung und Entspannung durch das Aussprechen der belastenden Affekte, er kann sich selbst mehr akzeptieren, er entledigt sich seiner Fassaden und Masken (Tausch u. Tausch 1977, S. 186). Dies um so mehr, je mehr ihm der Berater selbst in einer Haltung der Echtheit entgegentritt. Durch Akzeptieren und einfühlendes Verstehen lösen sich die Widerstände des Klienten auf; der Klient wird zum freien Ausdruck seiner Gefühle und Einstellungen ermutigt.

(3) Auf die hochbedeutsame Rolle der Entspannung in Therapie und Beratung ist immer wieder aufmerksam gemacht worden (Bernstein u. Borkovec 1975; Engelmayer 1968; Florin 1978; Strobel u. Huppmann 1978; Vaitl 1978). Autogenes Training, Entspannung ohne autosuggestive Komponenten, katathymes

Bilderleben, Lockerung und Lösung durch das Spiel, durch schaffendes und gestaltendes Tun, durch die Verbindung von Klang und Bewegung, durch die Entstörung des Beziehungsverhältnisses zwischen Personen und durch die Bemühung um ein entspanntes Klima sind Möglichkeiten, die wenigstens zum Teil auch im Zusammenhang mit der Beratung eingesetzt werden können. Entspannung muß häufig durch aktive Ermutigung ergänzt werden. Klienten bedürfen der aktiven Hilfe, damit es ihnen möglich wird, sich dem Wagnis des Sich-Öffnens zu stellen.

(4) Nicht zuletzt, vielmehr in gewissem Sinne zuerst und grundlegend, auf jeden Fall aber in enger Verbindung mit den bisher dargestellten Lernhilfen, ist der Klient in einer elementaren Weise zu sichern. Er benötigt Selbstvertrauen, Vertrauen zum Berater und emotionale Stabilität für die Auseinandersetzung mit seinen Problemen und für die Bewältigung der mannigfachen Hemmungen, Sperren und Versuchungen, die ihm beim Versuch dieser Bewältigung zu schaffen machen. Im Zusammenhang mit der Beratung ist hier vor allem denjenigen Lernhilfen, die eine Sammlung und Konzentration des Klienten bewirken können, besondere Achtung zu schenken. "Die Fähigkeit, sich innerlich zu sammeln, Abstand von der Umwelt und von sich selbst zu gewinnen, reflektiv sich in einen Gegenstand zu versenken, ist nicht nur die Voraussetzung für die höhere Art einer differenzierten und existentiell vertieften Erlebnisfähigkeit, sondern vor allem dafür, daß der ... Mensch lernt, aus der Wesensmitte zu leben und Klarheit, Ordnung, Mut und Festigkeit für die Entscheidungen des Lebens zu gewinnen" (Engelmayer 1968, S. 288).

Neben diesen mehr inhaltlichen Aspekten der Sicherung des Klienten sind solche zu beachten, die mehr den formalen Beratungsablauf betreffen. Zur Sicherung des Klienten gehört auch, daß die Beratungssituation klar definiert wird, daß der Berater mit ihm ein Arbeitsbündnis schließt und daß Grenzen der Beratung thematisiert werden. "Dem Klienten wird von Anfang an die Tatsache bewußt gemacht, daß der Berater keine Patentlösungen parat hat, daß die Beratungssituation für den Klienten vielmehr eine Gelegenheit darstellt, mit Hilfe des Beraters eigene Lösungen für seine Probleme zu erarbeiten" (Rogers 1972, S. 40) - d.h. daß er die Chance hat, unter Anregung und Unterstützungshilfe des Beraters mit sich selbst zu Rate zu gehen. Auf dieser Grundlage kann ein Arbeitsbündnis abgeschlossen werden; ein solches besteht in der Vereinbarung, ein bestimmtes Thema über einen bestimmten Zeitraum mit einer bestimmten Methode gemeinsam zu bearbeiten. Schließlich benötigt das Beratungsgeschehen Grenzen. Solche Grenzen betreffen die Verantwortung, die der Berater übernehmen kann, zeitliche Regelungen, die Freiheitsspielräume der Beteiligten u.a.

(5) Die bisher aufgeführten Lernhilfen sind für die Eingangsphase der Beratung unverzichtbar. Sie sind aber als fundamentale Schicht der Hilfe auch für den weiteren Verlauf der Beratung bis hin zu ihrer Beendigung von höchster Bedeutung. Denn selbstverständlich darf die Entspannung und Sicherung des Klienten nicht auf den Anfang der Beratung beschränkt bleiben, sondern muß sich durch den gesamten Beratungsprozeß hindurchziehen. Die Auseinandersetzung des Klienten mit seiner alten Erfahrungsstruktur und der Versuch der Gewinnung einer neuen kann mit Hoffnung auf Erfolg überhaupt nur auf einer solchen stabilen emotionalen Grundlage durchgeführt werden, die der Berater im Zusammenwirken mit dem Klienten im Beratungsverlauf immer wieder gegen mannigfache Widerstände und Abweichungen herzustellen sich bemühen muß. Widerstandsauflösung in der Beratung ist keine punktuell zu bewältigende Aufgabe.

5.2.2 Hilfen zur Auseinandersetzung und zur Positionsbeziehung

Im Mittelpunkt einer zweiten Gruppe von Lernhilfen steht das Konzept "Auseinandersetzung". Sie ist in der Beratung immer erforderlich, wenn der Klient vor Alternativen seiner Daseinsführung und Lebensgestaltung steht, die für ihn von gleicher oder ähnlicher subjektiver Bedeutung sind, oder wenn es für ihn darum geht, angesichts eines bisherigen problematischen Lebensweges sich einen neuen Lebenssinn zu erschließen. Es ist dann die Aufgabe des Beraters, die Auseinandersetzung des Klienten mit den Alternativen zu stimulieren, alternative Gesichtspunkte in den Beachtungshorizont des Klienten zu rücken und unter Umständen auf dem Wege der Konfrontation die Auseinandersetzung zu forcieren. Über die Bewältigung der konkreten Problematik hinaus will der Berater erreichen, daß der Klient eine Reihe von Auseinandersetzungsfähigkeiten lernt, die auf verschiedene Problemsituationen angewendet werden können. Die diesbezüglichen Bemühungen des Beraters betreffen die Motivation, die Kognition und die Direktion des Klienten.

(1) Motivationsbezogene Hilfen zur Auseinandersetzung des Klienten mit seinen Problemen betreffen die Aktivation und Stimulation seiner Auseinandersetzungsbereitschaft, die Entfal-

tung seiner Selbsthilfe- und Selbständigkeitsintentionen sowie die Anregung von Finalität bzw. personaler Kausalität. Der Klient muß in Problem- und Konfliktsituationen Position beziehen; der Berater hat ihn zu dieser aktiven Stellungnahme anzuregen und herauszufordern. Der Klient muß diese seine präferierte Position gegenüber gegensätzlichen Positionen aufrechterhalten und durchsetzen; der Berater hat ihn in dieser Bemühung zu fördern und zu unterstützen.

Eine grundlegende Hilfe für die Aktivierung des Auseinandersetzung des Klienten mit seiner eigenen Gesamtsituation ist das Aufschließen des Klienten. Viele beratungsbedürftige Personen sind in Fehleinstellungen festgefahren, haben sich hinter Fassaden verschanzt, erleben sich als ihrem eigenen Selbst entfremdet. Verschlossenheit nach außen und Versperrung nach innen ist die Folge. In der beraterischen Hilfe geht es darum, "das Selbstverständnis für die Möglichkeiten und Grenzen, die Mächtigkeit und Ohnmacht und die wahre Bestimmung der Persönlichkeit aufzuschließen und die im Selbst vorgezeichneten Lebensziele erkennen zu lassen" (Engelmayer 1968, S. 203). Diesem Prozeß der Individuation kann gewöhnlich nur dann zum Durchbruch verholfen werden, wenn es dem Berater gelingt, zusammen mit dem Klienten den seelischen Schutt wegzuräumen, der die individuellen Entfaltungsmöglichkeiten zudeckt. "Erkennen und Besinnen, Selbstverständnis und Selbstdeutung und das In's-Auge-Fassen der Ziele" (Engelmayer 1968, S. 203) sind - in der erzieherischen Führung und in der beraterischen Hilfe - die Angelpunkte in der Phase des Erweckens und Erschließens.

Die Aktivität des Klienten ist durch beraterische Hilfeleistung nur dann herbeiführbar, wenn dieser in einer grundsätzlichen Weise zur Selbsthilfe und Selbständigkeit angeregt und bezüglich dieser Motive entfaltet werden kann. Dies setzt voraus, daß der Klient die Realisierung dessen, was für ihn eigenbedeutsam ist, aus dem Grunde subjektiver Notwendigkeit vornimmt; er muß dazu angeregt werden können, sich selbst, seine Bereitschaften und Fähigkeiten als Bedingungsfaktoren in den Prozeß seiner Entwicklung einzubringen. Der Berater kann den Klienten bei dieser Motivationsattribuierung, die sich - im Gegensatz zur Effektattribuierung mit ihrer Orientierung an Ursachen von Handlungen oder Vorkommnissen (Warum-Fragen) - mit den Gründen von Handlungen (Wozu-Fragen) beschäftigt (Heckhausen 1980, S. 442), nach dem Konzept der "persönlichen Verursachung" (De Charms 1979) zu beeinflussen versuchen. Das Grundprinzip dieser Strategie lautet: "Wenn man bei einem anderen Menschen Verhaltensänderungen bewirken will, besteht die entscheidende Hilfestellung darin, ihn dazu zu bringen, diese Verhaltensänderung aus Gründen anzustreben, die für ihn selbst bedeutungsvoll sind. Soll die Veränderung echt und dauernd sein, muß der Antrieb dazu von innen und nicht von außen kommen" (De Charms 1979, S. 71).

Es gibt Trainingsmodelle für die Entwicklung dieser "Finalattribuierung". Diese auch in der Beratung anwendbaren Beeinflussungsstrategien sind an den Zielen der Selbststeuerung, der internalen Zielsetzung, der internalen Bestimmung der instrumentellen Aktivität, der Realitätseinschätzung, der Selbstverantwortung und des Selbstbewußtseins orientiert (De Charms 1979). Im Rahmen des "Origin-Trainings" wird die Person dazu angeregt, Eigeninitiative zu entfalten und die Bedeutung der Handlungsfähigkeit für die Entwicklung der eigenen Person in einem neuen Lichte zu sehen. Grundsätzlich wäre anzumerken, daß den Motivänderungsprogrammen und Motivtrainingskursen (Alschuler 1973; Krug u. Hanel 1976; Mc Clelland 1965; Mc Clelland u. Winter 1969; Vorwerg 1977) innerhalb der Beratungswissenschaft verstärkte Beachtung geschenkt werden sollte.

Die Aktivierung des Klienten in der Beratung hat auch an seiner kognitiven Situationsbewertung anzusetzen. "Wir schätzen Situationen (Begegnungen, Anforderungen) stets nach zwei Bedeutungen ein: Wir fragen zunächst, ob uns das etwas angeht, und dann, ob wir die Situation mit unseren Fähigkeiten direkt bewältigen können (Angriff oder Flucht)" (Lückert 1981, S. 12). Zur Intensivierung einer aktivitätsförderlichen Einstellung und zur Reduktion von Streßanfälligkeit werden in der Beratung und Therapie verwendet: "Entspannung und mentale Zielkonzentration, Leistungstraining bzw. Kompetenzerweiterung, Selbstbehauptungstraining und Einübung in Selbstkontrolle" (Lückert 1981, S. 12). Beratung als Entwicklungs- und Aktivationshilfe ist an zwei Grundprinzipien orientiert, die sie in praktizierbare Lernhilfen umzusetzen versucht. Sie geht einerseits davon aus, daß die Befähigung, sich mit der Wirklichkeit aktiv auseinanderzusetzen, in dem Maße zunimmt, wie sie herausgefordert und in Anspruch genommen wird; sie steht andererseits auf dem Standpunkt, daß eine stützende Beziehung in der Beratung die Person von ihren Blockierungen soweit befreien kann, daß sie ihre Fähigkeiten zu gebrauchen in der Lage ist (Clinebell 1979).

(2) Kognitionsbezogene Hilfen zur Auseinandersetzung des Klienten mit seiner Problematik zielen auf die Verbesserung der allgemeinen Orientierungs- und Problemlösungsfähigkeit des Klienten und damit auf eine Steigerung seiner "Auseinander-

setzungskompetenz" ab. Sie umfassen eine ganze Reihe von Maßnahmen.

Bei einfacheren Beratungsanlässen kann man sich häufig damit begnügen, dem Klienten "bei der Erarbeitung eines größeren und konstruktiven Aus- und Überblickes über seine Situation beizustehen, indem man sie objektiv bespricht" (Clinebell 1979, S. 74). Damit verbunden ist das Klären von Sachverhalten und die orientierende Information des Klienten. In komplizierteren Fällen aber bedarf es durchweg der "reflexionsorientierten Ordnungshilfe" (Sprey 1969, S. 72), die sich "auf Erkenntnis der Begründungen und Zusammenhänge, der möglichen Wirkungen und Veränderungen richtet, die den Fakten, die Ratlosigkeit auslösten, vorausliegen bzw. als deren Folge erscheinen" (Sprey 1969, S. 73).

Beraterische Einflußnahme besteht zu einem erheblichen Teil aus der zusammen mit dem Klienten durchzuführenden Erkenntnis- und Verstehensarbeit (Lüders 1975). Erkenntnisarbeit geschieht dann, wenn der Berater dem Ratsuchenden die Verhaltensprobleme interpretiert, wenn er Konflikt deutet, wenn er dem Klienten Wirkungen, die das Verhalten erzeugt, und Einflüsse, die auf das Verhalten einwirken, erläutert. Demgegenüber hat die Verstehensarbeit die Aufgabe, "den Ratsuchenden mit seinem Selbst vertraut zu machen, mit den subjektiven Erscheinungen und Vorgängen, den Stimmungen und Gefühlen, den Handlungen und Reaktionen, die für sein Verhalten relevant sind, die seine Bedürfnislage und seine operationale Verfassung anzeigen" (Lüders 1975, S. 104). Auf der Grundlage von Erkenntnis- und Verstehensarbeit werden Problemdeutungen möglich. Sie sind "das Kernstück des Lernprozesses, der in der Beratungsarbeit beginnt, vom Berater eingeleitet wird, während und nach der Beratung immer ausschließlicher vom Ratsuchenden selbständig organisiert und realisiert wird" (Lüders 1975, S. 111).

Die Erkenntnis- und Verstehensarbeit wird insbesondere durch die methodischen Hilfen der Reflexion, der Klärung und der Konfrontation unterstützt (Brammer u. Shostrom 1977, S. 256). Während die Reflexion dazu dient, die vom Klienten zum Ausdruck gebrachten Gefühle hinsichtlich ihres Bedeutungsgehaltes tiefer zu verstehen, ist es das Ziel der Klärung, dem Klienten jene Bedeutungen vor das Bewußtsein zu bringen, die in seinen Gefühlen und Gedanken verborgen sind. Die Konfrontation geht noch einen Schritt darüber hinaus. Hier versucht der Berater, dem Klienten solche Gefühle und Gedanken bewußt zu machen, die zur Kenntnis zu nehmen er sich bislang geweigert hat. Der Klient wird zu einer tiefergehenden Auseinandersetzung dadurch angeregt, daß man ihn auf Diskrepanzen aufmerksam macht, die z.B. zwischen seinem Denken und Fühlen oder zwischen seinem Reden und Tun bestehen. Man will ihn zur Stellungnahme veranlassen, wenn er vor Problemen flieht, und ihm dazu helfen, die Dinge so zu sehen, wie sie wirklich sind, wenn er seine lebensweltliche Realität verzerrt.

Eine Methode der Verbesserung der Auseinandersetzungskompetenz wird im Zusammenhang mit der Desensibilisierung bei Angstzuständen verwendet. "Diese Methode verlangt vom Klienten, während er sich eine Szene aus der Hierarchie vorstellt, sich mit der Angst auseinanderzusetzen und sich dessen bewußt zu sein ... Bei der Methode, die Vorstellungen und Auseinandersetzung verbindet, erlebt der Klient sowohl das Angstgefühl wie auch Mittel und Wege, mit der Angst zurechtzukommen und sie zu verringern" (Meichenbaum 1979, S. 117). Die Anregung direkter Auseinandersetzung mit der eigenen Problematik in Form der kritischen Analyse und Bewertung eigener Gedanken und des Sich-Stellens angesichts von Belastungen und Ängsten stellt zweifellos ein grundlegendes Verfahren der Beratungsarbeit dar. Dabei bedient man sich für die "Unterweisung in Auseinandersetzungsfähigkeiten" (Meichenbaum 1979, S. 142) einer Methode in fünf Schritten: (1) man konfrontiert den Klienten mit angstauslösenden Situationen in der Vorstellung und/oder durch Rollenspiel, (2) man verlangt vom Klienten die Bewertung seines Angstniveaus, (3) hält die angstauslösenden Gedanken fest, die er in der Situation erfährt, (4) bewertet diese Gedanken oder an sich gerichteten Aussagen unter rationalen Gesichtspunkten erneut und (5) hält schließlich das Angstniveau nach dieser rationalen Neubewertung fest.

In einem engen Zusammenhang damit ist die Hilfe der kognitiven Restrukturierung zu sehen (Meichenbaum 1979, S. 182). Hierbei geht es explizit um die Modifikation der fehlangepaßten, an sich selbst gerichteten Aussagen des Klienten. Diese beinhalten Überzeugungen darüber, wie seine Lebenswelt und wie er selbst perfekterweise beschaffen sein sollten. "Um gegen solche Überzeugungen vorzugehen, ermutigt der rational-emotive Therapeut, er stachelt an, fordert heraus, arbeitet pädagogisch mittels eines sokratischen Dialoges, gibt Informationen, untersucht das Problem in einer rationalen Form, gibt Hausaufgaben auf usw.; dadurch soll der Klient in die Lage versetzt werden, sein fehlangepaßtes Verhalten und seine emotionale Störung als Ausdruck einer Bindung an irrationale Überzeugungen zu erkennen" (Meichenbaum 1979, S. 187). Über die

Bewältigung der konkreten Problematik hinaus geht es auch hier um Grundsätzliches, nämlich um die Entwicklung von Bewältigungsfähigkeiten und von Problemlösungskompetenzen des Klienten auf der Grundlage einer Umstrukturierung im Notwendigkeits- und Möglichkeitsbewußtsein. "Der Problemlöseansatz lehrt den Klienten, sich zu distanzieren und eine Problemsituation ohne jeden akuten Streß systematisch zu untersuchen; bei der Vermittlung von Bewältigungsfähigkeiten liegt der Schwerpunkt auf dem, was der Klient zu tun hat, wenn er mit der aktuellen Streßbedingung unmittelbar konfrontiert wird. Konkret kann man in den Problemlösungsprozeß das Üben von Bewältigungsfähigkeiten hereinnehmen, und zwar in der Form, daß sich die Klienten vorstellen, wie sie sich mit Streßbedingungen auseinandersetzen" (Meichenbaum 1979, S. 194).

Ein letzter Hinweis im Rahmen der Erörterung kognitiver Lernhilfen gilt dem Problem des Überzeugens. Wenn im Zusammenhang mit einer Bestandsaufnahme beraterischer und therapeutischer Beeinflussungsmöglichkeiten auf das "wiederentdeckte Argumentieren" (Meichenbaum 1979, S. 44) verwiesen und in diesem Zusammenhang auf seine außerordentliche Bedeutung für den Aufbau von Wertvorstellungen und damit zusammenhängendem Verhalten in der elterlichen Erziehung aufmerksam gemacht wird, dann sind solche Überlegungen auch für die Beratung von Bedeutung. Der Gesamtvorgang des Beratens kann sicher nicht in der Verfahrensweise des Überzeugens aufgehen. Dennoch steht der partiellen Verwendung des rationalen Überzeugens innerhalb einzelner Beratungsschritte nichts im Wege – des Überzeugens wohlgemerkt, nicht des Überredens, der Manipulation, der Belehrung und Ermahnung. Überzeugen bedeutet dialogische Kommunikation, die um das gemeinsame Finden der Wahrheit zentriert ist, bedeutet Herstellung von Einverständnis und bedeutet die Bemühung um rationale und emotionale Gewißheiten. Solcherart fundierte Überzeugungen des Klienten können sich als belastungsfähige Einsichten in die Notwendigkeiten und Möglichkeiten der Entfaltung und Gestaltung des eigenen Selbst und der für dieses Selbst bedeutsamen lebensweltlichen Bezüge erweisen. "Das Überzeugen wird immer Richtpunkt und Ziel – vielleicht ein Fernziel –, jedenfalls Höhepunkt und Krönung aller Menschenführung sein, weil es sich an den Kernbereich der geistigen Person, ihre Bereitschaft und Fähigkeit, sich vernünftig dem Gesetz sachlicher Notwendigkeit zu erschließen und in freier Entscheidung ihm zu unterstellen, wendet. Das macht es zur Grundlage jeder Selbsterziehung und Selbstverwirklichung" (Engelmayer 1968, S. 43). Die Beachtung der Gesinnung, die hinter dem argumentierenden Überzeugen steht, bewahrt den Berater vor der Gefahr des Manipulierens. Seine Einsicht in die Grenzen solchen Argumentierens bewahrt ihn davor, andere Lernhilfen im Beratungsprozeß geringzuschätzen.

(3) Die Diskussion der Direktionshilfen, vermittels derer der Berater die Auseinandersetzung des Klienten mit sich und seiner Problematik anregen und unterstützen kann, hat in letzter Zeit eine Ausdehnung und Intensivierung erfahren. Nicht zuletzt unter dem Einfluß der kognitiven Verhaltenstherapie wurde das Problem der Selbststeuerung und der Hilfen zur Selbststeuerung wiederbelebt.

Mit Hilfe des Selbstanweisungstrainings wird das bewußte selbstregulative Handeln des Klienten zu beeinflussen versucht. Der Lernprozeß umfaßt die Aneignung folgender Fähigkeiten und darauf bezogener Hilfen (Meichenbaum 1979, S. 101): (1) das Unterdrücken von impulsiven Reaktionen; (2) das Beibehalten der Aufmerksamkeit gegenüber aufgabenbezogenen Hinweisreizen und das Abwenden der Aufmerksamkeit von störenden Reizen; (3) die Erinnerung an die Zielsetzung der Aufgabe; (4) Unterstützung bei der Auseinandersetzung mit Frustration und Mißerfolg; (5) Hilfe bei der Kontrolle des sprachlichen und des nichtsprachlichen Verhaltens. "Indem die impulsiven Kinder unterrichtet wurden, wie und wann man Selbstanweisungen (und Vorstellungen) während des Handelns einsetzen kann, indem man die Kinder dazu anleitete, ihre eigenen Selbstanweisungen für die Bearbeitung von Aufgaben zu entwickeln, wurde ihnen beigebracht, wie man die Anforderungen einer Aufgabe begreifen kann, wie sich Strategien des Problemlösens und motorische Tätigkeiten, durch Selbstanweisungen gesteuert, üben lassen, wie man Fehler auf angemessene Weise bewältigt und wie man sich selbst belohnt" (Meichenbaum 1979, S. 101).

Anhand der Lernhilfe der Selbstanweisung kann einerseits das Leitziel der Strategie des Beraters, andererseits der Kernbereich des Lernens des Klienten besonders deutlich erkannt werden – nämlich die Herbeiführung kognitiv-emotionaler Einsicht in die Notwendigkeit und in die Möglichkeit der Veränderung bisheriger seelischer Wirklichkeit in neue, bei der der Klient selbst als ein Bedingungsfaktor seiner Veränderung fungiert, diese also von ihm in einem bestimmten Ausmaße geleistet werden muß. Aus den Trainingsanweisungen geht in aller Deutlichkeit hervor, daß insbesondere das Notwendigkeits- und das Möglichkeitsbewußtsein des Klienten angesprochen wird. Hier sei nur ein Beispiel aufgeführt, das diesen Sachverhalt verdeutlicht. Es handelt sich darum, daß – auf dem Wege über das Modell-Lernen - impulsiven Kindern durch das Modell folgende Verhaltensselbstanweisung für die Bewältigung der Aufgabe des Nachzeichnens von Strichmustern vorgespielt und damit zur Übernahme in die eigene Handlungssteuerung nahegebracht wird: "Gut, was habe ich zu tun? Du willst, daß ich das Bild mit den verschiedenen Linien nachzeichne. Ich soll langsam und sorgfältig vorgehen. In Ordnung, ziehe die Linie nach unten, nach unten, gut; dann nach rechts, so ist es richtig; jetzt noch etwas nach unten und nach links. Gut, soweit mache ich es ausgezeichnet. Erinnere dich daran, gehe langsam vor. Jetzt wieder zurück nach oben. Nein, ich sollte nach unten gehen. So stimmt es ... Auch wenn ich einen Fehler mache, kann ich langsam und sorgfältig weitermachen. Nun muß ich nach unten. Schluß. Ich bin fertig!" (Meichenbaum 1979, S. 29). Weitere Beispiele, die zeigen, daß mit der Hilfe von Selbstanweisungen vor allem das Notwendigkeits- und Möglichkeitsbewußtsein und im Zusammenhang mit der Veränderung der alten psychischen Wirklichkeit in neue auch das Wertbewußtsein des Klienten stimuliert und herausgefordert wird, sind in dieser Veröffentlichung zahlreich vertreten (Meichenbaum 1979, S. 32, 34, 39, 59, 61, 68, 72, 82, 94, 153, 164, 175, 196, 218).

Selbstanweisungen stellen eine wichtige Lernhilfe für die Lösung solcher Probleme dar, bei denen die grundsätzliche Lösungsrichtung für den Klienten und/oder den Berater klar ist. Wo solche Eindeutigkeit fehlt und statt dessen die Mehrdeutigkeit vorherrscht, hat der Berater den Klienten anzuregen, sich vorgängig mit den Alternativen auseinanderzusetzen und in dieser Auseinandersetzung die Eindeutigkeit der Lösungsrichtung herzustellen. Der Berater regt, falls der Klient nicht von sich aus eine solche Auseinandersetzung beginnt, einen Entscheidungsprozeß an. Das Beratungsgeschehen wird häufig als Entscheidungsprozeß verstanden. Aus dieser Sichtweise gewinnen die Hilfen des Beraters zur genauen Definition des Problemes, für die Auseinandersetzung mit Alternativen und für die handelnde Realisierung jener Alternative, die sich als die subjektiv beste erweist, zentrale Bedeutung (Ivey u. Simek-Downing 1980, S. 24).

Eine Entscheidung ist ein hochkomplexer Vorgang (Thomae 1960): die Konfrontation mit der Forderung des Entweder-Oder, die Störung des Zukunftbezuges, die Erfahrung der existentiellen Unorientiertheit (Unfähigkeit des Verzichtes auf eine der beiden konkurrierenden Möglichkeiten, Unfähigkeit der Übernahme von Risiko, Unfähigkeit des Aufsichnehmens von unbekannten Möglichkeiten), der Versuch der Neuorientierung und die Beendigung der Unentschiedenheit durch Interpretationsabschluß und Entschluß verbinden sich zu einem Geschehen, das die Person gewöhnlich als spannungsvoll und belastend erfährt. Das ist auch gar nicht verwunderlich, da sich hier in der Auseinandersetzung der Person mit Alternativen des Notwendigen und Möglichen eine neue Generallinie ihrer Lebensgestaltung und Lebensführung entwickelt.

Diesen Prozeß bis zu seinem Abschluß in Gang zu halten ist eine wesentliche Aufgabe und Hilfeleistung des Beraters. "Die Funktion des Beraters besteht hier darin, daß er hilft, die verschiedenen zur Verfügung stehenden Möglichkeiten zu klären und die Angst und die Mutlosigkeit, die das Individuum fühlt, anzuerkennen. Seine Funktion ist es nicht, zu einem bestimmten Handlungsablauf zu drängen oder Ratschläge zu erteilen" (Rogers 1972, S. 47). Insbesondere hat er Lösungsansätze des Klienten aufzugreifen und deren Präzisierung zu stimulieren, zusätzliche Lösungshilfen zu geben, den Klienten mit alternativen Lösungsmöglichkeiten zu konfrontieren, zur Bewertung der Lösungsalternativen anzuregen, die Konsequenzen der Realisierung der Alternativen mit dem Klienten zu durchdenken, die Verantwortung des Klienten für die Realisierung zu thematisieren und den auf solcher Grundlage getroffenen Handlungsentschluß zu sichern.

Soll der Berater dem Klienten Grenzen setzen und damit manches, was der Klient für notwendig hält und für möglich erachtet, der Realisierung durch den Klienten entziehen? Auch das Grenzensetzen ist eine mögliche Lernhilfe in der Beratung, die gar nicht selten vom Klienten selbst verlangt wird. Ob sie praktiziert werden kann, hängt weitgehend davon ab, welches konkrete Verständnis der Berater mit ihr verbindet und auf welches Klientenproblem sie sich bezieht. Wenn mit dem Grenzensetzen in der Beratung Verbot und Strafe gegenüber dem Klienten gemeint ist, dann hat sich der Berater solcher Grenzensetzung zu enthalten, da sie kaum geeignet sein dürfte, die Selbsthilfeintention, die Selbststeuerungsfähigkeit und die Handlungskompetenz des Klienten zu fördern. Etwas anderes ist es, wenn das Setzen von Grenzen in der Weise praktiziert wird, daß der Berater einer Intention des Klienten durch Konfrontation mit einer Gegenintention Widerstand leistet, die diesen zu einer tiefergehenden Auseinandersetzung mit seiner Eigenintention veranlaßt. Solches provozierte Durcharbeiten der Bedeutung und der Tragfähigkeit des eigenen Standpunkts ist eine förderliche Begrenzung des Klienten und als solche in der Beratung durchaus notwendig. Sie veranlaßt den Klienten, einzuhalten, die Realisierung dessen, was er für notwendig und für möglich ansieht, bis auf weiteres zurückzustellen und in die Prüfung der Legitimation der Eigenintention angesichts einer Gegenvorstellung einzutreten. Beratung bedeutet nicht, jede Tendenz des Klienten unterschieds- und bedingungslos zu akzeptieren. Der Grundwert der freien Entfaltung und Aktivität der Person findet seine Grenze an einer Reihe gleichbedeutsamer und daher notwendigerweise zu berücksichtigender Werte. Wenn die Beratung sich nicht selber ad absurdum führen will, hat sie diese Relationen zu beachten.

5.2.3 Hilfen zur Verbesserung der Handlungskompetenz

(1) Die dritte Gruppe von Lernhilfen des Beraters für den Klienten umfaßt Maßnahmen, die der Anregung und Unterstützung der Kompetenz für die handelnde Realisierung der neuen Lebensleitlinie dienen. Es geht um die konkrete Durchführung und Ausübung all dessen, was in der Situation der Auseinandersetzung auf kognitiver und emotionaler Ebene einsichtig geworden ist. Die in Prozessen rational-kognitiven und emotionalen Lernens begriffenen und begründeten, präferierten und akzeptierten Notwendigkeiten und Möglichkeiten der eigenen Daseinsgestaltung und Lebensführung bedürfen in Situationen außerhalb der Beratung der handelnden Verwirklichung. In den Aufgabenfeldern der lebensweltlichen Realität gilt es, sich mit Widerständen auseinanderzusetzen und in der Bewältigung oder Nichtbewältigung dieser Widerstände zu erfahren, ob und wieweit die neue seelische Wirklichkeit trägt. Für derartige handelnde Bewährung ist der Klient vorzubereiten und nach Möglichkeit zumindest anfänglich auch zu unterstützen. In diesem Sinne ist Handeln ein zentraler Aspekt der Beratung.

Bloßes "positives Denken" ohne den Bewährungs- und Korrekturfaktor der handelnden Realisierung ist von vorneherein mißerfolgsverdächtig. Denken und Handeln besitzen keine Deckungsgleichheit. "Deshalb endet das bloße Einüben von Selbstanweisungen ohne Anwendungstraining in einer Verwendungsweise, die einen minimalen selbstkontrollierenden Einfluß ausübt. Wenn man sich selbst das 'Richtige' sagt, so reicht das noch nicht unbedingt für eine Veränderung aus. Man muß die Selbstanweisungen abgestuft in wirklichen Situationen ausprobieren ..." (Meichenbaum 1979, S. 159). Was der letztgenannte Autor uns bezüglich der Therapie einschärft, das gilt in gleicher Weise auch für die Beratung: "Die Therapie ist in dem Maße erfolgreich, wie der Klient sowohl sein Verhalten als auch seinen inneren Dialog verändert" (Meichenbaum 1979, S.

224). Daher favorisiert er Beratungs- und Therapieformen, die Denken, Sprechen und Handeln des Klienten gleicherweise in Anspruch nehmen.

Wenn auch die eigentliche Bewährung der handelnden Realisierung der neuen seelischen Wirklichkeit außerhalb der Beratungssituation erfolgt, so kann doch in dieser Situation schon wesentliche Vorarbeit geleistet werden - z.B. in der Form von Projekten. Projekte sind Handlungsentwürfe, die in der Lebensrealität ausprobiert werden. "Sie sind Konstruktionen aus Erkenntnissen und Einsichten. Sie werden schon während der Beratungsarbeit mittels Konfrontationen ausgelöst. Hat der Ratsuchende bestimmte Einsichten und Erkenntnisse gewonnen, dann kann er durch eine Konfrontation dazu angeregt werden, im Gespräch mit dem Berater ein neues Verhalten zu probieren. Ein gutes Projekt ist ein Entwurf aus übersichtlich gewordenen Prozessen" (Lüders 1975, S. 107). Es umfaßt die Definition des Vorsatzes, die Imagination von Gefühlen und die Antizipation der Reaktionen anderer.

Eine mehr an pädagogischen Überlegungen orientierte Beratung kann sich auf jene Maßnahmen beziehen, die unter den Konzepten "Hilfe geben" und "Beistand geben" eine Schlüsselposition in der Theorie und Praxis der erzieherischen Menschenführung einnehmen (Engelmayer 1968, S. 296). Sie reichen von der Vermittlung ganzer Daseinstechniken über den Aufbau von Handlungsmustern für die Bewältigung spezieller Situationen bis hin zu solch subtilen Vorgängen des Beistehens, wie sie z.B. im Trösten oder im echten Mitleiden begegnen.

(2) Die konkrete Praxis der Verbesserung der Handlungskompetenz des Klienten muß sich generell an all den Aspekten orientieren, welche die Ausführungs- und Kontrollregulation der Handlung betreffen (Kossakowski 1980, S. 89). Der Berater hat dem Klienten dabei behilflich zu sein, Fertigkeiten der vorausschauenden, der begleitenden und der nachfolgenden Kontrolle des aufgestellten Handlungsprogrammes, der Durchführung der einzelnen Handlungsschritte und der kritischen Überprüfung der Handlungsfolgen aufzubauen. Er hat weiterhin dafür Sorge zu tragen, daß die Einübung der Handlungskompetenz des Klienten auf einer Niveaustufe erfolgt, die dem Anforderungs- und Komplexitätscharakter der lebensweltlichen Realität Rechnung trägt. Das bedeutet, solche Hilfen zu geben, welche die Ersetzung impulsiver und reflektorischer Verhaltensmuster durch solche von mehr prospektiver und propulsiver Qualität fördern und die bewirken helfen, daß die Reaktivität des Klienten einer zunehmenden Proaktivität Platz macht. Der

Klient benötigt zur Bewältigung seiner lebensweltlichen Realität gewöhnlich ein differenziertes Handlungsrepertoire. In diesem haben eingeschliffene Verhaltensmuster und Gewohnheitshandlungen mit ihrer sichernden und stabilisierenden Funktion sicher ihren Platz. Wenn diese Grundschicht des Handlungsrepertoires aber nicht durch die Einübung von Kompetenzen ergänzt wird, auf Grund derer der Klient in einer besseren Weise als bisher Pläne bilden, Probleme lösen, Entscheidungen treffen und Kritik üben kann, hat die Beratung wesentliche Aufgaben versäumt.

5.3 Der Beitrag der Beratung zur Veränderung der Umwelt

(1) Die unterschiedlichen theoretischen Positionen zum Problem des Person-Umwelt-Verhältnisses können hier nicht im einzelnen dargestellt werden. In einem früheren Zusammenhang wurde die Position des Verfassers deutlich (s. 2.2.1): Person und Umwelt stehen in einem Interaktionsverhältnis. Die Welt beeinflußt die Person; umgekehrt beeinflußt die Person auch die Welt, in der sie lebt. Daher darf die Umwelt aus dem Bedingungsgefüge, mit dem die Theorie der Beratung zu rechnen hat, nicht eliminiert werden; sie darf aber auch nicht als der einzige (kausale) Determinationsfaktor fungieren, der mit unverbrüchlichem Zwang ganz bestimmte Effekte auf seiten der Person herbeiführt.

Aus den Erkenntnissen einer kritisch reflektierten Beratungspraxis ist mit aller Deutlichkeit festzuhalten, daß es für den Erfolg der beraterischen Einwirkung auf den Klienten in vielen Fällen erforderlich und förderlich wäre, an seiner sozio-ökonomischen und/oder kulturellen Umwelt Veränderungen vornehmen zu können. Die Problematik vieler Klienten hängt in einem mehr oder weniger intensiven Ausmaß mit ihrer deprivierenden, schädigenden, traumatisierenden, jedoch auch mit ihrer in einer unangemessenen Weise entlastenden Umwelt zusammen. Häufig aber ist eine Veränderung der Umwelt nicht oder nur in unzureichender Weise möglich. Dies ist eine ernsthafte Begrenzung der Effektivität der Beratung, die als solche nicht immer dadurch kompensiert werden kann, daß man die beraterische Hilfe verstärkt auf die Person des Klienten richtet. Allerdings gilt es auch, die Kehrseite der Medaille zu beachten. Veränderungen in der objektiven Umwelt des Klienten garantieren keineswegs die wünschenswerten Veränderungen seiner Person - v.a. nicht seine für den Erfolg der Beratung unabdingbare Bereitschaft des "Sich-Ändern-Wollens". Sie erhöhen allenfalls die Chance der Veränderung.

(2) Bei aller Begrenzung seiner Einwirkungsmacht wird der Berater dort, wo es ihm möglich erscheint, versuchen, auch die Umweltkonstellation einer Revision zu unterziehen. Dabei stehen ihm zwei Hauptwege zur Verfügung: derjenige der direkten Einflußnahme auf die Umwelt selbst und derjenige der Bewußtseinsdifferenzierung des Klienten bezüglich seiner Umwelt (Ivey u. Simek-Downing 1980, S. 152).

Bezüglich des ersten Weges hat die Beratung sicher nur äusserst geringe Möglichkeiten, z.B. die objektive ökonomische Situation des Klienten entscheidend zu verändern oder die objektive Gegebenheit der Familiengröße zu revidieren. Andererseits bietet gerade die Familie ein Beispiel dafür, daß und wie Umweltbereiche durch Beratung sehr wohl beeinflußt und verändert werden können. Insofern nämlich die Familie eines Klienten einen zentralen Bedingungsfaktor seiner Problematik darstellt, kann dieser z.B. durch familientherapeutische oder -beraterische Maßnahmen in einem Ausmaße verändert werden, daß sich daraus für die Person des Klienten erhebliche Verbesserungen ergeben können. Offensichtlich steigt die Chance der Beratung, durch direktes Handeln die Umwelt des Klienten beeinflussen zu können, in dem Maße, als es sich bei dieser Umwelt um beeinflußbare und in ihrem Verhalten revidierbare Bezugspersonen des Klienten handelt.

Der zweite Weg ist an das Konzept "subjektive Umwelt" gebunden. "Während die 'objektive Umwelt' jene Objekte und Ereignisse beinhaltet, die außerhalb des Menschen existieren, ungeachtet, ob er sie wahrnimmt oder nicht, versteht man unter 'subjektiver Umwelt' die Art und Weise, wie eine Person ihre Umwelt erlebt und in sich kognitiv abbildet" (Zott 1981, S. 267). Die Abbildungen der Umwelt und die kognitiven Strukturen, die sich auf ihrer Grundlage herausbilden, sind oftmals einseitig und verzerrt; infolgedessen hat die Person mit ihrer Umwelt mannigfache Schwierigkeiten. Die Beratung kann wesentlich dazu beitragen, die Beziehung des Klienten zu seiner Umwelt dadurch zu verändern, daß sie die Einseitigkeiten und Verzerrungen zu beheben versucht. Häufig stellt sich dann als Sekundäreffekt auch ein verändertes Verhalten der Umwelt gegenüber dem Klienten ein.

6. FALLANALYSE

Es wurde mehrfach betont, daß die zentralen Veränderungen des Klienten im Bereiche seines reflexiven Modalbewußtseins zu suchen seien. Diese allgemeine Feststellung kann durch die

Zuordnung der unterscheidbaren Komponenten des Modalbewußtseins zu bestimmten Stadien des Beratungsverlaufes differenziert werden. Demnach spielt in der Eingangsphase der Beratung das negativ getönte Wirklichkeits- und Wertbewußtsein des Klienten die Hauptrolle. In der Mitte des Beratungsverlaufes wird eine Revision dieser negativen Wirklichkeits- und Wertkonzeption vorgenommen und ein neuer, positiv getönter Wirklichkeits- und Wertentwurf geschaffen. Diese Modifikation des Wirklichkeits- und Wertbewußtseins des Klienten erfolgt auf der Grundlage von Umzentrierungen im Bereiche des Möglichkeits- und Notwendigkeitsbewußtseins. Am Ende einer Beratung steht ein neues Wirklichkeits- und Wertbewußtsein des Klienten. Von einem vollen Beratungserfolg kann dann gesprochen werden, wenn dieses neue Wirklichkeits- und Wertbewußtsein des Klienten sein Handeln bestimmt und in einem höheren Niveau seiner Handlungskompetenz resultiert.

Diese theoretische Konzeption bedarf der empirischen Überprüfung. Sie soll anhand eines Beratungsprotokolles vorgenommen werden, das eine Beratung in ihrer gesamten Länge umfaßt. Die Analyse dieses Protokolles müßte zeigen, ob die theoretische Sichtweise tragfähig ist. Freilich ist auf der Grundlage eines Einzelfalles kein schlüssiger Beweis für die Tragfähigkeit einer theoretischen Konzeption zu führen. Zumindest aber können Hinweise dafür gefunden werden, ob das theoretische Konzept grundsätzlich stimmig ist oder ob es in seinem Gültigkeitsbereich eingeschränkt oder gar ganz aus dem Verkehr gezogen werden muß.

6.1 Der Fall Herbert Bryan

Als konkreter Demonstrations- und Überprüfungsgegenstand wird der Fall Herbert Bryan (Rogers 1972, S. 229 ff) benützt. Bryan ist ein Mann Ende Zwanzig, intelligent, stark neurotisch. Die Beratung, die mit ihm durchgeführt wurde, erstreckte sich über acht Interviews.

Schon eine grobe qualitative Analyse der Inhalte der Aussagen des Klienten ergibt, daß in den acht Beratungssitzungen jeweils unterschiedliche Bereiche des Modalbewußtseins dominieren. Herrschen am Beginn der Beratung Aussagen über das Wirklichkeitsbewußtsein vor, so liegt der Schwerpunkt in der Mitte der Beratung in den Bereichen des Möglichkeits- und Notwendigkeitsbewußtseins und am Ende der Beratung auf dem "neuen" Wirklichkeits- und Wertbewußtsein. Aus der Grobanalyse drängt sich auch der Eindruck auf, die entscheidenden

Veränderungen im Bewußtsein des Klienten seien in den Umzentrierungen seines Möglichkeits- und seines Notwendigkeitsbewußtseins gelegen. Diese Grobeindrücke sind im folgenden anhand einer differenzierten Feinanalyse verständlich und nachvollziehbar zu machen. Methodische Voraussetzung hierfür ist, die Kriterien der Zuordnung der Aussageninhalte des Klienten zu den einzelnen Bewußtseinsbereichen anzugeben.

Als Zuordnungskriterien der Aussageinhalte zu den einzelnen Bewußtseinsbereichen wurden verwendet:

Im Bereich des Wirklichkeitsbewußtseins:

- Zustandsbewußtsein: Aussagen, die in indikativer Weise - v.a. auch unter der Verwendung der Hilfszeitwörter sein und haben - die gegenwärtige und vergangene seelische Befindlichkeit bzw. das gegenwärtige und vergangene seelische Erleben und Verhalten sowie deren Kausalattribuierung und Konsequenzantizipation zum Ausdruck bringen.
- Prozeßbewußtsein: Aussagen, die - v.a. auch unter Verwendung des Hilfszeitwortes werden - Veränderungen oder Nicht-Veränderungen thematisieren, die sich im Erleben und Verhalten sowie in der Befindlichkeit des Klienten einstellen.
- Aktivitätsbewußtsein: Aussagen, die - v.a. auch unter Verwendung der Hilfszeitwörter wollen, mögen und können - den Intentions- und Fähigkeitsaspekt des Klienten in der Verfolgung von Zielen ansprechen.
- Bewirkungsbewußtsein: Aussagen, die - v.a. auch unter Verwendung der Hilfszeitwörter machen und lassen - das handelnde Bewirken (Bewirkthaben) oder Nichtbewirken (Nichtbewirkthaben) psychisch relevanter Veränderungen thematisieren.

Im Bereiche des Wertbewußtseins:

Aussagen, die - v.a. auch unter Verwendung der axiologischen gemeinten Bedeutung der Hilfszeitwörter sollen und mögen - einen seelischen Zustand intendieren, der im Vergleich mit der gegenwärtigen Ist-Lage der seelischen Verfassung der Person eine unter subjektiven und objektiven Gesichtspunkten wertvollere und personal bedeutsamere Soll-Lage oder Ideal-Lage bezeichnet.

Im Bereiche des Möglichkeitsbewußtseins:

Aussagen, die - v.a. auch unter Verwendung der Hilfszeitwörter können und dürfen bzw. unter Verwendung des Konjunktivs - das ansprechen, was unter Rückgriff auf oder unter Herstellung von bestimmten Bedingungen psychisch realisierbar erscheint. Die Realisierbarkeit der neuen seelischen Verfassung setzt häufig die Auseinandersetzung mit Alternativen, d.h. die Wahl zwischen zwei Möglichkeiten mit der Notwendigkeit, sich für eine von den beiden zu entscheiden, sowie die Auseinandersetzung mit Ambivalenzen, d.h. mit emotionaler und volitionaler Doppelwertigkeit und Doppelwirksamkeit nach sich widersprechenden Richtungen hin, voraus.

Im Bereich des Notwendigkeitsbewußtseins:

Aussagen, die - v.a. auch unter Verwendung der Hilfszeitwörter müssen und sollen bzw. unter Verwendung von imperativisch gemeinten Sätzen - zum Ausdruck bringen, was, vom persönlichen Standpunkt aus gesehen, zur Herstellung der neuen seelischen Verfassung nötig ist und was im Hinblick darauf zu tun ist.

6.1.1 Analyse der Veränderungen im reflexiven Modalbewußtsein des Klienten Herbert Bryan: qualitativer Ansatz

Im folgenden wird jeweils unter a) auf das Wirklichkeits- und Wertbewußtsein des Klienten, unter b) auf sein Möglichkeits- und Notwendigkeitsbewußtsein eingegangen.

(1) In den ersten drei Interviews liegt der Schwerpunkt auf den Aussagen des Klienten zu seiner seelischen Wirklichkeit und deren Werthaftigkeit.

a) Sein Wirklichkeitsbewußtsein ist um seine negative Zuständlichkeit zentriert. Er fühlt sich blockiert. "Es ist einfach ein sehr unangenehmes, schmerzliches Gewicht, ein Druck, als würde ein Eisen auf den Unterleib drücken, nach unten drücken, das heißt, daß es sich bis auf die Wurzeln meiner dynamischen Energie auswirkt, so daß ich, gleichgültig auf welchem Gebiet ich etwas unternehmen will, auf diese Blockierung stoße" (K 29, S. 239). Diese Blockierung ist mit intensiven Angstgefühlen verbunden. "Mir scheint, daß da sicherlich eine ... irgendeine tiefsitzende Angst in mir ist; das heißt, ich würde die Neurose als komprimierte Angst beschreiben - Angst, die so zusammengepreßt wurde, daß sie fast die Härte von Stahl erreicht hat" (K 122, S. 253). Blockierung und Angst scheinen insbesondere im sexuellen Bereich, aber auch in ganz alltäglichen Kontakten mit anderen Menschen aufzutreten. Die Kausalattribuierung der Blockierung wird vorwiegend auf sexuelle Erlebnisse in der Kindheit, aber auch auf die puritanische Erziehung im Elternhaus vorgenommen. Als antizipierte

Konsequenz aus dem gegenwärtigen Zustand ergibt sich: "Na ja, es hat den Punkt erreicht, an dem es einfach unerträglich wird. Ich wäre lieber tot, statt so weiterzuleben wie bisher ... Es ist nur ... rationell betrachtet spüre ich, daß ich ... daß ich in den roten Zahlen stehe und so möchte ich nicht weiterleben" (K 26 u. 28, S. 236).

Mit dem negativen Zustandsbewußtsein geht ein Gefühl einher, vom weiteren Werden abgeschnitten zu sein: "... und manchmal ist die schreckliche Monotonie meines Elends entsetzlich - Tag für Tag das gleiche Gefühl ..." (K 70, S. 244). Durch die ersten drei Interviews hindurch bringt der Klient in immer neuen direkten und indirekten Aussagen sein Gefühl zum Ausdruck, zu stagnieren, nicht weiterzukommen, sich nicht verändern zu können, in der Blockierung verfestigt zu sein.

Dementsprechend reduziert ist sein Aktivitätsbewußtsein; das wird insbesondere an seinem Bewußtsein des Nicht-Könnens, aber auch des Nicht-Wollens deutlich. "An den schlechten Tagen kann ich einfach überhaupt nichts tun ... Ich habe ein intensives inneres Gefühl, daß die Hemmungen alle Impulse blockieren und aufheben, daß es zur völligen Untätigkeit kommt" (K 35, S. 237). Die Aussagen, vieles nicht zu können, dominieren in den ersten beiden Interviews.

Vollkommen negativ sieht sich der Klient in seiner gegenwärtigen Wirklichkeit auch unter dem Aspekt, was er bewirken kann. "Wenn ich mich selbst analysiere, bin ich sicher, daß irgendwie der Impuls in mir ist, es so zu lassen ... Ein Impuls in mir, meine Hemmungen zu behalten - es ist paradox. Offenbar beziehe ich daraus eine Art innerer Befriedigung" (K 46 u. 47, S. 239). Er hat das Gefühl, an einer Veränderung auch gar nicht ernsthaft interessiert zu sein, vielmehr von einem "Gegenwillen" beherrscht zu werden. "Ich ringe damit, aber ich weiß, daß ich mich nicht genug anstrenge. Ich weiß, daß der andere Aspekt meiner Persönlichkeit den Status quo erhalten möchte ... Ja, ich habe das Gefühl, daß irgendwo etwas liegt, das die treibende Kraft für die Unterdrückung darstellt, und daß ... ich spüre, daß es ein blinder, der Logik kaum zugänglicher Impuls ist ..." (K 50 und 51, S. 239). Das Bewußtsein, selbst nichts bewirken zu können, sitzt tief. "Hm, ja, ich fühle mich wirklich als Opfer ... Unsere Gene sind so konstruiert, daß wir für diese Dinge (z.B. sexuelles Verhalten) nicht verantwortlich sind" (K 134, S. 256). Das Gefühl, nichts machen und nichts bewirken zu können, daher aber auch für nichts verantwortlich zu sein, erfüllt das Bewußtsein des Klienten in den ersten Interviews. Im dritten Interview setzt jedoch - bezogen auf bestimmte Erfahrungen in der Realität außerhalb der Beratung - ein anderes

Thema ein: "Bislang mußte ich mehr oder weniger von den Umständen gezwungen werden oder von irgendwelchen äußeren Kräften - aber diesmal habe ich die Initiative ergriffen" (K 202, S. 269).

Das Wertbewußtsein des Klienten ist in den ersten drei Interviews weitgehend um die nicht realisierten Werte des Lustvollen, der freien Entfaltung, des gesunden Funktionierens zentriert. "Nun, ich möchte schreiben - ich möchte musikalisch sein und tanzen, und ich möchte ein Frauenkenner sein, ich wünsche mir einen einigermaßen luxuriösen Lebensstandard ..." (K 73, S. 244). Den von ihm erstrebten Soll-Zustand, von dem er auf Grund der Ist-Lage seiner Blockierung und aller ihrer Folgeerscheinungen ziemlich weit entfernt ist, umschreibt er sehr deutlich: "In erster Linie möchte ich ein gesundes Tier sein, alles andere wird sich auf dieser gesunden Basis von selbst einstellen" (K 237, S. 276). An diesen Werten hält der Klient auch weiterhin fest. Aber seine spätere Wertstruktur ist nicht mehr nur mit solcher Ausschließlichkeit um diese Werte zentriert.

b) Das Möglichkeitsbewußtsein des Klienten ist in den ersten Interviews zwiespältig und insgesamt mehr nach der Seite hin orientiert, für sich keine Möglichkeit einer Veränderung erkennen zu können. "Im Augenblick ist der Teil meiner Persönlichkeit, der eine Veränderung wünscht, unterlegen. Man wird das Kräfteverhältnis verändern müssen. Und wie verändert man das? Wie kommt man zu einer Mehrheit im Parlament? Ich weiß es nicht ... Wenn man sich in der Position befindet, daß das Negative überwiegt, woher will man dann die Motivation zur Veränderung der Situation nehmen? ... aber ich kann mich nun einmal nicht selbst an den Hosenträgern hochziehen" (K 54 u. 55, S. 241). Und noch einmal später: "... Ich habe das Gefühl, daß ich irgendeine Art von Prozeß in Gang bringen muß ... Aber ich weiß nicht, was mich frei macht - es scheint einfach automatisch zu passieren" (K 166, S. 262). Aus seiner subjektiven Sichtweise hat er keine Möglichkeit der Veränderung, weil es da irgendetwas gibt, was die Bedingungen einer solchen Möglichkeit nicht zuläßt. Er kann und darf gleichsam nicht anders werden - so empfindet er es jedenfalls.

Auf der anderen Seite kennt er aus seiner eigenen Vergangenheit auch eine andere Möglichkeit seines Lebens, die er wirklich erfahren hat. Als er frei war von der Blockierung und immer dann, wenn er in der Gegenwart manchmal von ihr frei ist, fühlt(e) er sich "sehr dynamisch - mein Gehirn arbeitet viel schneller und alles ist in Ordnung. Alles was ich unternehme, gelingt ... Ja, so möchte ich immer sein. Ich sehe nicht, warum ich es nicht sein könnte. Das ganze ist psychologisch, und ich will dahinterkommen" (K 32 u. 33, S. 237). Er weiß, daß er erheblich mehr kann und vermag, als er bislang erreicht hat (K 68, S. 243; K 74, S. 244).

Er weiß auch, daß er - soll es nicht so weitergehen wie bisher - einen Prozeß der Veränderung in Gang bringen muß. Das ist das vage Notwendigkeitsbewußtsein, das die ersten Interviews durchzieht. Was ich nötig habe, so meint er, "ist eine Art Glaubenskur - darauf wird es wohl hinauslaufen" (K 159, S. 261). "Ich werde die Energie liefern müssen - das muß ich tun -, aber ich habe das Gefühl, daß ein anderer den Scheinwerfer auf den Schlüssel zur Lösung richten muß, damit ich hingehen und den Schlüssel aufheben kann" (K 163, S. 261). Und nach vielen Abwehrversuchen gelangt er zu der Notwendigkeitserkenntnis: "... ich sollte die Therapie als eine Veränderung innerhalb der Persönlichkeit betrachten und nicht als den Weg, etwas loszuwerden" (K 194, S. 268).

(2) In den folgenden vier Interviews liegt der Schwerpunkt des Mit-sich-zu-Rate-Gehens des Klienten auf den Umzentrierungen seines Möglichkeits- und Notwendigkeitsbewußtseins.
a) Das bedeutet nicht, daß im Bereiche seines Wirklichkeits- und Wertbewußtseins keine weiteren Feststellungen getroffen werden und keine Veränderungen eintreten würden.

So beschreibt er den ambivalenten Zustand, in dem er sich befindet, im vierten Interview noch einmal sehr deutlich: "Ich habe das Gefühl, daß ich zwei eindeutig neurotische Zustände habe - der eine ist, wenn ich merke, daß die Rolle, die ich gerne übernehmen würde - die männliche, die tatkräftige Rolle - wenn ich merke, daß ich da blockiert bin. Dann mein Rückzug in die Voyeur-Situation ..." (K 276, S. 284), die er als Flucht in eine weibliche Rolle interpretiert. Mitgeliefert wird zugleich auch (K 177 - 282) die Kausalattribuierung dieser Ambivalenz: schuld ist die elterliche Erziehung. Im sechsten Interview gibt er deutliche Hinweise auf seinen subjektiv gebesserten Zustand: "Im Herzen bin ich glücklicher, aber tiefer unten sitzt der gleiche alte Schmerz. Es könnte sich natürlich auch irgendwann nach unten fortsetzen, aber bislang ist das noch nicht geschehen" (K 467, S. 322). Kurz darauf thematisiert er noch einmal die zwiespältige Gesamtsituation seiner seelischen Verfassung: "Das Ganze ist so: Meine neurotischen Befriedigungen sind tiefer und gewichtiger als meine gesunden Befriedigungen. Wie kann ich nun meine gesunden Befriedigungen tiefer und gewichtiger werden lassen? ... Es gibt offenbar zwei Arten von Befriedigung, und die neurotischen sind, das spüre ich ganz genau, die viel tiefer verwurzelten - sie greifen viel tiefer als die gesunden. Und wie soll ich da meinen Wertmaßstab ändern?" (K 474, S. 324).

Das Prozeßbewußtsein des Klienten ist erfüllt vom Gefühl der Stagnation. Im fünften und sechsten Interview vor allem gibt er seinem "Plateau-Gefühl" Ausdruck. "Ich habe keine ausgesprochene Veränderung festgestellt. Ich fühle mich irgendwie wie auf einem Plateau ..." (K 418, S. 313). Und noch einmal etwas später: "Soweit es um tiefgreifende Fortschritte geht, kommt die Sache nicht vom Fleck. Da mein Leiden tief sitzt, ist der Fortschritt – der Mangel an Fortschritt – entmutigender als alles andere" (K 459, S. 321). Er hat das Gefühl, auf der Stelle zu treten (K 466, S. 322), mit seinem Latein am Ende zu sein (K 468) und ewig so weiterleben zu müssen (K 469, S. 323). Erst im siebten Interview stellt sich das Gefühl ein, daß wahrscheinlich jetzt alles flexibler wird und daß man in der Auseinandersetzung mit realen Situationen wachsen kann.

Wesentliche Veränderungen erfahren in den mittleren Interviews das Aktivitäts- und das Bewirkungsbewußtsein des Klienten. Er "möchte 'seinen Zustand' ändern, verbessern und gesünder machen" (K 267, S. 282) und "grundlegende Sicherheit und Stärke besitzen" (K 296, S. 289). "Ja, ich glaube, das ist das Wichtigste: Erkenne dich selbst. Daran will ich jetzt arbeiten – nicht nach Beweisen für meine Werte suchen, sondern weitermachen und die Werte übernehmen, bei denen ich die größte Selbstachtung und die größte Befriedigung finde" (K 321, S. 294). Er gelangt zu der für ihn wesentlichen Einsicht, "daß es darauf hinausläuft, daß man sich sein derzeitiges Leben ansieht und sagt: 'So, was willst du jetzt tun – wie willst du reagieren?' und daß diese emotionelle Entschlußfassung ... die negativen Gefühle abschwächt ..." (K 333, S. 296). Im fünften Interview entwickelt er Pläne, deren Realisierung ein erhebliches Maß an Aktivität voraussetzen; im Zusammenhang damit hat er das Gefühl, "daß ich lieber Schwierigkeiten in Kauf nehme als gar nichts tue" (K 356, S. 301). Daß er für die Lösung seiner Probleme seine ganze Aktivität einzusetzen bereit ist, bringt er im sechsten Interview zum Ausdruck: "Mir ist klar, daß ich eine Lösung will ..." (K 468, S. 323).

Eine ähnliche Entwicklung macht das Bewirkungsbewußtsein des Klienten durch. Im vierten Interview macht er die Erfahrung, daß er Hindernisse mit eigener Bemühung bewältigen kann. Daraus baut sich langsam das Gefühl auf: "Aber jetzt bin ich an dem Punkt ... wenn der Analytiker mir jetzt den Schlüssel zeigen würde, dann würde ich ihn, glaube ich, selbst umdrehen" (K 330, S. 295), um wieder zurückzufallen auf die Feststellung: "Ja. Hm. Ich glaube, daß ich etwas unternehmen möchte – man könnte es so ausdrücken, daß ich will, aber nicht weiß, wie ich mich dazu bringe, oder daß ich nicht wirklich will" (K 423, S. 314). Im siebten Interview kommt der für ihn bedeutsame Durchbruch seines Machenwollens und Bewirkenwollens: "Gestern abend kam ich zu der Überzeugung, daß ich bereit bin, alles für eine Heilung zu tun - ich meine, ich suche nicht mehr nach einem einfachen Weg" (K 495, S. 328). "Ja. Ich hatte ein bestimmtes Gefühl. Ich sagte zu mir: Jetzt weißt du, daß du dich nicht in einem Vakuum kurieren wirst. Wachsen kannst du nur erreichen, wenn du dich mit realen Situationen auseinandersetzt" (K 498, S. 329).

Auch das Wertbewußtsein des Klienten erhält einige neue Aspekte. Auf der einen Seite gibt er an, die individuelle Initiative und private Unternehmungen zu lieben (K 264, S. 282). "Ich vertrat immer die Ideale der Unabhängigkeit und der privaten Initiative - Ordnung und Disziplin gingen mir immer gegen den Strich" (K 266, S. 282). Und damit scheint der Klient auf wirkliche zentrale Werte seiner Wertstruktur hingewiesen zu haben. Andererseits kommt immer wieder auch der Wert, den die neurotischen Ersatzbefriedigungen für ihn haben, zum Vorschein. Auch hier kommt es im siebten Interview zur Klärung: der Klient gewinnt zunehmend das Gefühl, sich auf sich selbst verlassen zu sollen und zu wollen. Selbstachtung nennt er es.

b) Die entscheidenden Veränderungen aber passieren während der mittleren Interviews im Bereiche des Möglichkeits- und des Notwendigkeitsbewußtseins des Klienten. Hier erfolgt die eigentliche Umstellung und Neuorientierung.

Für den Klienten ist zunächst einmal die Einsicht wichtig: "Also nicht im Universum suchen. Es liegt alles in uns selbst" (K 315, S. 293). Er erkennt damit, daß die zentrale Bedingung der Möglichkeit, eine andere seelische Verfassung gewinnen zu können, für ihn primär in ihm selbst gelegen ist. Diese Erkenntnis vertieft sich gegen mannigfache Widerstände in den nächsten Interviews. "Und ich versuche jetzt, zu Motivationen zu kommen, um den tiefsitzenden Wunsch zu spüren, die Veränderung vorzunehmen. Ich suche nach einer Möglichkeit, zu dem emotionellen Drang zur Veränderung zu gelangen. Das ist so ungefähr die härteste Nuß" (K 352, S. 301). Das zentrale Problem ist jedoch, daß die Grundbedingung der "wertenden Emotion" fehlt (K 353, S. 301). Und so läuft alles auf die Frage hinaus, "wie komme ich zu einem Motiv" (K 361, S. 302). Denn ein solches ist für ihn die Bedingung der Möglichkeit der Veränderung. Im sechsten Interview erkennt er erneut: "Mir ist klar ..., daß das Ganze von mir abhängt" (K 484, S. 325). Und so legt er endlich als zentrale Bedingung der Möglichkeit seiner Veränderung fest, "daß ich mich zu allen nur möglichen Situationen zwingen und, falls sich Verbesserungen zeigen, über diese Verbesserungen und den Wert der

Befriedigung, die sie mit sich bringen, nachdenken sollte. Ich glaube, das könnte allmählich zu einer allgemeinen Besserung führen" (K 494, S. 328). Zugleich wächst in ihm die Überzeugung, "daß der Wunsch nach Gesundheit für jedes Individuum Mittel und Wege zur Erreichung dieses Zieles impliziert und daß die Tatsache, daß die Menschen etwas tun wollen, ihnen den Weg zu diesen Mitteln zeigen wird" (K 497, S. 335). Damit hat er sich einige notwendige Bedingungen der Möglichkeit einer Veränderung erarbeitet.

Das, was als neue seelische Verfassung möglich sein kann, setzt Verschiedenes voraus, was dazu nötig ist - im Sinne des Seinmüssens und des Seinsollens. Welche Veränderungen erfährt das Notwendigkeitsbewußtsein des Klienten? Er ist sich frühzeitig darüber im klaren, daß er lernen muß, seine Werte ohne Zustimmung und Rechtfertigung von außen zu übernehmen. "Das läuft auf das hinaus, was ich wirklich will. (Pause). Ich glaube, das wird ein harter Kampf" (K 322, S. 294). Der Klient erkennt auch relativ bald: "Ich weiß intellektuell, daß ich mir eine Art zu leben, eine Art zu handeln und so fort aneignen sollte, aber noch fehlt dazu die emotionelle Überzeugung" (K 346, S. 299). Er weiß einfach noch nicht genau, welche Wege er gehen soll (K 438, S. 317). Langsam kristallisiert sich für ihn heraus: "Das ist natürlich alles eine Sache des Wertmaßstabes." Und so begreift er im Hinblick auf seine bisherigen Befriedigungen: "... das bedeutet eine Veränderung in mir - ich müßte mich verändern, ehe ich sie anders bewerten würde. Mit anderen Worten, neue Bewertung ist Veränderung" (K 476, S. 324). Und auf dieser Basis möchte er nun genau wissen, "was zu tun ist, auch wenn es sehr schwer wäre" (K 485, S. 325). Um dieses "was zu tun ist" im Sinne dessen, was er tun muß bzw. was er tun soll, dreht sich sein Denken im siebten Interview. "Und wenn es einem damit ernst ist, sich selbst zu heilen, dann muß man sich in das begeben, was das eigene Ich als gesunde Aktivität betrachtet, und durch Leistung wachsen" (K 502, S. 330). Die Konsequenz ist: "Ich glaube, ich sollte mich in jede mögliche gesunde Situation begeben ... Es hat also den Anschein, als sei der Entschluß das, was zählt, aber gleichzeitig muß dieser Entschluß durch die äußeren Situationen gestärkt werden" (K 514, S. 332). "Auf jeden Fall ist es der einzige Weg" (K 516, S. 333) - d.h. derjenige, der aus subjektiver Notwendigkeit heraus gegangen werden muß.

(3) Im letzten (achten) Interview berichtet der Klient über ein neues Wirklichkeits- und Wertbewußtsein. Er hat in den vorhergegangenen Interviews wesentliche notwendige Bedingungen der Möglichkeit seiner Veränderung (zusammen mit dem Bera-

ter) hergestellt. Das heißt nicht, daß nunmehr sich für den Klienten schon alle Probleme völlig behoben haben. Aber sein neues Wirklichkeitsbewußtsein ist doch in allen unterscheidbaren Ebenen unverkennbar.

a) Sein neuer Zustand ist durch Ausgeglichenheit seiner Gefühle und durch erhöhte Sicherheit gekennzeichnet (K 549, S. 338). " ... ich sah immer nur etwas Schwankendes vor mir. Entweder völliges Freisein oder völliges Gehemmtsein. Ich habe jetzt das Gefühl, daß das etwas ist, was ich mir verdient habe" (K 551, S. 338). Er vermag sich auch besser zu kontrollieren. "Aber jetzt, wenn man sich innerlich wohlfühlt, macht es einem nichts aus, einen Abend zu Hause zu verbringen - man muß dann nicht ausgehen und diese Vergnügen suchen. Natürlich wird mir das Nachtleben immer Spaß machen, aber es wird nicht ein solcher Zwang sein. Es ist interessant, wie das gleiche Verhalten innerlich etwas vollkommen anderes bedeuten kann" (K 585, S. 343).

Vor allem das Prozeßbewußtsein des Klienten hat sich vollkommen verändert. Nicht nur, daß es mit ihm hinsichtlich seiner eigenen Befindlichkeit ständig besser geworden ist (K 591, S. 344) und daß er das Gefühl hat, sich vor allem bezüglich seiner Stabilität beständig zu verbessern (K 547, S. 338). Darüber hinaus hat er das Gefühl, "wie ich auf einer Welle des Fortschritts schwimme" (K 553, S. 339) und das Empfinden, zu wachsen: "... dann habe ich immer neue Ideen und lauter neue Pläne" (K 575, S. 342).

Eine neue Qualität besitzen auch das Aktivitätsbewußtsein des Klienten und sein Bewirkungsbewußtsein. "... ich weiß, daß ich nicht will, daß alles beim alten bleibt, also begebe ich mich in die Situation, und selbst wenn ich Enttäuschungen erlebe, merke ich, daß mich das nicht mehr so niederdrückt wie sonst" (K 548, S. 338). Der Klient fühlt sich zu neuer kreativer Tätigkeit bereit. "Und ich glaube, ich besitze die Gabe, mich mit Worten auszudrücken, und diese Gabe will ich nutzen. Ich habe immer gespürt, daß ich zwei Dinge kann: so sein, daß ich mit mir selbst zufrieden bin, und ein gewisses Maß an öffentlicher Anerkennung finde" (K 580 u. 581, S. 342).

Ähnliche Veränderungen sind auch im Bewirkungsbewußtsein des Klienten feststellbar. "Ich weiß, was ich zu tun habe, wenn ich ins Schwanken gerate" (K 562, S. 340) - diese Feststellung deutet ebenso wie die folgende auf eine Stabilisierung der Selbststeuerungsfähigkeit des Klienten hin: "Ich möchte gern, daß ein Nachtclub etwas ist, was ich aufsuchen oder nicht aufsuchen kann - nicht etwas, was ich Nacht für Nacht aufsuchen muß" (K 586, S. 344). Die neugewonnene Selbstregulationsfähigkeit bezieht sich auch auf die negativen Gefühle; der Klient ist in der Lage, etwas dagegen zu tun. "Und bei diesem etwas dagegen tun habe ich die Verbesserung richtig gespürt" (K 593, S. 345).

Auch das Wertbewußtsein, v.a. das Selbstwertbewußtsein des Klienten hat eine neue Note bekommen. "An erster Stelle steht meine Zufriedenheit mit mir selbst, und wenn man mit sich selbst zufrieden ist, und Geld hat, braucht man nicht den Ruhm, um seine Ziele zu erreichen ... Wenn ich weiß, daß ich gut bin und die Welt reißt mich in Fetzen, dann ist das immer noch viel besser, als wenn ich innerlich unzufrieden wäre, von der Welt aber in den Himmel gehoben würde" (K 588, S. 344). Er hat nicht vor, ein einfacher Arbeiter zu bleiben (K 570, S. 341); in seinem Betrieb möchte er ein wertvoller Mitarbeiter werden (K 574, S. 342).

Insgesamt ist der Klient im Verlaufe der Beratung - seiner persönlichen Einlassung zufolge - den zentralen Zielsetzungen der Beratung, nämlich der Verbesserung der Selbsthilfebereitschaft, der Selbststeuerungsfähigkeit und der Handlungskompetenz, ein erhebliches Stück nähergekommen.

b) Daß im letzten Interview fast keine Aussagen über die Möglichkeit und Notwendigkeit der neuen seelischen Verfassung vorgefunden werden, ist verständlich. Denn diese neue Verfassung ist aus der Sicht des Klienten ja zumindest zu einem erheblichen Teil schon realisiert. Der Klient hat die Bedingungen der Möglichkeit seiner Veränderung hergestellt. Die Möglichkeit des neuen Seins ist der Notwendigkeit des Seinsollens angenähert. Insofern sind zur Zeit keine ausgeprägten Überlegungen zur Möglichkeit und Notwendigkeit der neuen seelischen Wirklichkeit zu erwarten. Das bedeutet jedoch nicht, daß beim Eintreten anderer Voraussetzungen nicht neue Möglichkeits- und Notwendigkeitsüberlegegungen erforderlich wären und auch durchgeführt werden würden.

(4) Man könnte einwenden, der Wandel von der Ambivalenz und Konfliktbesetzung hin zur Eindeutigkeit einer neuen Lebensrichtung, der insbesondere sich im sechsten Interview vorbereitet und im siebten Interview vollzogen wird, trete etwas schnell und unmotiviert ein. Im Hinblick auf einen solchen Einwand sei auf folgendes verwiesen. Erstens macht Bryan schon in früheren Interviews einige Ansätze in Richtung auf die Lösung seiner Problematik, die er aber nicht durchzuhalten vermag. Eine Beratung ist offenbar relativ häufig ein Prozeß der Veränderung des Klienten, in dem dieser nur unter Rückfällen vorwärts kommt. Es mag Veränderungsprozesse geben, welche die Form einer linear ansteigenden Kurve aufwei-

sen. Dies dürfte aber nicht die Regel sein. Die Regel scheint vielmehr ein höchst komplexes, mehrmaliges "kurvilineares" Vorwärtsschreiten und Zurückfallen auf dem Wege zur angezielten Soll-Lage der seelischen Verfassung des Klienten zu sein. Wann sich in diesem Prozeß die Stabilisierung der Richtung auf die Soll-Lage einstellt, hängt davon ab, wie gründlich und wie schnell sich der Klient mit den Möglichkeiten seiner antizipierten Lebensführung auseinandersetzt und wie lange er braucht, die diesbezüglichen entscheidenden Notwendigkeiten zu begreifen. Hier mag vieles einem relativ langsamen Wägen und Wachsen überantwortet sein; vieles aber geschieht auch - und zwar gerade an den entscheidenden Stellen der Veränderung des Möglichkeits- und Notwendigkeitsbewußtseins - durch Wagen und durch relativ abrupte Übernahme und Akzeptierung von Risiko, sobald die entscheidenden kognitiven und emotionalen Einsichten stattgefunden haben.

Zum zweiten aber sei auf folgendes verwiesen - und der Fall Bryan gibt dafür ein Musterbeispiel ab. In den Zeiten zwischen den Beratungssitzungen geht das Leben des Klienten und seine Auseinandersetzung mit seinen Problemen im Rahmen seiner lebensweltlichen Wirklichkeit weiter. Bryan nennt eine ganze Reihe von Aktivitäten und Entscheidungen, die für ihn in der beratungssituationsexternen Lebenswelt eine relativ große Rolle spielen. Die Übernahme von beruflichen Aufträgen und die Bewerbung um eine neue Arbeitsstelle besitzen eine außerordentlich große Bedeutung für seine Entwicklung während der Zeit seiner Beratung. Er bringt die Erfahrungen, die er mit seinem Handeln in seiner lebensweltlichen Realität gemacht hat, in die Beratungssituation ein und setzt sie reflektierend zu seiner Gesamtsituation in Beziehung. Desgleichen spielen Pläne für neue Aktivitäten, die nicht alle in der Beratungssituation kreiert wurden, eine beträchtliche Rolle. Es muß angenommen werden, daß diese vorwiegend aktionalen Erfahrungen in der lebensweltlichen Realität die Persönlichkeitsveränderungen von Klienten in einer maßgeblichen Weise mitbestimmen und ihren Beitrag zu jenen Veränderungen leisten, die etwas einseitig nur der Beratung bzw. dem Einwirken des Beraters attribuiert werden. Bei Herrn Bryan können solche Zusammenhänge jedenfalls nicht ausgeschlossen werden. Sie bestimmen sein Möglichkeits- und Notwendigkeitsbewußtsein in einer offensichtlich beträchtlichen Weise mit.

6.1.2 Analyse der Veränderungen im reflexiven Modalbewußtsein des Klienten Herbert Bryan: quantitativer Ansatz

Die qualitative Analyse ist unter quantitativen Gesichtspunkten zu ergänzen. Methodisch wird dabei in einer relativ einfachen Weise verfahren. Es sollen die Häufigkeiten des sprachlichen Gebrauches der verschiedenen Klassen des Modalbewußtseins des Klienten und die Verteilung dieser Häufigkeiten über die acht Interviews hinweg festgestellt werden.

Das Protokoll des Falles H. Bryan enthält 290 substantielle Aussagen des Klienten, die in der Form von Einzelsätzen oder von Satzsystemen die aufgeführten vier Bewußtseinsbereiche betreffen. Die prozentuale Aufteilung dieser Gesamtmenge auf die unterschiedenen Bewußtseinsbereiche in den acht Interviews ergibt unter Berücksichtigung der größten und zweitgrößten Haufigkeit in jedem Bewußtseinsbereich folgendes Bild.

	Ges.	I1	I2	I3	I4	I5	I6	I7	I8
WIRKLICHKEITSBEW.									
Zustandsbew.	25.8	**10.0**	4.5						
Prozeßbew.	8.6	1.7							**2.4**
Aktivitätsbew.	12.7	**4.1**							2.8
Bewirkungsbew.	14.8	**4.8**							1.7
WERTBEW.	8.3	1.4		1.4	2.1		1.4		
MÖGLICHKEITSBEW.	2o.6					**4.8**	4.5		
NOTWENDIGKEITSBEW.	8.9		1.7					**3.8**	

Abb. 6: Verteilung der Häufigkeiten (in %) der Aussagen des Klienten unter Berücksichtigung der **größten** und zweitgrößten Häufigkeit über acht Interviews (I1 - I8).

Auch unter Berücksichtigung des Sachverhaltes, daß sich die Gesamtmenge von 290 substantiell relevanten Aussagen des

Klienten ungleich über die acht Interviews verteilt, wird aus der Abbildung ersichtlich, daß die verschiedenen Bewußtseinsbereiche im Verlaufe der Beratung in sehr unterschiedlich ausgeprägter Weise in Anspruch genommen werden. In den ersten beiden Interviews dominiert das negative Wirklichkeitsbewußtsein des Klienten: ich bin blockiert, ich stagniere in allen Bereichen, ich habe Angst, ich bin inaktiv, ich will und kann nicht, ich bewirke nichts. Beginnend mit dem dritten und vierten Interview setzt der Umbruch ein. Die erwünschte Soll-Lage, die schon im ersten Interview eine Rolle spielt, tritt nun verhältnismäßig stark in den Mittelpunkt der Überlegungen. Im fünften und sechsten Interview kommt es - vorbereitet in den beiden vorhergehenden Interviews (mit je 3.4 % Möglichkeitsaussagen) - zu einer intensiven Auseinandersetzung mit den Möglichkeiten einer neuen seelischen Verfassung. Der Klient thematisiert eine Fülle von Alternativen, Ambivalenzen, Teilmöglichkeiten. Das siebte Interview ist dasjenige, in dem unter Berücksichtigung dessen, was im Hinblick auf die Herbeiführung der neuen seelischen Verfassung subjektiv erforderlich erscheint, das Notwendigkeitsbewußtsein des Klienten dominiert. Im achten Interview endlich bringt der Klient sein neues Wirklichkeitsbewußtsein im Sinne einer jedenfalls in Ansätzen realisierten Soll-Lage zum Ausdruck: er fühlt sich verändert, in Bewegung geraten, mit neuer Aktivität und Bewirkungskompetenz erfüllt.

Die vorgenommene Aufschlüsselung der Schwerpunkte der Bewußtseinsbereiche unter dem Aspekt der Häufigkeit des Auftretens bereichsbezogener Klientenaussagen über die acht Interviews hinweg darf nicht übersehen lassen, daß mit diesem Verfahren die Erfassung des psychologischen Gewichtes dieser Aussagen unter qualitativen Gesichtspunkten nicht geleistet werden kann. Vielmehr wurden alle Aussagen zu einem Bewußtseinsbereich hinsichtlich ihrer subjektiven Bedeutsamkeit für den Klienten und dessen Veränderung als gleichbedeutsam unterstellt. Die Berechtigung eines solchen Vorgehens ist mehr als zweifelhaft. Daher muß die quantitative Auswertung durch die qualitative ergänzt werden. Denn die Klientenaussagen sind mit Sicherheit qualitativ ungleichgewichtig. Es gibt zentral bedeutsame Feststellungen des Herrn Bryan wie z.B. diejenigen, daß er sich nicht in einem Vakuum zu kurieren vermöge, daß er sich zur Auseinandersetzung mit Situationen zwingen müsse und daß alles eine Sache des Wertmaßstabes und der Bewertung sei. Unter der Voraussetzung, daß sich Aussage und seelische Realität decken, zeigen solche Aussagen z.B. die Auflösung von Ambivalenzen, die Vereindeutigung von Alternativen und die Herstellung von Grundrichtungen der

Schaffung der Totalmöglichkeit der neuen seelischen Verfassung an. Diesen zentralen Aussagen stehen mehr periphere gegenüber, die als Vorbereitung oder als Nachklang zu solchen zentralen Aussagen anzusehen sind bzw. als Thematisierung von relativ Nebensächlichem verstanden werden müssen.

Darüber hinaus ist noch auf einen weiteren Aspekt von großer Wichtigkeit hinzuweisen, der im nächsten Kapitel eine differenziertere Darstellung erfahren wird. Er betrifft die Einflußnahme des Beraters auf den Klienten und speziell auf die Veränderung seiner Bewußtseinsbereiche. Einstweilen sei grundsätzlich hervorgehoben, daß der Berater sich keineswegs so nicht-direktiv verhält, wie das eigentlich im Falle einer Beratung, die sich theoretisch dem Modell der nicht-direktiven Beratung verpflichtet weiß und darüber hinaus auch noch als Musterbeispiel dieser Beratungsrichtung fungieren soll, zu erwarten wäre. Der Berater greift zumindest an einigen Stellen recht intensiv in den Prozeß der Bewußtseinsbildung des Klienten ein.

6.1.3 Die Tätigkeit des Beraters

Der Berater macht erheblich mehr, als sich nur akzeptierend, empathisch und kongruent zu verhalten. Dies ist anhand einer qualitativen Analyse und Interpretation seines beraterischen Handelns über die acht Interviews hinweg nachweisbar. Im Mittelpunkt der Betrachtung sollen dabei jene Einflußnahmen des Beraters auf den Klienten stehen, die bei letzterem eine Veränderung in zentralen Regionen seines Modalbewußtseins bewirken (sollten).

Die Hauptaktivitäten des Beraters über die acht Interviews hinweg lassen sich unter qualitativen Gesichtspunkten wie folgt kennzeichnen:

(1) In den beiden ersten Interviews versucht der Berater, sich von der Persönlichkeit des Klienten ein Bild zu machen. Anhand von allgemeinen Leitfragen und von speziellen Erkundigungen bringt er in Erfahrung, wie sich die seelische Wirklichkeit Bryan`s aus dessen Sichtweise darstellt, auf welche Bedingungen diese Wirklichkeit zurückgeführt wird und welche Konsequenzen damit verbunden gesehen werden. Da er sich akzeptierend und empathisch verhält, geht der Klient auch aus sich heraus und ermöglicht dem Berater einen recht umfassenden und tiefgehenden Einblick in seine seelische Verfassung.

Der Berater nimmt - in enger Anlehnung an die Äußerungen von Bryan - im ersten Interview auch schon Zieldefinitionen vor: "Und was Sie finden wollen, sind Mittel und Wege zur Verlängerung der Zeiträume, in denen Sie dieses dynamische Ich sind, nicht wahr?" (B 33, S. 237). Zugleich versucht er, dem Klienten nahezubringen, was durch die Beratung ermöglicht werden kann: "Richtig. Sie haben Ihre Situation wirklich bemerkenswert gut analysiert, und Sie haben ganz recht, wenn Sie sagen, daß Sie sich nicht selbst an den Hosenträgern hochziehen können. Es ist jedoch möglich, daß Sie - wenn wir diese Sache untersuchen - zumindest klar entscheiden können, ob Sie das gleiche wählen wollen wie bisher, oder ob es vielleicht noch andere Wege gibt, um ..." (B 56, S. 241). Hier wird dem Klienten erstmals verdeutlicht, daß eine Veränderung seiner seelischen Verfassung nur auf der Grundlage seiner eigenen Aktivität realisierbar ist. Zugleich ist der Berater bemüht, dem Klienten Hoffnung zu geben: "Eine ständige Qual. Und doch haben Sie trotz dieser ständigen Qual das Gefühl, daß Sie Ihren Weg finden oder sich Ihren Weg aus alldem heraus erkämpfen können" (B 72, S. 244).

Während im ersten Interview das Sichinformieren des Beraters dominiert, erfolgt im zweiten Interview trotz grundsätzlicher Beibehaltung der Informationsintention eine Veränderung in verschiedenen Bereichen der Beratertätigkeit. Nicht nur, daß Widerstände des Klienten an verschiedenen Stellen aufgegriffen werden wie z.B.: "Sie haben das Gefühl, daß das teilweise auf die Tatsache zurückzuführen ist, daß ein Teil von Ihnen sich wahrscheinlich jeder Veränderung widersetzt" (B 94, S. 248). Und auch nicht nur, daß die Stagnationsgefühle des Klienten thematisiert werden: "Hm. (Pause) Das vermehrt Ihr Gefühl, daß Sie irgendwie in diesem Entwicklungs- oder Gefühlszustand gefangen sind" (B 159, S. 260). Zentral bedeutsam ist vielmehr, daß der Berater - beginnend im zweiten Interview und dann besonders intensiv im dritten - damit anfängt, die Auseinandersetzung des Klienten mit sich selbst verstärkt auf den emotionalen Bereich hinzulenken. In den Berateräußerungen mehren sich diejenigen Aussagen, die Gefühle des Klienten reflektieren oder diesen veranlassen wollen, sich verstärkt den emotionalen Aspekten seiner Problematik zuzuwenden. Nur ein Beispiel aus vielen möglichen: " ... - und das, was sich unserem Zugriff immer noch ein wenig entzieht, ich meine, wir haben heute zwar einige neue Bereiche untersucht, sind aber letzten Endes doch zu dem gleichen Problem zurückgekehrt, mit dem wir uns schon das letzte Mal befaßt haben - was sind diese negativen Gefühle? Sie haben das etwas klarer definiert, wir kommen ihnen näher, aber ich glaube, das ist wirklich unser Problem ..." (B 164, S. 261). Im Zusammenhang damit versucht der Berater, die Rationalisierungs- und Intellektualisierungstendenzen des Klienten zu korrigieren: "Sie erheben alles auf ein intellektuelles Niveau. Ich glaube, es gibt keinen Aspekt Ihres Lebens, von dem Sie nicht meinen, daß Sie ihn intellektuell ohne Angst betrachten könnten" und: "... Sie könnten durchaus bereit sein, Ihre Arbeitssituation ganz kühl und sachlich von einem intellektuellen Standpunkt aus zu betrachten, aber die Gefühle, die ... auf beiden Seiten der Waage ... ich glaube, diesen Gefühlen zu begegnen ist schwieriger" (B 171, B 172, S. 263).

(2) In den beiden nächsten Interviews versucht der Berater, die im zweiten Interview begonnene Hinlenkung des Klienten auf die Auseinandersetzung mit seinen Gefühlen zu forcieren und – vor allem im vierten Interview – die Verantwortungs- und Entscheidungsproblematik in den Mittelpunkt seiner Einflußnahme zu rücken.

Im dritten Interview werden zahlreiche Klientenäußerungen nach ihrem emotionalen Bedeutungsgehalt erfaßt, verbalisiert und an den Klienten zurückgemeldet. Die fast stereotyp anmutende Wendung "Sie haben das Gefühl, daß ..." kommt in sehr vielen Berateräußerungen vor. Der Klient nimmt diese Anregung (unbewußt?) auf und produziert in zunehmendem Maße emotionale und volitionale Aussageninhalte. Im Beispiel: "Wieder spielt hier zum Teil eine Rolle, daß es Ihnen furchtbar schwerfällt, etwas zu ertragen, das Ihr Ego beschädigen würde – das Ihnen das Gefühl der Erniedrigung geben würde" (B 235, S. 276). – "Es geht noch viel tiefer. Ich habe das deutliche Gefühl, daß etwas grundlegend Wichtiges falsch ist – es geht weit über eine Minderung des Selbstgefühles hinaus. Es ist einfach ..." (K 235, S. 276). – "Tiefer schon, aber in der gleichen Richtung, meinen Sie das? Ich glaube, Sie haben das Gefühl, daß etwas sehr Wesentliches bei Ihnen nicht stimmt ..." (B 236, S. 276). Am Ende des dritten Interviews macht der Berater einen Vorschlag, der vom Klienten in einer interessanten Weise interpretiert wird, die in vielfacher Hinsicht seine weitere Entwicklung in den folgenden Interviews thematisiert und vorstrukturiert. Der Berater sagt: "Ja. Ich hätte noch einen Vorschlag. Wenn Sie merken, daß Ihre Symptome sich verschlimmern, oder wenn sie verschwinden ... ich meine, wenn sie kommen oder gehen ... je ehrlicher Sie sich fragen: 'Was bringt mir das?', desto größere Fortschritte machen Sie unter Umständen" (B 256, S. 279). Darauf der Klient: "Das ist eine gute Idee. Daß ich die volle Verantwortung für meine Gefühle übernehme und mir sage: 'Ich bin derjenige, der macht, daß ich so fühle, und was bringt mir dieses Gefühl ein – was nützt es mir?'" (K 256, S. 279).

Diese zuletzt angesprochene Thematik findet im vierten Interview ihre Fortsetzung. Berater und Klient sprechen einige Ambivalenzen und Ambitendenzen des Klienten an. Im Hinblick darauf - und diese Aussage des Beraters besitzt offensichtlich wieder eine sehr zentrale Schlüsselfunktion - resumiert der Berater: "Eine Teilantwort auf diese Frage scheint mir im eindeutigen Erkennen der Entscheidung zu liegen, die Sie zu treffen haben. Ich meine, mit dem, was Sie eben sagten, haben Sie ganz deutlich den Kontrast zwischen einem So-weitermachen, das Verantwortung beinhaltet und Zufriedenheit wie Unzufriedenheit mit sich bringt, und dem Zurückfallen auf die einfachere Möglichkeit, mit den Symptomen weiterzuleben, aufgezeigt" (B 311, S. 291). Hier wird dem Klienten aus der Sichtweise des Beraters deutlich gesagt, was ihm not tut und was er zu tun nötig hat: eine Entscheidung zu treffen. Etwas weiter noch einmal: "Es kommt alles auf das Selbst zurück, nicht wahr? Zwei grundsätzliche Möglichkeiten - welche ziehen Sie vor? Es läuft letzten Endes auf eine persönliche und wahrscheinlich recht unphilosophische Entscheidung hinaus" (B 315, S. 293). Dieses Thema der Entscheidungsnotwendigkeit wird vom Berater immer wieder herausgestellt (B 321, B 324, S. 294; B 332, S. 296). Allein der Klient ist zu einer solchen Leistung noch nicht bereit und fähig. Die emotionale Entschlußfassung ist für ihn ein Ziel, das er aber nur dann zu erreichen in der Lage ist, wenn er die Gegensätze seiner seelischen Verfassung aufgearbeitet hat. Ihm dämmert - nicht zuletzt unter der Einflußnahme des Beraters - zwar die Notwendigkeit einer grundsätzlichen seelischen Umstellung. Die Bedingungen ihrer Möglichkeit herzustellen ist er jedoch noch nicht in der Lage.

(3) Das Durcharbeiten von Ambivalenzen, Alternativen und Teilmöglichkeiten ist Angelegenheit der beiden nächsten Interviews. Es geschieht unter kräftiger Mithilfe des Beraters, der immer wieder zur Auseinandersetzung anregt und den Klienten darin unterstützt, die seelische Belastung solcher Auseinandersetzung durchzuhalten und zu ertragen. Er versucht, dem Klienten Mut und Selbstvertrauen zur Eigeninitiative zu geben: "Ich glaube nicht, daß ich derjenige bin, der Sie grundsätzlich auf die eigenen Beine stellt. Die Sache ist die, daß niemand für irgendeinen von uns Kaninchen aus einem Hut ziehen kann, oder?" (B 383, S. 307). Zugleich aber verdeutlicht er dem Klienten seine ambivalente Zuständlichkeit: "Sie fühlen sich heute ziemlich entmutigt, und ich finde das sehr verständlich, aber gleichzeitig sprechen Sie von Dingen, die Sie tun oder tun wollen, und das erscheint mir ein ziemlicher Fortschritt" (B 384, S. 307). Er macht dem Klienten

klar, daß die Vereindeutigung seiner seelischen Lage und das Herauskommen aus der konflikthaften Zerrissenheit, die der Blockierung zum Teil zugrundeliegt, Verzicht verlangt: "Ich meine, letztesmal haben Sie einige außerordentlich mutige Schritte unternommen. Sie haben sich sehr klar gesehen und sehr klar das Kräfteverhältnis erkannt. Wenn Sie sich jetzt für einen Handlungsablauf entscheiden, dann bedeutet das auch die Aufgabe des anderen. Und diese Woche sagen Sie: 'Mein Gott, ich weiß nicht - das heißt doch, sehr vieles aufgeben'" (B 405, S. 310).

Das sechste Interview beinhaltet weiterhin die Bemühung um Vereindeutigung der ambivalenten Situation des Klienten. Der Klient möchte schon zur Entscheidung gelangen. Es fehlt ihm jedoch die dazu erforderliche Risikobereitschaft und Erlebnisgewißheit. Der Berater interpretiert es ihm so: "Mit anderen Worten, nicht irgendein Mangel an Wissen hält Sie ab, denn Sie wissen, daß dieses Wissen immer unzureichend wäre - was Sie von der Handlung oder von den Handlungen abhält, das ist der Umstand, daß Sie nicht über genügend Glauben verfügen" (B 423, S. 314). Er stellt dem Klienten einfach, aber eindringlich vor Aufgen, "daß der Kampf, der erforderlich ist, um auf eine andere Anpassungsebene zu gelangen, eine beträchtliche Anstrengung erfordert" (B 448, S. 318). Was der Klient nötig hat, setzt voraus, daß er bereit ist, das Notwendige selbst zu tun: sich mit sich auseinanderzusetzen und sich für eine neue Lebensrichtung zu entscheiden. Er konfrontiert den Klienten mit seinen Ausweichtendenzen: "Hm. Und das erscheint Ihnen irgendwie verlockend, nicht wahr? Den Knopf zu drücken (Ergänzung: wodurch der Wunschvorstellung des Klienten entsprechend eine Art von leicht durchzuführender automatischer Veränderung erreicht werden sollte) oder sich aus der Situation zurückzuziehen - jede dieser Möglichkeiten verlockt Sie" (B 455, S. 320). Alles dreht sich in diesem sechsten Interview um die Analyse des Möglichkeitsbewußtseins des Klienten: "Ja, Sie sind sich nicht sicher, welche Richtung Ihnen den höchsten Grad der Befriedigung geben kann, die Sie sich wünschen. Ich glaube, je mehr Sie darüber nachdenken, desto klarer wird Ihnen, daß Sie durch das Verhalten, das Sie lange Zeit an den Tag gelegt haben, zu bestimmten Befriedigungen kommen; daß heißt, Sie neigen dazu, sich einigen der schwierigsten Situationen durch dieses Verhalten zu entziehen. Sie wissen aus eigener Erfahrung auch, daß es bestimmte Befriedigungen mit sich bringt, eine mehr männliche Rolle zu spielen, die Rolle eines mehr Erwachsenen, aber Sie wissen eben auch, daß es eines langsamen zähen Kampfes bedarf, um zu dieser Art von Befriedigung zu gelangen, und ich glaube, das ist der Grund, weshalb Sie sich nicht entscheiden können, welche Richtung Ihnen lieber ist" (B 459, S. 321). Als der Klient sich ganz in der Sackgasse seiner Ambitendenzen und Widersprüche gefangen hat, präzisiert der Berater in folgender Passage noch einmal seine Situation und die grundlegenden Möglichkeiten, die er hat: "Ja, Sie haben das Gefühl, daß Sie mit Ihrem Latein am Ende sind. Sie fühlen sich auch wie auf einem Plateau. Sie haben das Gefühl, als seien Sie an dem Punkt angelangt, an dem Sie entweder vorwärts- oder zurückgehen müssen - eins von beidem. Sie können nicht immerfort auf der Stelle treten" (B 469, S. 323). Weiter: "Hm. Ja, das wäre auch eine Möglichkeit. Sie könnten es vermeiden, sich mit der Situation voll auseinanderzusetzen und so weitermachen, daß es gerade noch läuft" (B 470, S. 323). Weiter: "Ja, es sieht nicht leicht aus, in welche Richtung Sie auch blicken, nicht wahr?" (B 471, S. 323). Weiter: "Wie Sie es auch betrachten, es ist eine schwere Entscheidung, nicht wahr? (B 476, S. 324). Endlich: "Sie können sich nicht ganz entscheiden, ob Sie die Neurose an sich drücken oder hinter sich lassen sollen ..." (B 480, S. 325). Einen Menschen mit Konflikten beraten bedeutet - das dürfte anhand dieses Beispieles klar geworden sein - , ihn in seinem Ringen um Einheitlichkeit und Eindeutigkeit unterstützen. Es bedeutet, so könnte man auch sagen, ihm die Möglichkeiten seiner Daseinsführung und Daseinsgestaltung v.a. unter emotionalen Gesichtspunkten deutlich vor Augen zu stellen.

(4) Im siebten Interview gelangt der Klient dazu, die Notwendigkeit seiner Veränderung aus den Möglichkeiten seiner eigenen propulsiven Energiereserven heraus kognitiv und emotional zu begreifen. Er findet einen Lösungsweg für seine Probleme und wird darin vom Berater unterstützt und verstärkt. Der Berater weißt ihn darauf hin, daß jeder Mensch sich grundsätzlich sein eigenes Rezept verschreiben muß (B 497, S. 329) und daß wir immer Wege finden, um das in die Tat umzusetzen, was wir uns im Innersten wünschen (B 500, S. 330). Er kommentiert auch nachträglich mit Korrekturintention frühere Positionen des Klienten: "Und vielleicht war Ihre frühere Vorstellung, im Vakuum etwas zu tun, eigentlich nicht so sehr der Wunsch, einen Entschluß zu fassen, als vielmehr der Wunsch dem Entschließen auszuweichen" (B 515, S. 332). In vielfältiger Weise verstärkt der Berater das Bewußtsein des Klienten, einen ganz bestimmten Weg beschreiten zu müssen, von dem er sich die Bewältigung seiner Probleme erwarten darf: "Es ist ein Weg, von dem Sie ziemlich überzeugt sind, daß er auf lange Sicht mehr Befriedigungen bietet als die andere Richtung" (B 517, S. 333) bis hin zu: "Ich finde, mit dem Rezept, das Sie sich verschrieben haben, haben Sie gute Arbeit geleistet ..." (B 535, S. 335).

Im letzten Interview bestätigt der Berater dem Klienten, die ihm gemäße Richtung eingeschlagen und Fortschritte in der Konstituierung eines neuen Wirklichkeitsbewußtseins und Wertbewußtseins und deren Umsetzung in konkretes Handeln gemacht zu haben (z.B. B 549, B 550, B 551, B 554, B 555). Zusammenfassend: "Und man kann sich auf Sie verlassen, weil Sie derjenige sind, der sich für diesen Weg entschieden hat, und derjenige, der beschlossen hat, diesen Weg zu gehen" (B 596, S. 345).

6.2 Weitere Belege für die Bedeutung des reflexiven Modalbewußtseins

Eine Schwalbe macht noch keinen Sommer – und ein Demonstrationsbeispiel liefert noch lange keinen Beweis für die Brauchbarkeit einer theoretischen Konzeption. Ein Beweis kann und soll hier auch nicht geliefert werden. Wohl aber ist es möglich, eine Reihe von weiteren Hinweisen dafür zu geben, daß die aufgeführten Bereiche des Modalbewußtseins und die Umzentrierungen, die innerhalb des Modalbewußtseins stattfinden, auch in anderen theoretischen Richtungen der Therapie und Beratung eine zentrale Rolle spielen. Es spricht einiges dafür, daß das reflexive Modalbewußtsein einen Focus darstellt, auf den hin sehr unterschiedliche therapeutische und beraterische Richtungen konvergieren. Größte Bedeutung wird dabei offensichtlich dem Möglichkeits- und Notwendigkeitsbewußtsein und den in diesen beiden Bereichen stattfindenden Umzentrierungen beigemessen.

1. Einige Falldarstellungen des Focusing-Ansatzes (Gendlin 1981) thematisieren das Möglichkeits- und Notwendigkeitsbewußtsein des Klienten sehr deutlich. Beim Versuch, durch den "felt sense" die eigene Grundbefindlichkeit zu erfassen, werden die Klienten hauptsächlich auch dessen inne, was für sie notwendig und möglich ist. Diese "Wahrnehmung der gesamten Gefühlslage" (Gendlin 1981, S. 81) kann sekundär auf die Ebene der Reflexion gehoben werden.

2. Eine ähnliche Feststellung kann im Zusammenhang mit Protokollen oder Protokollausschnitten getroffen werden, die aus dem Bereiche der kognitiv orientierten Verhaltensmodifikation stammen (Meichenbaum 1979, S. 196, S. 218). Der Unterschied zu den klientenzentrierten Ansätzen ist der, daß hier die subjektive Sicht des Klienten hinsichtlich dessen, was ihm not tut und was ihm möglich ist, sehr viel stärker durch den Berater angeregt wird. So werden die Äußerungen eines depressiven Klienten über seine psychische Wirklichkeit und über seine Möglichkeiten wie folgt kommentiert: "Damit der depres-

sive Klient sein Verhalten ändert, muß er Gedanken und Verhaltensweisen entwickeln, die mit den fehlangepaßten Gedanken und Verhaltensweisen unvereinbar sind. Aus der Therapie muß sich eine veränderte Sichtweise ihnen gegenüber entwickeln. Der depressive Klient muß sehen lernen, daß er nicht mehr ein 'Opfer' seiner Gedanken und Gefühle ist, sondern jemand, der aktiv auf seine Erfahrungen Einfluß nimmt. Das Erkennen der Ankündigung fehlangepaßten Verhaltens muß einen anderen inneren Dialog auslösen. Einen inneren Dialog, der die Möglichkeiten für ein Einlassen auf angepaßtes Verhalten kennzeichnet, ein Verhalten, das in der Therapie diskutiert und geübt wird ... Für den Klienten besteht ein Ziel des (Re)Interpretationsprozesses darin, seine Probleme mit Begriffen neu zu bestimmen, die ihm das Gefühl des Verstehens geben; dabei soll er ein Gefühl der Kontrollierbarkeit seines Verhaltens und der Zuversicht erhalten, was für den Vorgang der Veränderung notwendig ist" (Meichenbaum 1979, S. 218).
Aus der Analyse des Protokolles einer Therapiesitzung mit einer Angstpatientin (Beck u. Emery 1981, S. 119 ff) kann festgestellt werden, daß es in der kognitiv orientierten Verhaltenstherapie der Berater ist, der dem Klienten vermittelt, was für diesen notwendig und möglich ist - offensichtlich in der Hoffnung, daß der Klient diese Interpretationen und Anweisungen internalisiert und mit ihnen sein eigenes Notwendigkeits- und Möglichkeitsbewußtsein anreichert. Die in dieser Beratungs- und Therapierichtung obligatorischen "Bewältigungspläne" (Beck u. Emery 1981, S. 169) aktivieren das Möglichkeitsbewußtsein des Klienten.
3. Auch im Rahmen der verhaltenstherapeutischen Theorie traditioneller Art wird das Möglichkeits- und Notwendigkeitsbewußtsein des Klienten in Anspruch genommen. So wird z.B. im Rahmen der Methode der Desensibilisierung aus der Sichtweise des Therapeuten herausgearbeitet, was der Klient lernen muß, damit er über Entspanntheit willentlich verfügen kann und unter welchen Voraussetzungen Entspannung grundsätzlich realisiert werden kann (Kaminski 1970, S. 568). Ein derartiges kognitives Feststellen dessen, was hinsichtlich einer bestimmten Veränderung der Klient-Persönlichkeit nötig und möglich ist, durch den Berater, muß auch aus der subjektiven Perspektive des Klienten auf der Grundlage eines inneren Dialoges durchgeführt werden.

7. RESÜMEE

Unter Bezugnahme auf die bisher vorgenommene Entwicklung einer Theorie der Beratung und ihrer Anwendung auf die Beratungspraxis soll nunmehr die abschließende Frage gestellt werden, welchen Platz diese Theorie im Bezugssystem der Modelle und Theorien der Beratung und der Therapie einnimmt. Sie beinhaltet theoretische Konzepte, die aus dem Bereiche sehr unterschiedlicher und teilweise einander entgegengesetzter Erklärungen des Beratungsverlaufes und des Beratungserfolges stammen: Widerstand und Widerstandsauflösung aus der Psychoanalyse, Auseinandersetzung und Positionsbeziehung aus der Gesprächstherapie, der Individualtherapie und der kognitiv orientierten Verhaltenstherapie, Handlungskompetenz aus dem Bereiche der Verhaltens- bzw. Handlungstheorien, rational-kognitives, emotionales und aktionales Lernen aus dem Bereiche der Lerntheorien. Insofern könnte unterstellt werden, es handle sich um ein eklektizistisches Konzept, das mit allen Problemen behaftet ist, die eklektizistischen Positionen eigen sind.

Allerdings haben eklektizistische Positionen nicht nur Nachteile, sondern auch Vorteile. Vor allem können sie in der Lage sein, einseitige theoretische Standpunkte aufzuheben oder zu relativieren. Die Konzepte Widerstandsbewältigung, Auseinandersetzung mit sich selbst und mit der eigenen Lebenslage, Aufbau von Handlungskompetenzen, Anregung und Durchführung von Lernprozessen kennzeichnen Aufgabenbereiche für jegliche therapeutische und beraterische Theorie und Praxis. Sie greifen – unter eklektizistischer Perspektive – über jene Theorien hinaus, in deren Rahmen sie zunächst thematisiert wurden und vermögen zur Konstruktion einer allgemeinen Theorie der Beratung und der Therapie beizutragen, die wenigstens in groben Umrissen am Horizont der Beratungs- und Therapiewissenschaft sich abzuzeichnen scheint (Ivey u. Simek-Downing 1980). So gesehen könnte der hier vorgestellte Beitrag als eklektizistisch bezeichnet werden.

Eine solche Einordnung darf jedoch nicht übersehen lassen, daß das vorgestellte Konzept eine eindeutige schwerpunktmässige Verankerung in einem bestimmten Theorie-Bereich aufweist. In seinem Annahmekern steht es dem epistemologischen Subjektmodell (Groeben u. Scheele 1977), dem theoretischen Konzept der kognitiv fundierten Selbstkontrolle (Scheele 1981) und dem Konstruktsystem der Erwartungs-mal-Wert-Theorien (Atkinson 1975) außerordentlich nahe. Es beruht zudem auf anthropologischen Voraussetzungen, die der Person die entwickel- und optimierbaren Fähigkeiten, Einstellungen und Kompetenzen der Voraussicht, der Vorherbestimmung, der Zwecktätigkeit, des Wertbewußtseins, der Entscheidungsfähigkeit und der Verfügung über ein differenziertes Handlungsrepertoire zuerkennen (Engelmayer 1977, Hartmann 1949a) - Fähigkeit und Kompetenzen, die der Klient zumindest in einem bestimmten Ausmaße einsetzen kann und die er - unter Anregung und Unterstützung des Beraters - aufbauen und einsetzen lernen muß, falls er nicht oder nur unzulänglich über sie verfügt. Die Person wird als ein situationsinterpretierendes und sinnkonstruierendes Individuum verstanden, das eigene Standards zu aktualisieren in der Lage ist. Im Rahmen einer realistischen Anthropologie und Psychologie wird darüber nicht vergessen, daß die Person auch über natürliche und erlernte Reflexe, über Gewohnheitssysteme und über automatisierte Handlungsformen verfügt und daß die beraterische Hilfe häufig auf diese Bereiche bezogen sein muß. Die Frage ist nur, ob die Beratung bei solcher Hilfe stehenbleiben kann oder ob es nicht vielmehr in den meisten Fällen nötig ist, das subjektive Sinnsystem der Person, ihr Selbstkonzept und ihre konstruktiven Tendenzen und Fertigkeiten in den Brennpunkt der beraterischen bzw. therapeutischen Hilfe zu stellen.

(1) Die Nähe der hier vorgelegten Theorie der Beratung zum epistemologischen Subjektmodell und zum theoretischen Konzept der kognitiv fundierten Selbstkontrolle ergibt sich aus dem zentralen Stellenwert, der dem reflexiven Modalbewußtsein des Klienten zuerkannt wird, und aus den Aufgabenanforderungen, die sich an den Berater im Zusammenhang mit der Anregung und Unterstützung des reflexiven Modalbewußtseins des Klienten richten. In Abb. 7 sollen die wesentlichen Prozeßkomponenten des Modalbewußtseins noch einmal dargestellt werden.

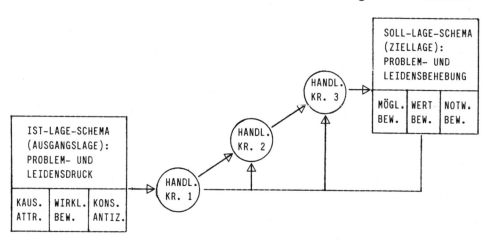

Abb. 7: Prozeßkomponenten des Modalbewußtseins des Klienten.

Das Wirklichkeitsbewußtsein des Klienten ist der zentrale Bestandteil seines Ist-Lage-Schemas. In Prozessen der Selbstwahrnehmung und Selbstanalyse erfaßt der Klient – mit welchen Graden der Genauigkeit und Differenzierung auch immer – seine subjektive Befindlichkeit im Kontext seiner Lebenswelt, die Bedingungskonstellation, die er für diese Befindlichkeit kausalattributiv ansetzt, und die Folgen, die er, erwartend und erfahrend, aus dieser Befindlichkeit erwachsen sieht. Die von ihm praktizierte unproduktive Daseinstechnik, die er bei seinen Versuchen der Bewältigung von mehr oder weniger chronischen Belastungs- bzw. Entlastungslagen einsetzt, und die im Zusammenhang damit registrierte Reduktion seiner Modifizierbarkeit stellen die unter Unwert-Vorzeichen empfundenen Hauptkomponenten seiner Ist-Lage-Befindlichkeit dar. Aus diesen beiden Komponenten erwächst auch sein Problem- und Leidensdruck.

Mit diesem Problem- und Leidensdruck ist gewöhnlich die Tendenz verbunden, dieser Drucksituation ein Ende zu machen. Im Kontrast zu dieser als belastend empfundenen Ist-Lage antizipiert der Klient im Verlaufe der Beratung unter mehr oder weniger ausgeprägter Mithilfe des Beraters eine subjektiv wünschenswerte Soll-Lage. In diesem Entwurf seines Wertbewußtseins ist zugleich das Bewußtsein der Aufgabe der Realermöglichung dieser Soll-Lage und zugleich auch das Bewußtsein der subjektiven Notwendigkeit ihrer Herstellung enthalten. Inhaltlich ist die Soll-Lage um eine neue Zielsetzung und um eine neue Daseinstechnik zentriert – beide Komponenten als zu realisierende Aufgaben verstanden.

Die Diskrepanz zwischen Ist-Lage-Schema und Soll-Lage-Schema wird unter Einsatz von Handlungskreisen zu überwinden versucht, deren Aufbau und deren Durchführung ebenfalls unter der Anregung und Mithilfe des Beraters geschehen. Ein solcher Handlungskreis umfaßt folgende Komponenten: kritische Auseinandersetzung mit der Ist-Lage, vergleichende Auseinandersetzung mit Alternativen zur Ist-Lage, Antizipation der Soll-Lage, Positionsbeziehung und Zielfestlegung, Mittelsuche und Mittelwahl, Zielrealisierung(sversuche), Erfolgsbewertung, Erfahrungsauswertung, Schaffung neuer Handlungsmuster auf der Grundlage der Erfahrungsauswertung. Gewöhnlich reicht die Durchführung eines einzigen solchen Handlungskreises und der mit ihm verbundenen Lernvorgänge nicht aus, um die Differenz zwischen Ist-Lage und Soll-Lage zu überbrücken. Vielmehr ist es meistens erforderlich, mehrere solcher Handlungskreise bei sukzessiver Niveauerhöhung der Auseinandersetzung und Neukonstruktion hintereinanderzuschalten. Auf der Grundlage vielfältiger rational-kognitiver, emotionaler und aktionaler Lernprozesse kann sich der Klient der Soll-Lage annähern und diese im Optimalfall erreichen. Unter welchen Voraussetzungen?

(2) Bei der Beantwortung dieser Frage besteht Veranlassung, die skizzierte Veränderungstheorie zur Erwartungs-mal-Wert-Theorie in Verbindung zu setzen. Diese Theorie bringt zum Ausdruck, "daß die Stärke der Tendenz, auf eine bestimmte Art und Weise zu handeln, abhängt von der Stärke der Erwartung, daß der Handlung eine bestimmte Konsequenz folgt (daß sie auf ein bestimmtes Ziel gerichtet ist), und vom Wert, den diese Konsequenz (oder dieses Ziel) für ein Individuum hat" (Atkinson 1975, S. 441). Das hier im Rahmen des Soll-Lage-Schemas verwendete Konzept Wertbewußtsein meint den subjektiv bedeutsamen Entwurf einer Zukunft, die - im Vergleich mit der belastenden Ist-Lage - "besser" und daher wünschbar ist. Von Werten als Konzeptionen des Wünschbaren gehen Handlungsimpulse aus, die mit der Erwartung von subjektiv bedeutsamen Folgen verknüpft sind. Als zentrale Wertaspekte, die bei der Konstituierung der Soll-Lage von Klienten eine Rolle spielen, fungieren z.B.: die homöostatische Tendenz auf Erhaltung oder Wiederherstellung eines subjektiv akzeptablen Gleichgewichtes, das Bedürfnis nach Spannungsregulation, das Streben nach persönlichem Wachstum und nach sinnhafter Fundierung des eigenen Daseins. Unter der Führung derartiger aktivierbarer Wertkonzepte versucht der Klient, seine problematische Ist-Lage zu modifizieren.

Allerdings ist mit der Anerkennung der Wünschbarkeit einer Soll-Lage und mit der Erwartung der Folgen, die sich aus der Erreichung der Soll-Lage wahrscheinlich einstellen werden, noch keineswegs garantiert, daß diese Soll-Lage auch tatsächlich realisiert wird. Sie realisiert sich nicht von selbst, sondern bedarf zu ihrer Verwirklichung der Aktivität des betroffenen Subjekts. Dieses hat die Soll-Lage-Realisierung als dringlich zu setzen und zugleich die Bedingungen zu eruieren, unter denen die präferierte Soll-Lage realisiert werden kann. Das erste hat das Notwendigkeitsbewußtsein, das zweite das Möglichkeitsbewußtsein des Klienten zu leisten. Die Erwartungs-mal-Wert-Theorie wäre demnach durch eine theoretische Konzeption zu erweitern, die neben dem Entwurf des Wünschbaren und der mit ihm zusammenhängenden Folgeerwartungen auch die subjektive Sicht der Ermöglichung dieses Wünschbaren und der Dringlichkeit seiner Realisierung beinhaltet.

Die Realermöglichung des neuen Soll-Zustandes setzt das Erkennen und Anerkennen der Bedingungen seiner Realisierung voraus. Auf der Grundlage seines Möglichkeitsbewußtseins ermittelt der Klient die Chancen, gegebene Bedingungen benützen und fehlende Bedingungen herstellen zu können. Die auszunützenden bzw. herzustellenden Bedingungen können dabei sowohl in der Person des Klienten als auch in seiner Lebenswelt gelegen sein. Funktion des Notwendigkeitsbewußtseins ist es, die subjektive Dringlichkeit des eigenen zielerreichenden Handelns festzustellen. Reguliert wird diese subjektive Dringlichkeit durch jene Gründe, die generell im Wertbewußtsein des Klienten eine Veränderung seiner Gesamtlage verlangen. Einige dieser Gründe (Motive) wurden weiter oben aufgeführt.

(3) Die optimale Funktion des reflexiven Modalbewußtseins des Klienten erfordert anregende und unterstützende Maßnahmen des Beraters. Sowohl die Auseinandersetzung mit der Ist-Lage als auch der Entwurf der Soll-Lage und darüber hinaus die Aufgabe der Reduzierung der Differenz zwischen Ist-Lage und Soll-Lage machen Hilfen des Beraters erforderlich. Aber auch bei noch so differenzierter und intensiver Hilfestellung des Beraters kann der Beratungserfolg nicht garantiert werden – und zwar aus folgenden Gründen.

Erstens sind die Komponenten des Soll-Lage-Schemas interindividuell unterschiedlich ausgeprägt und unterschiedlich anregbar. Reduziert sich nur eine der drei Komponenten gegen Null, tritt überhaupt ein Totalausfall im Bereiche der Soll-Lage ein: entweder weil der Wertenwurf selbst nicht greift oder weil die Dringlichkeit seiner Realisierung nicht akzeptiert wird oder weil keine Möglichkeiten seiner Realisierung geschaffen werden können.

Zum zweiten aber können auch die Handlungskreise, mit deren Hilfe die Differenz zwischen der Ist-Lage und der Soll-Lage überbrückt werden, dysfunktional sein – und zwar im Bereiche einer oder mehrerer der Komponenten, die zur Gewährleistung der Funktionstüchtigkeit der Handlungskreise erforderlich sind.

Mit diesen Überlegungen ist nur ein schmales Segment jenes Bereiches thematisiert, den man unter der Überschrift "Schwierigkeiten, Fehler und Grenzen der Beratung" zu berücksichtigen hat, wenn man Aussagen über die Funktionsweise und Effektivität der Beratung macht. Auf diese Problematik kann hier nicht mehr weiter eingegangen werden. Nur zwei Anmerkungen seien zur Frage der Grenzen der Beratung abschliessend noch aufgeführt:

- "Beratung ist kein Allheilmittel für sämtliche Fehlanpassungen. Sie ist weder der geeignete Ansatz für alle Problemkinder noch für alle Problemeltern ... Beratung ist **eine** Methode, wenn auch eine nützliche Methode im Umgang mit den zahlreichen Anpassungsproblemen ..." (Rogers 1972, S. 23). Aus dem Spektrum menschlicher Hilfebedürftigkeit vermag die Beratung kompetenterweise nur einen bestimmten Ausschnitt zu bewältigen. Sie ist in Sonderheit für Klienten indiziert, die - bei reduzierter Modifizierbarkeit - Belastungs- oder Entlastungslagen inadäquat verarbeitet haben, was sich in einer Einbuße an Selbsthilfeintention, Selbststeuerungsfähigkeit und Handlungskompetenz ausgewirkt hat; beim Versuch der Problembewältigung ist jedoch das reflexive Modalbewußtsein dieser Klienten (re)aktivierbar.

- Es gibt manche hochgestochene Erwartung, mit der Hilfe von Beratung könne eine schnelle und umfassende Änderung von Personen und Systemen erreicht werden. Für manchen ist Beratung auch nur unter der Voraussetzung akzeptabel, daß sie dazu beiträgt, "das System" zu verändern. Demgegenüber ist festzustellen, daß die Möglichkeiten der Beratung leicht überschätzt werden. Vieles von dem, was von ihr erwartet wird, kann sie nur in einer eingeschränkten Weise realisieren: sie führt weder zu schnellen noch zu totalen Änderungen von Personen; sie erweist sich häufig für die Veränderung von Systemen als zu schwach; sie muß häufig mit Teilerfolgen zufrieden sein. Sie kann Bedingungen dafür schaffen helfen, daß Menschen ihr Dasein bewußter und kompetenter zu gestalten vermögen und auf dieser Grundlage reifer, vielleicht im Endergebnis auch etwas glücklicher werden, zumindest aber weniger belastet und desorientiert sind. Sie regt Menschen dazu an, sich mit sich selbst auseinanderzusetzen und nach den für sie bedeutsamen und sinnvollen Lebenszielen und Lebenstechniken zu suchen; sie unterstützt bei der kritischen Auseinandersetzung mit den sich dabei stellenden Problemen. Wenn Beratung solches bewirken hilft und wenn sie ihre diesbezügliche Kompetenz verbessern kann, hat sie sehr viel erreicht.

LITERATUR

Adler, A.: Praxis und Theorie der Individualpsychologie. Wien-München 1927 (TB: Frankfurt/Main 1974).
Aichhorn, A.: Erziehungsberatung und Erziehungshilfe. Reinbek 1972.
Alexander, F.: Psychoanalysis and psychotherapy. J.Am. psychoanal. Ass., 2, 1954, 722 - 733.
Allport, G.W.: Gestalt und Wachstum in der Persönlichkeit. Meisenheim 1970.
Alschuler, A.S.: Developing achievement motivation in adolescents. Englewood Cliffs 1973.
Atkinson, J.W.: Einführung in die Motivationsforschung. Stuttgart 1975.
Aurin, K. (Hrsg.): Beratung als pädagogische Aufgabe. Wiesbaden 1981.
Aurin, K. u. Olbrich, Ch.: Theoretischer Bezugsrahmen für die Tätigkeit als Beratungslehrer. Fernstudienlehrgang Ausbildung zum Beratungslehrer. Studienbrief 15. Tübingen 1978.
Ausubel, D.P.: Psychologie des Unterrichts. 2 Bde. Weinheim-Basel 1974.
Bandura, A.: Lernen am Modell. Stuttgart 1976.
Bandura, A.: Sozial-kognitive Lerntheorie. Stuttgart 1979.
Bastine, R., Fiedler, P.A., Grawe, K., Schmidtchen, S. u. Sommer, G.: Grundbegriffe der Psychotherapie. Weinheim, Deerfield Beach, Basel 1982.
Baumann, U., Berbalk, H. u. Seidenstücker, G. (Hrsg.): Klinische Psychologie. Trends in Forschung und Praxis. 3 Bde. Bern 1978 - 1980.
Beck, A.T.: Cognitive therapy and the emotional disorders. New York 1976.
Beck, A.T.: Kognitive Therapie der Depression. München, Wien, Baltimore 1981.
Beck, A.T.: Cognitive therapy: Nature and relation to behavior therapy. Behav. Therapy, 1, 1970, 184 - 200.
Beck, A.T. u. Emery, G.: Kognitive Verhaltenstherapie bei Angst und Phobien. Tübingen 1981.
Beck, C.E.: Philosophical foundations of guidance. Englewood Cliffs N.J., 1963.
Beckmann, D., Scheer, J. u. Zenz, H.: Methodenprobleme in der Psychotherapieforschung. In: Hb.d.Psychol., 8. Bd., 2. Halbbd., Göttingen 1978.
Benz, E. u. Rückriem, N. (Hrsg.): Der Lehrer als Berater. Heidelberg 1978.

Benz, E.: Beratung als pädagogisches Handeln des Lehrers. In: Benz u. Rückriem, N.: Der Lehrer als Berater. Heidelberg 1978.
Bergin, A.E. u. Garfield, S.L.: Handbook of psychotherapy and behavior change: An empirical analysis. New York 1971.
Bergold, J.B. (Hrsg.): Zwischen Selbstentfaltung und Kontrolle. München 1973.
Bernstein, D.A. u. Borkovec, Th.D.: Entspannungstraining. München 1975.
Besier, G.: Seelsorge und klinische Psychologie. Göttingen 1980.
Blocher, D.H.: Developmental counseling. New York 1966.
Bommert, H. u. Hockel, M. (Hrsg.): Therapieorientierte Diagnostik. Stuttgart 1981.
Bommert, H. u. Plessen, U.: Psychologische Erziehungsberatung. Stuttgart 1978.
Brammer, L.M. u. Shostrom, E.L.: Therapeutic Psychology: Fundamentals of counseling and psychotherapy. Englewood Cliffs, N.J. 1977, 3. A.
Brandstädter, J., Reinert, G. u. Schneewind, K.A. (Hrsg.): Pädagogische Psychologie: Probleme und Perspektiven. Stuttgart 1979.
Breuer, F.: Psychologische Beratung und Therapie in der Praxis. Heidelberg 1979.
Brezinka, W.: Grundbegriffe der Erziehungswissenschaft. München-Basel 1974.
Bühler, Ch. u. Allen, M.: Einführung in die Humanistische Psychologie. Stuttgart 1974.
Burks, H.M. u. Stefflre, B.: Theories of counseling. New York 1979, 3. A.
Butollo, W.H.L.: Das systematische Experiment. In: Hb. d. Psychol., 8. Bd., 2. Halbbd., Göttingen 1978.
Caplan, G.: Principles of preventive psychiatry. New York 1964.
Carroll, H.A.: Die Dynamik der Anpassung. Weinheim-Basel 1972.
Caspar, F.M.: Widerstand in der Psychotherapie. In: Bastine, R. u.a.: Grundbegriffe der Psychotherapie. Weinheim 1982.
Charlton, M., Feierfeil, R., Furch-Krafft, E. u. Wetzel, H.: Konfliktberatung mit Kindern und Jugendlichen. Eine Einführung in sozial-kognitive Beratungsstrategien. Weinheim-Basel 1980.
Clinebell, H.: Modelle beratender Seelsorge. München 1979, 4. A.
Cofer, C.N. u. Appley, M.H.: Motivation: Theory and research. New York, London, Sidney 1964.

Cranach v., M.: Zielgerichtetes Handeln. Bern, Stuttgart, Wien 1980.
Cronbach, L.J.: Einführung in die Pädagogische Psychologie. Weinheim Berlin Basel 1971.
Cunningham, L.M. u. Peters, H.J.: Counseling theories. Columbus 1973.
Davison, G.G. u. Neale, J.M.: Klinische Psychologie. München 1979.
De Charms, R.: Motivation in der Klasse. München 1979.
Dietrich, G.: Beratung im wissenschaftlichen Verständnis. Psychologische Arbeiten und Berichte (PAB) Universität München 1982.
Dietrich, G. u. Walter, H.: Grundbegriffe der psychologischen Fachsprache. München 1970.
Dörner, D.: Problemlösen als Informationsverarbeitung. Stuttgart 1976.
Eicke, D. (Hrsg.): Die Psychologie des 20. Jahrhunderts, Bd. II: Freud und die Folgen (1). Zürich 1976.
Eicke, D. (Hrsg.): Die Psychologie des 20. Jahrhunderts, Bd. III: Freud und die Folgen (2). Zürich 1977.
Ellis, A.: Die rational-emotive Therapie. München 1978, 2. A.
Engelmayer, O.: Menschenführung im Raume der Schulklasse. München 1968.
Engelmayer, O.: Einführung in die Wertpsychologie. Darmstadt 1977.
Ennis, R.H.: Logic in teaching. Englewood Cliffs 1969.
Eysenck, H.: The effects of psychotherapy: An evaluation. J. Consult. Psychol., 1952, 16, 319 - 324.
Eysenck, H.: The outcome problem in psychotherapy: A reply. Psychotherapy: Theory, research and practice. 1964, 1, 97 - 100.
Fiedler, P.A. (Hrsg.): Psychotherapieziel Selbstbehandlung: Grundlagen kooperativer Psychotherapie. Weinheim 1981.
Fink, E.: Erziehungswissenschaft und Lebenslehre. Freiburg 1970.
Fitts, P.M.: Perceptual motor skill learning. In: Melton, A. W.: Categories of human learning. New York 1964.
Florin, J.: Entspannung - Desensibilisierung. Stuttgart 1978.
Foppa, K.: Lernen, Gedächtnis, Verhalten. Ergebnisse und Probleme der Lernpsychologie. Köln-Berlin 1965.
Freud, A.: Das Ich und die Abwehrmechanismen. München 1964.
Freud, S.: Vorlesungen zur Einführung in die Psychoanalyse. London 1950, 11. A.
Gage, N.L. u. Berliner, D.C.: Pädagogische Psychologie. München, Wien, Baltimore 1977.
Gagne, R.M.: Die Bedingungen des menschlichen Lernens. Hannover 1975, 4. A.

Garfield, S.L. u. Bergin, A.E. (Hrsg.): Handbook of psychotherapy and behavior change. New York 1978, 2. A.
Gazda, G.M., Asburg, F.R., Balzer, F.J., Childers, W.C. und Walters, R.P.: Human relations development: A manual for educators. Boston 1977, 2. A.
Gendlin, E.T.: Focusing. Salzburg 1981.
George, R.L. u. Christiani, Th.S.: Theory, methods and processes of counseling and psychotherapy. Englewood Cliffs, N.J., 1981.
Gordon, Th.: Familienkonferenz. Hamburg 1972.
Gordon, Th.: Lehrer-Schüler-Konferenz. Hamburg 1977.
Görlitz, D., Meyer, W.U. u. Weiner, B.: Bielefelder Symposium über Attribution. Stuttgart 1978.
Görres, A.: Methode und Erfahrungen der Psychoanalyse. München 1965.
Grawe, K.: Indikation in der Psychotherapie. In: Hb. d. Psychol., 8. Bd., 2. Halbbd., Göttingen 1978.
Grawe, K.: Psychotherapieforschung. In: Bastine, R. u.a.: Grundbegriffe der Psychotherapie. Weinheim 1982.
Groeben, N. u. Scheele, B.: Argumente für eine Psychologie des reflexiven Subjektes. Darmstadt 1977.
Guhr, E.: Personale Beratung. Göttingen 1981.
Gustad, J.W.: The definition of counseling. In: Berdie, R.F.: Roles and relationships in counseling. Minneapolis 1953.
Hackney, H. u. Nye, S.: Beratungsstrategien - Beratungsziele. München-Basel 1979.
Hahn, P. (Hrsg.): Die Psychologie des 20. Jahrhunderts, Bd. IX: Ergebnisse für die Medizin (1): Psychosomatik. Zürich 1979.
Hahn, M.E. u. Mc Lean, M.S.: Counseling psychology. New York 1955, 2. A.
Harsch, H.: Theorie und Praxis des beratenden Gespräches. München 1979, 4. A.
Hartig, M.: Selbstkontrolle. Lerntheoretische und verhaltenstherapeutische Ansätze. München 1975, 2. A.
Hartig, M.: Probleme und Methoden der Psychotherapieforschung. München 1975.
Hartmann, N.: Das Problem des geistigen Seins. Berlin 1949 a, 2. A.
Hartmann, N.: Ethik. Berlin 1949 b, 3. A.
Hartmann, N.: Möglichkeit und Wirklichkeit. Meisenheim a. Glan 1949 c, 3. A.
Haseloff, O.W. u. Jorswieck, E.: Psychologie des Lernens. Berlin 1970.
Haucke, H.: Erziehungsberatung. In: Schwarzer, R.: Beraterlexikon. München 1977.

Hauss, K.: Medizinische Psychologie im Grundriß. Göttingen, Toronto, Zürich 1981, 2. A.
Heckhausen, H.: Motivation und Handeln. Berlin, Heidelberg, New York 1980.
Heider, F.: Psychologie der interpersonalen Beziehungen. Stuttgart 1977.
Heller, K. u. Nickel, H. (Hrsg.): Psychologie in der Erziehungswissenschaft. Bd. 4: Beurteilen und Beraten. Stuttgart 1978.
Heller, K. u. Rosemann, B. (Hrsg.): Handbuch der Bildungsberatung. 3 Bde. Stuttgart 1975-76.
Herkner, W. (Hrsg.): Attribution. Psychologie der Kausalität. Bern-Stuttgart 1980.
Hessen, J.: Lehrbuch der Philosophie. 2. Bd.: Wertlehre, München 1948.
Hilgard, E.R. u. Bower, G.H.: Theorien des Lernens. 2 Bde. Stuttgart 1970, 1971.
Hofer, M.: Instruktion. In: Herrmann, Th. u.a.: Handbuch psychologischer Grundbegriffe. München 1977.
Holland, J.G. u. Skinner, B.F.: Analyse des Verhaltens. München 1971.
Hornstein, W., Bastine, R., Junker, H., Wulf, Ch. u. Salzmann, W.: Beratung in der Erziehung. Studienbegleitbriefe 1 - 13. Weinheim-Basel 1975-76.
Hornstein, W., Bastine, R., Junker, H. u. Wulf, Ch.: Beratung in der Erziehung. 2 Bde. Frankfurt/Main 1977.
Houben, A.: Klinisch-psychologische Beratung. München-Basel 1975.
Huber, G.L.: Selbstbestimmung und Fremdbestimmung in Lernprozessen. München 1976.
Huber, H.P.: Kontrollierte Fallstudie. In: Hb.d.Psychol., 8. Bd., 2. Halbbd., Göttingen 1978.
Innerhofer, R. u. Gottwald, P.: Wissenschaftstheoretische Grundlagen. In: Hb.d.Psychol., 8. Bd., 1. Halbbd., Göttingen 1977.
Ivey, A.E. u. Simek-Downing, L.: Counseling and psychotherapy: skills, theories and practice. Englewood Cliffs, N.J., 1980.
Jones, A.J.: Prinzipien der Beratung und Lenkung. New York 1945.
Junker, H.: Theorien der Beratung. In: Hornstein u.a.: Beratung in der Erziehung. Frankfurt/Main 1977.
Junker, H.: Das Beratungsgespräch. München 1973.
Junker, H. u. Schuch, H.W.: Beratung als Beruf. In: Hornstein u.a.: Beratung in der Erziehung. Frankfurt/Main 1977.
Kaminski, G.: Verhaltenstheorie und Verhaltensmodifikation. Stuttgart 1970.

Kanfer, F. u. Philips, J.S.: Lerntheoretische Grundlagen der Verhaltenstherapie. München 1975.
Kelly, G.: The psychology of personal constructs. New York 1955.
Kiesler, D.J.: Die Mythen der Psychotherapieforschung und ein Ansatz für ein neues Forschungsparadigma. In: Petermann, F.: Psychotherapieforschung. Weinheim-Basel 1977.
Kirchner, F.Th., Kissel, E., Petermann, F. u. Böttger, P.: Interne und externe Validität empirischer Untersuchungen in der Psychotherapieforschung. In: Petermann, F.: Psychotherapieforschung. Weinheim-Basel 1977.
Klauer, K.J. (Hrsg.): Handbuch der pädagogischen Diagnostik. 4 Bde. Düsseldorf 1978.
Kossakowski, A. (Hrsg.): Psychologie im Sozialismus. Berlin 1980.
Kossakowski, A. u. Otto, K. (Hrsg.): Psychologische Untersuchungen zur Entwicklung sozialistischer Persönlichkeiten. Berlin 1971.
Kraiker, Ch.: Psychoanalyse, Behaviorismus, Handlungstheorie. München 1980.
Krapp, A.: Prognose und Entscheidung. Weinheim 1979.
Krapp, A. u. Prell, S.: Klassifikation pädagogisch-diagnostischer Aufgaben. In: Klauer, K.J.: Hb.d.Pädagog.Diagnostik. Düsseldorf 1978.
Krug, S. u. Hanel, J.: Motivänderung. Erprobung eines theoriegeleiteten Trainingsprogrammes. Z. Entwicklungspsychologie u. Pädagog. Psychologie, 8, 1976, 274 - 287.
Kussmann, Th.: Bewußtsein und Handlung. Bern 1971.
Lazarus, A.: Behavior therapy and beyond. New York 1971.
Lazarus, A.: Multimodale Verhaltenstherapie. Frankfurt/Main 1978.
Lazarus, A.: Innenbilder. Imagination in der Therapie und in der Selbsthilfe. München 1980.
Lenk, H.: Handlungstheorien - interdisziplinär. 4 Bde. München 1977-1981.
Leontjew, A.N.: Tätigkeit, Bewußtsein, Persönlichkeit. Stuttgart 1977.
Lersch, Ph.: Aufbau der Person. München 1954, 6. A.
Linster, H.W. u. Wetzel, H. (Hrsg.): Veränderung und Entwicklung der Person. Hamburg 1980.
Loch, W.: Beratung - Behandlung. Methoden und Abgrenzungen. In: Stuttg. Akad. f. Tiefenpsych. und anal. Psychotherapie. Stuttgart 1971.
Luborsky, L., Singer, B. u. Luborsky, L.: Comparative studies of psychotherapy. Arch. Gen. Psychiatry 32, 1975, 995 - 1008.
Lückert, H.R.: Konfliktpsychologie. München 1957.

Lückert, H.R.: Aktivation. In: Schiefele, H. u. Krapp, A.: Handlexikon zur Pädagogischen Psychologie. München 1981.
Lüders, W.: Psychotherapeutische Beratung. Göttingen 1974.
Lüders, W.: Beratung. In: Keil, S.: Familien- und Lebensberatung. Stuttgart 1975.
Lukesch, H., Perrez, M. u. Schneewind, K.A. (Hrsg.): Familiäre Sozialisation und Intervention. Bern, Stuttgart, Wien 1980.
Lunzer, E.A. u. Morris, J.F. (Hrsg.): Das menschliche Lernen und seine Entwicklung. Stuttgart 1971.
Luria, A.: The role of speech in the regulation of normal and abnormal behaviors. New York 1961.
Lüttge, D.: Beraten und Helfen. Beratung als Aufgabe des Lehrers. Bad Heilbrunn 1981.
Mahoney, M.J.: Kognitive Verhaltenstherapie. München 1977.
Mandl, H. u. Fischer, P.M.: Wissenschaftliche Ansätze zum Aufbau und zur Förderung selbstgesteuerten Lernens. Unterrichtswissenschaft 1982, H. 2.
Martin, J.R.: Explaining, understanding and teaching. New York 1970.
Martin, L.R.: Bildungsberatung in der Schule. Bad Heilbrunn 1974.
Martin, L.R.: Ansätze zu einer Theorie der Bildungsberatung. In: Heller, K. u. Rosemann, B.: Hb.d.Bildungsberatung, Bd. 2, Stuttgart 1975.
Martin, L.R.: Erziehung und Therapie. In: Schwarzer, R.: Berater-Lexikon. München 1977.
Martin, L.R.: Schulberatung - Anlässe, Aufgaben, Methodenkonzeption. Stuttgart 1981.
Maslow, A.H.: Motivation und Persönlichkeit. Freiburg 1977.
Mc Clelland, D.L.: Toward a theory of motive acquisition. Amer. Psychologist, 20, 1965, 321 - 333.
Mc Clelland, D.L. u. Winter, D.G.: Motivating economic achievement. New York 1969.
Mc Croskey, J.C., Larson, C.E. u. Knapp, M.L.: Introduction to interpersonal communication. Englewood Cliffs 1971.
Mednick, S.A., Pollio, H.R. u. Loftus, E.F.: Psychologie des Lernens. München 1975.
Meichenbaum, D.W.: Kognitive Verhaltensmodifikation. München, Wien, Baltimore 1979.
Meltzoff, J. u. Kornreich, M.: Research in psychotherapy. New York 1970.
Meyer, W. u. Schmalt, H.-D.: Die Attributionstheorie. In: Frey, D. (Hrsg.): Kognitive Theorien der Sozialpsychologie. Bern-Stuttgart 1978.
Miller, C.H.: Foundations of guidance. New York 1961.

Miller, G.A., Galanter, E. u. Pribram, K.H.: Strategien des Handelns. Stuttgart 1973.
Milner, P.: Counseling in education. London 1974.
Minsel, W.R. u. Scheller, R. (Hrsg.): Brennpunkte der Klinischen Psychologie. Bd. 1: Psychotherapie. München 1981.
Mollenhauer, K.: Einführung in die Sozialpädagogik. Weinheim-Berlin 1964.
Mollenhauer, K.: Theorien zum Erziehungsprozeß. München 1976, 3. A.
Mollenhauer, K. u. Müller, C.W.: "Führung" und "Beratung" in pädagogischer Sicht. Heidelberg 1965.
Mucchielli, R.: Das nicht-direktive Beratungsgespräch. Salzburg 1972.
Neuhäusler, A.: Grundbegriffe der philosophischen Sprache. München 1963.
Nickel, H. u. Langhorst, E. (Hrsg.): Brennpunkte der pädagogischen Psychologie. Bern 1973.
Nuthall, G. u. Snook, J.: Contemporary models of teaching. In: Travers, R.M.W. (Hrsg.): Second Handbook of Research on Teaching. Chicago 1973.
Oates, W.E.: Protestant pastoral counseling. Philadelphia 1962.
Oldemeyer, E.: Handeln und Bewußtsein. Anthropologische Überlegungen zu ihrem Verhältnis. In: Lenk, H. (Hrsg.): Handlungstheorien - interdisziplinär. Bd. 2/2. Halbband München 1979.
Parreren, C.F. van: Lernprozeß und Lernerfolg. Hannover 1972.
Parsons, T. u. Shils, E.A.: Toward a general theory of action. Cambridge, Mass. 1954.
Patterson, C.H.: Theories of counseling and psychotherapy. New York 1973, 2. A.
Patterson, C.H.: Relationship counseling and psychotherapy. New York 1974.
Pawlik, K. (Hrsg.): Diagnose der Diagnostik. Stuttgart 1976.
Petermann, F. (Hrsg.): Psychotherapieforschung. Weinheim-Basel 1977 a.
Petermann, F. (Hrsg.): Methodische Grundlagen klinischer Psychologie. Weinheim-Basel 1977 b.
Petermann, F. u. Hehl, F.J.: Einzelfallanalyse. München 1979.
Peters, U.W. (Hrsg.): Die Psychologie des 20. Jahrhunderts, Bd. X: Ergebnisse für die Medizin (2): Psychiatrie. Zürich 1980.
Petzold, H. (Hrsg.): Der Widerstand in der Sicht der psychotherapeutischen Schulen. Paderborn 1981.
Piper, H.Ch.: Gesprächsanalysen. Göttingen 1980, 3. A.
Pongratz, L.J.: Lehrbuch der klinischen Psychologie. Göttingen 1973.

Pongratz, L.J. (Hrsg.): Klinische Psychologie. Hb.d.Psychol., Bd. 8, 2 Halbbd., Göttingen, Toronto, Zürich 1978.
Pongratz, L.J. u. Wewetzer, K.-H. (Hrsg.): Klinische Psychologie. Hb.d.Psychol., Bd. 8, 1 Halbbd., Göttingen, Toronto, Zürich 1977.
Prell, S.: Evaluation. In: Schiefele, H. u. Krapp, A. (Hrsg.): Handlexikon zur Pädagogischen Psychologie. München 1981.
Prell, S.: Grundlagen der Schulbegleitforschung. Düsseldorf 1981.
Rahm, D.: Gestaltberatung. Grundlagen und Praxis integrativer Beratungsarbeit. Paderborn 1979.
Reinecker, H.: Selbstkontrolle. Salzburg 1978.
Richter, H.E.: Eltern, Kind und Neurose. Stuttgart 1963.
Rogers, C.R.: Die nicht-direktive Beratung. München 1972.
Rogers, C.R.: Entwicklung der Persönlichkeit. Stuttgart 1973.
Rogers, C.R.: Lernen in Freiheit. München 1974.
Rogers, C.R.: Eine neue Definition von Einfühlung. In: Jankowski, D. u.a. (Hrsg.): Klientenzentrierte Psychotherapie heute. Göttingen 1976.
Roth, H.: Jugend und Schule zwischen Reform und Restauration. Hannover 1961.
Roth, H.: Pädagogische Anthropologie. 2 Bde. Hannover 1966 u. 1971.
Roth, H. (Hrsg.): Lernen und Begabung. Stuttgart 1969.
Roth, H.: Pädagogische Psychologie des Lehrens und Lernens. Hannover 1970, 12. A.
Rubinstein, S.L.: Grundlagen der Allgemeinen Psychologie. Berlin 1968.
Rückriem, N.: Didaktische Aspekte der Beratung durch den Lehrer. In: Benz, E. u. Rückriem, N.: Der Lehrer als Berater. Heidelberg 1978.
Shertzer, B. u. Stone, S.C.: Fundamentals of counseling. Boston 1974, 2. A.
Shertzer, B. u. Stone, S.C.: Fundamentals of guidance. Boston 1976.
Smith, B.O.: Logic, thinking and teaching. Educ. Theory, 7, 1957, 225 - 233.
Sokolov, A.N.: Inner speech and thought. New York 1972.
Sommer, G.: Kompetenzerwerb in der Schule als primäre Prävention. In: Sommer, G. u. Ernst, H.: Gemeindepsychologie. München 1977.
Spiel, W. (Hrsg.): Die Psychologie des 20. Jahrhunderts, Bd. XI: Konsequenzen für die Pädagogik (1): Entwicklungsmöglichkeiten und erzieherische Modelle. Zürich 1980.
Spiel, W. (Hrsg.): Die Psychologie des 20. Jahrhunderts, Bd. XII: Konsequenzen für die Pädagogik (2): Entwicklungsstörungen und therapeutische Modelle. Zürich 1980.

Sprey, Th.: Beraten und Ratgeben in der Erziehung. Weinheim, Berlin, Basel 1968.
Stadler, M. u. Seeger, F.: Psychologische Handlungstheorie auf marxistischer Grundlage. In: Lenk, H. (Hrsg.): Handlungstheorien - interdisziplinär. Bd. 3, 1. Halbbd., München 1981.
Stollberg, D.: Therapeutische Seelsorge. München 1969.
Strobel, W. u. Huppmann, G.: Musiktherapie. Göttingen, Toronto, Zürich 1978.
Strotzka, H.H. (Hrsg.): Psychotherapie: Grundlagen, Verfahren, Indikationen. München 1975.
Strupp, H.H.: On the basic ingredients of psychotherapy. J. Consult. a. Clin. Psychol., 41, 1973, 1 - 8.
Scharmann, Th. (Hrsg.): Schule und Beruf als Sozialisationsfaktoren. Stuttgart 1966.
Scheele, B.: Selbstkontrolle als kognitive Interventionsstrategie. Weinheim, Deerfield Beach, Basel 1981.
Scheler, M.: Der Formalismus in der Ethik und die materiale Wertethik. Bern 1954, 4. A.
Scheller, R. u. Heil, F.E.: Beratung. In: Herrmann, Th. u. a.: Hb. psychologischer Grundbegriffe. München 1977.
Scheller, R. u. Heil, F.E.: Möglichkeiten und Grenzen unterschiedlicher Beratungsansätze für die berufliche Laufbahn. In: Brandtstädter, J. u.a.: Pädagogische Psychologie: Probleme und Perspektiven. Stuttgart 1979.
Schiefele, H. u. Krapp, A. (Hrsg.): Handlexikon zur Pädagogischen Psychologie. München 1981.
Schmidt, L.R. (Hrsg.): Lehrbuch der Klinischen Psychologie. Stuttgart 1978.
Schneewind, K.A. u. Lukesch, H. (Hrsg.): Familiäre Sozialisation. Stuttgart 1978.
Schneewind, K.A. u. Herrmann, Th. (Hrsg.): Erziehungsstilforschung. Theorien, Methoden und Anwendungen der Psychologie elterlichen Erziehungsverhaltens. Bern, Stuttgart, Wien 1980.
Schraml, W.J. u. Baumann, U. (Hrsg.): Klinische Psychologie. 2 Bde. Bern 1975.
Schulte, D.: Theoretische Grundlagen der Verhaltenstherapie. In: Hb.d.Psychol., 8 Bd., 1. Halbbd., Göttingen 1977.
Schulte, D.: Diagnostik in der Verhaltenstherapie. München 1974.
Schultz-Hencke, H.: Lehrbuch der analytischen Psychotherapie. Stuttgart 1970, 2. A.
Schwäbisch, L. u. Siems, M.: Anleitung zum sozialen Lernen für Paare, Gruppen und Erzieher. Hamburg 1974.
Schwarzer, Ch.: Einführung in die Pädagogische Diagnostik. München 1979.

Tausch, R.: Gesprächspsychotherapie. Göttingen 1970, 4. A.
Tausch, R. u. Tausch, A.-M.: Erziehungspsychologie. Göttingen, Toronto, Zürich 1977, 8. A.
Tausch, R. u. Tausch, A.-M.: Personenzentrierte Gesprächspsychotherapie. In: Hb.d.Psychol., 8. Bd., 2. Halbbd., Göttingen 1978.
Thomae, H.: Persönlichkeit. Bonn 1955, 2. A.
Thomae, H.: Der Mensch in der Entscheidung. München 1960.
Thomae, H.: Das Individuum und seine Welt. Göttingen 1968.
Thomae, H.: Konflikt, Entscheidung, Verantwortung. Stuttgart, Berlin, Köln, Mainz 1974.
Toman, W.: Ziele der Psychotherapie. In: Hb.d.Psychol., 8. Bd., 2. Halbbd., Göttingen 1978.
Tscheulin, D.: Therapeutenmerkmale in der Psychotherapie. In: Bastine, R. u.a.: Grundbegriffe der Psychotherapie. Weinheim 1982.
Ulich, D.: Pädagogische Interaktion. Therorien erzieherischen Handelns und sozialen Lernens. Weinheim-Basel 1976.
Vaitl, D.: Entspannungsmethoden. In: Hb.d.Psychol., 8. Bd., 2. Halbbd., Göttingen 1978.
Volpert, W.: Beiträge zur psychologischen Handlungstheorie. Bern 1980.
Vorwerg, M.: Adaptives Training der Leistungsmotivation. Z. f. Psychologie, 185, 1977, 230 - 236.
Watzlawick, P., Beavin, J.H. u. Jackson, D.D.: Menschliche Kommunikation. Bern, Stuttgart, Wien 1974, 4. A.
Weber, E.: Autorität im Wandel. Donauwörth 1974.
Weber, W.: Wege zum helfenden Gespräch. München-Basel 1974.
Weiner, B.: Theorien der Motivation. Stuttgart 1976.
Weinert, F.E. (Hrsg.): Pädagogische Psychologie. Köln - Berlin 1967.
Weinert, F.E.: Pädagogisch-psychologische Beratung als Vermittlung zwischen subjektiven und wissenschaftlichen Verhaltenstheorien. In: Arnhold, W.: Texte zur Schulpsychologie und Bildungsberatung. Bd. 2. Braunschweig 1977.
Weinert, F.E., Graumann, C.F., Heckhausen, H., Hofer, M. u.a. (Hrsg.): Pädagogische Psychologie. 2 Bde. Frankfurt/Main 1974.
Werbik, H.: Handlungstheorien. Stuttgart, Berlin, Köln, Mainz 1978.
Westmeyer, H.: Logik der Diagnostik. Stuttgart 1972.
Williamson, E.G.: How to counsel students: A manual of techniques for clinical counselors. New York 1939.
Wittling, W. (Hrsg.): Handbuch der Klinischen Psychologie. 6 Bde. Hamburg 1980.
Wolffersdorff-Ehlert, Ch.v.: Beratung in der Erziehungshilfe und Resozialisierung. In: Hornstein, u.a.: Beratung in der Erziehung. Frankfurt/Main 1977.

Wulf, Ch. (Hrsg.): Evaluation. München 1972.
Wulf, Ch.: Theorien und Konzepte der Erziehungswissenschaft. München 1977.
Wulf, Ch.: Evaluation. In: Schwarzer, R. (Hrsg.): Beraterlexikon. München 1977.
Wurzbacher, G. (Hrsg.): Der Mensch als soziales und personales Wesen. Stuttgart 1963.
Zott, K.: Ökologie (Ökologische Psychologie). In: Schiefele, H. u. Krapp, A. (Hrsg.): Handlexikon zur Pädagogischen Psychologie. München 1981.